미국에
회사 세우기

미국에
회사 세우기

이 민 호 미국변호사
장　　혁 미국회계사

미국에 회사 세우기

발 행 | 2022년 11월 09일
저 자 | 이민호, 장혁
펴낸이 | 한건희
펴낸곳 | 주식회사 부크크
출판사등록 | 2014.07.15.(제2014-16호)
주 소 | 서울특별시 금천구 가산디지털1로 119 SK트윈타워 A동 305호
전 화 | 1670-8316
이메일 | info@bookk.co.kr

ISBN | 979-11-410-0108-7

머 리 말

미국은 무궁한 가능성을 가지고 있다. 미국에서 사업을 한다는 의미는 세계 경제의 흐름에 편승하여 체계화된 법률과 시스템, 그리고 사업 도구들을 활용할 수 있다는 의미이다. 그렇기에 많은 회사들이 미국에 회사를 세워 변화무쌍한 경제 환경에 적응하며 생존력을 키우려 한다. 혹자는 '미국은 하지 말라는 거 빼고는 다해도 된다'는 명언을 남기기도 했다. 그러나, 어느 나라나 그렇듯이 미국도 기본적인 업무환경을 갖추기까지 수많은 아픔과 시행착오를 겪어야 하고, 어느 정도 사업의 그림이 그려지기까지 상당한 시간이 걸린다. 이에 필자는 바닥부터 현장에 부딪혀서 회사를 설립해 본 경험을 공유하여 많은 분들의 실수와 시행착오를 줄이는데 도움을 드리고자 한다. 특별히 변호사로서 회사를 기초부터 설립해 운영한 경험을 하신 분들이 많지 않으실 것이기에 더 특별한 정보를 드릴 수 있지 않을까 기대해 본다.

고민 시작하기

회사를 세우려면 뭘 준비해야 할까? 미국에 발령을 받거나, 갑자기 미국에 사업을 하러 들어오는 사람이라면 정말 막연하게 해야 하는 질문이다. 필자도 동일한 질문에서 시작했다. 필자는 질문지를 만들기 시작했다.

- 법인 설립 관련 법률은 어떤 것이 있을까? 연방에 등록할까, 주에 등록해야 할까?
- 법인은 어느 위치에 세워야 할까? 세제 혜택이 있는 곳이 있을까?
- 급여는 어떻게 지불할까? 세금은 (특히 원천징수) 어떻게 납부해야 할까?
- 자금 관리는 어떻게 할까? 계좌는 바로 만들 수 있을까? 법인 카드를 만들 수 있나?
- 한국에서 파견되는 인원들의 노무 관련 이슈는 어떻게 해결할까?
- 사무실 임대는 어떤 방식으로 해야 할까? 법인에 우선 필요한 시설은 뭐가 있을까?
- 직원은 어떻게 뽑을까? 잘못하다가 심각한 법률상의 오류를 범하지는 않을까?

하나하나 무거운 이슈라 어디서부터 어떻게 정리해야 할지 갈피를 잡을 수 없었다. 결국 만들어진 체크리스트는 당장 필요한 미국 발령 인원의 신상 관련 문제와 법인 설립 및 사무실 설치 관련된 이슈들로 채워졌다.

법인 설립 시 확인 사항

이제 3여 년이 지난 지금 되돌아보면 정말 중요한 이슈들을 나열해 볼 수 있을 것 같다. 우선순위는 각자 회사의 사정에 따라 다르겠지만, 정리된 이슈들을 나열해 봤을 때 다음과 같은 내용이 생각났다.

자문사 선정 - 회계, 세무, 법무, 이민 (비자)
법인 설립 - 법인 종류, 주정부 등록, 세무 등록 (연방/ 주정부)
자금 관리 - 주거래 은행 선정 (개인/법인), 계좌 및 카드 (개인/법인)
예산 - 자본금 투자, 예산 항목, 지출 계획
회계 - 내부통제 (투명한 자금 사용 절차), 회계 시스템 구축, 회계 감사
세무 - 법인소득세, 원천징수, 개인소득세 (연방, 주, 한국-이중거주자)
노무 - 급여, 보험 (법인/개인), 구인, 내규, 업무분장, 근태 관리, 노동법 준수
총무 - 임대차, 용역, 인터넷, 통신, 각종 사무용품, 자동차, 포털시스템, 회사 CI
개인 - 임대차, 핸드폰, 사회보장번호, 계좌개설, 자동차 (면허), 보험, 학교, 연금

뒤돌아 보면, 각 주제별로 얼마나 복잡 다단한 이슈들이 있었는지 감회가 새롭다. 그러면 지금부터 이 목록을 시작으로 전체적으로 정리된 주제들로 긴 여정을 시작하려고 한다. 각 주제별로 적어도 2~3개의 무용담을 쓸 수 있으니, 복잡하다고 말할 수도 있고 어쩌면 시행착오라고 말할 수도 있겠다. 그러면 아무쪼록 많은 분들이 도움을 받을 수 있길 바란다.

이민호 미국변호사

Contents

1. 법인 설립 준비

1.1. 자문사와 고민 시작하기 | 법률, 회계 & 세무, 설립 행정

왜 자문사 선정이 먼저인가?

미국에 온 한국인들은 '미국은 하지 말라는 거 빼고 다 하면 된다'는 말을 하곤 한다. 미국에 정착한 지 오래된 어떤 분의 말이었는데, 정말 뼈가 있는 말이었다. 미국에 진출하면서 중요한 시작점은, '그러면 하지 말라는 게 뭐냐?'는 질문을 하는 것이다. 모두 아시다시피 미국은 연방과 주의 구분이 있고, 주가 가지고 있는 별도의 권한 또한 막강하다. 따라서, 솔직히 말하면 하지 말라는 것을 발견하는데 시간을 쓰다 보면 마음대로 하고 싶은 것도 못하는 경우가 발생한다. 그래서 현실적으로 가장 필요한 것이 자문사이다. 미국에 진출하기 위해, 기본적인 내용을 어느 정도 알고 있다 하더라도 연방과 주별 다른 법률과 기준에 적응하려면 보다 전문적으로 세부 사항을 알고 있는 자문사가 필수적이다. 이에 필자가 처음에 접촉한 자문사들은 다음과 같다.

- **법률** - 투자 관련 규제 및 신고, 사업 관련 각종 인허가, 국내 신고, 회사 설립 절차
- **회계/세무** - 주별 세무 영향 검토, 연방/주 세무 신고, 회사 설립, 회계 시스템
- **이민법** - 비자 또는 영주권, 주재원 비자 관리
- **시스템 구성** - 법인 문서관리 시스템 (그룹웨어), 이메일 시스템, 메신저 등

이 외에 법인 설립과 함께 현지에서 고민해야 하는 자문사 (또는 에이전트 및 용역사) 는 다음과 같다.

- **보험 에이전트** - 회사 보험 (재산, 직원 상해보험, 자동차 보험 등), 의료 보험 등
- **IT 용역** - 법인 인터넷 및 보안 시스템, 초기 유무선 인터넷 설정, 서버 관리 등
- **급여 및 노무 용역** - 급여지급, 원천세 징수, HR 시스템, 노무법률이행, 근태 관리
- **Recruiting** - 인력 선발 공고, 인력 풀 소개, 고용 유의사항 점검, 급여 결정 등

매우 복잡해 보이지만, 사실 좋은 자문사가 연결된다면 이보다 더 편하게 시작할 수 없다 싶을 정도로 설립이 쉬워진다. **또한, 법인 설립에 자문사를 쓰는 가장 큰 이유는 각 분야에 대한 지식을 구하는 목적이 가장 크지만, 그 보다 더 큰 이유는 다양한 업무 및 책임의 외부 전가라고 볼 수 있다. 표 1 과 같이 미국의 80% 정도의 회사가 5십만 불 이하의 매출을 올린다는 점이 이를 설명한다.** 단편적인 예로 미국 회사의 대부분이 월급의 원천세를 매월 내고

분기별로 내역을 보고하고 있는데, 이 부분만 실수해도 미 납부분의 (연방의 경우) 15%를 가산세로 내게 된다. 반면 급여지급대행회사를 사용하면 월 200불 정도에 이 문제를 해결할 수 있다.

어느 나라 자문사를 쓸까?

미국에 법인을 설립한다면 미국 자문사를 써야 하지 않을까? 이것이 필자의 첫 번째 질문이었다. 그러나 현실은 생각과 달랐다. 먼저, 대부분의 회사 또는 경영인들은 무조건 사람을 보내 회사를 세우지는 않는다. 우선 상대국의 일반적인 회사 설립 절차와 법률을 알아본다. 특히나 현재 진행되는 프로젝트가 있어서 관련된

Annual Sales Ranges	Number of Businesses
Under 500,000	13,130,743
500,000 - 999,999	2,301,074
1,000,000 - 2,499,999	1,072,933
2,500,000 - 4,999,999	587,094
5,000,000 - 9,999,999	233,335
10,000,000 - 99,999,999	125,413
100,000,000 - 499,999,999	33,248
500,000,000 - 999,999,999	13,387
1,000,000,000+	9,008
Uncoded records	59,803
Grand Total	17,566,038

표 1. 매출 기준 미국의 사업체 수 (출처:https://www.naics.com/business-lists/counts-by-company-size/)

회사를 세우려는 경우, 결과적으로 어떤 회사를 세워서 몇 명의 사람을 보내는지가 프로젝트 수익과 직결되기 때문에 더 심각한 고민을 본사에서 시작할 수밖에 없다. 그렇기에 결국 가장 좋은 방법은 자문사가 어디에 위치해 있느냐 보다, 최선의 자문을 해 줄 수 있는 자문사를 고르는 것이었다. 결국 필자는 다음과 같은 결정을 하게 되었다.

- **법률** – 각종 현지 법률 (미국), 회사 설립 (내부 자문), 비자/이민법 (한국)
- **회계/세무** – 회사 설립 (미국 - 한국계 회사), 회계/세무 (미국 - 한국계 회사)
- **시스템 구성** – 문서 관리 (한국), 회계 (미국), IT (미국)

어떤 자문사를 쓸까?

결과론으로 생각해보면, 각 자문사를 쓸 때 최고의 결과는 자문사 자체 보다도 믿을만한 실력이 있는 전문가와 연결되는 것이 아닐까 하는 생각이 든다. 필자의 경우 미국 법률에 친숙 하기도 했고 여러 나라에 법인을 세워본 경험 때문에 법인 설립 전반적인 이슈를 잘 파악하고 있었다. 따라서, 해당 이슈를 실무적으로 해결해 줄 파트너가 필요한 상황이었다. 이에, 우선적으로 비자/이민법을 담당할 자문사를 접촉했고, 해당 자문사와 대화하면서 법인 설립 및 회계자문 등의 연결고리를 찾게 되었다.

이와 달리 단일 프로젝트를 통해 법인을 설립하려 한다면, 이미 선정된 자문사들을 통해 좋은 정보들을 얻을 수 있다. 프로젝트 대형 자문사들을 통해 법률/세무/회계 자문을 받고, 연결된 미국 내 지사들을 통해 기존 실무에 부합하는 정책을 짜고 자연스럽게 법인을 설립할 수도 있다. 그러나 이렇게 할 경우, 기존 프로젝트와의 관계 및 비용의 문제를 고민해야 한다. 만약, 프로젝트 비용으로 미국에 SPC (특수목적회사)를 세워 각 스폰서 (투자자) 들이 약속한 인력을 보내는 상황이라면, 기존 자문사를 적절히 활용할 수 있을 것이다.

그러나 대부분의 투자자들은 위와 같은 대형 프로젝트의 참여자가 아닐 가능성이 높다. 따라서, 필자가 취한 방법이 대안이 될 수 있다. 요즘 비자/이민법 로펌들은 미국 현지에서 법인 설립을 동시에 해줄 수 있는 파트너와 협업을 하기 때문에, 이러한 루트를 통해 좋은 자문인을 만나게 된다면 매우 좋은 케이스가 될 수 있을 것이다. 먼저 비자/이민법 로펌을 통해 현지 법인 설립 자문사 (회계사 또는 변호사)를 소개받아 법인을 세우고, 협업을 하는 과정에 관계가 형성되면 추가적인 회계/세무 등의 자문을 맡기는 것이다. 다른 방법으로는, 미국에 진입하기 위한 소규모 한인 회계 또는 법률 자문사와 연결되어 법인 설립 행정업무만 맡겨 보는 수가 있다. 물론 이 경우도 필수 인력의 사전 답사를 통해 다양한 방안을 강구한 후에 어느 정도 자체적인 방향이 결정되면 개시하는 것이 가장 효율적일 것이다.

만약 위 2가지 경우가 아닌 다른 대안이 필요한 경우, 취할 수 있는 방법은 코트라의 수출 인큐베이터 사업을 활용하는 방안이다. 중소벤처기업 진흥공단을 통해 법인 설립을 지원해 주는 제도 (www.kosmes.or.kr)로 많은 소규모 사업자들이 이용하는 것으로 알고 있다. 미국 각 대도시에 설치되어 있고, 사무공간 및 컨설팅 지원을 하고 있다.

법률 자문사는 왜 필요할까?

많은 사람들은 미국을 소송과 분쟁의 나라라고 생각한다. 더 정확하게 말하면, 다양한 인종과 다양한 계층의 사람이 어우러져 살기 위해 국가는 촘촘한 제도의 그물망을 짜놓고 개개인은 그 그물망을 벗어나 자유를 찾기 위해 발버둥 치는 일이 일상화된 나라라고 하면 맞을 까 싶다. 미국에 들어오기를 결정하는 순간부터 우리도 똑같이 그 그물에서 벗어나기 위해 노력해야 하는 처지가 된다. 이 과정에서 법률자문사가 있는 것과 없는 것 사이의 차이는 매우 크다는 것을 모두 알고 있을 것이다. 누군가가 한 마디라도 정확하게 말해준다면 하지 않을 수 있는 실수 또는 피할 수 있는 규제가 너무 많다. 그래서 미국은 전문가의 나라라고 해도 과언이 아니다. 그래서 법률도 매우 작은 분야들로 쪼개져서 그 분야의 전문가인 사람을 만나야, 정확하게 그물망을 피해 자유를 얻을 수 있다.

미국에 진출하려는 법인 또는 사람들 중에 막무가내로 돈 몇 푼 들고 찾아오는 사람은 이 제는 거의 없을 것이다. 어떤 사업이나 투자 기회, 기존 사업의 인수나 지인과의 동업 등 간 단하지 않은 절차를 거쳐 사업을 시작하게 되는 것이 현실이다. 그렇다 보니, 사실 법인 설립 보다 투자 자체에 대한 고민을 먼저 시작하게 되는 경우가 많다. 이 글의 본질은 법인을 세우 는 과정을 설명하는 것이기에, 일반적으로 생각될 수 있는 다음 내용은 언급만 하고 넘어가 겠다.

* M&A 또는 Partership/Shareholding 구축을 위한 계약 협상 로펌
* 각종 Project 개발을 위한 자문사 (타당성 검토, 금융, project 개발)
* 프로젝트 투자 신고 – CFIUS (핵심 인프라 투자 신고), HSR (반 독점법 신고), 미국 상 무부 신고, 금융거래위원회 공시 등 자문사
* 프로젝트 인허가 – 프로젝트 해당 지역 및 주 로펌 (지역 법률 및 인허가)

법인 설립 자문

법인을 설립하기 위해 법률자문을 구한다면, 주로 다음 이슈를 다루게 될 것이다.

- **법인 종류** : Corporation, Partnership, LLC 등 법인을 어떤 형태로 세울까?
- **법인 구조** : **지주 회사** Holding Company 와 그 밑에 프로젝트 회사를 설립하는 구조인 가? 아니면, 단독 법인 구조인가?
- **세무 구조** : 미국에 재투자할 것인가? 한국으로 배당을 가져올 것인가? M&A 인가 아니 면 증자를 통한 투자인가? 어떤 주에 세울 것인가? 사업은 어떤 주에서 어떤 방식으로 영위될 것인가? 홀딩을 세워 미국 세금을 정산한 후 배당할 것인가 아니면 한국에서 직 접 세금을 납부할 것인가? 지분 매각에 따른 세율이 유리한 구조는 뭘까? 법인세 해택 이 있는 주가 있을까?
- **주정부 법률** : 어떤 주에 세우는 것이 가장 현명할까? 주정부는 설립 시 어떤 행정 사항 을 요구할까? 한 주에 세운 회사를 다른 주에 **타주 법인** Foreign Company 으로 등록하면 불리한 조건이 있을까?

- **설립 시점 및 절차** : 프로젝트 개발 중에 설립할 것인가? 자본금 및 대출 등이 확정될 때 세울 것인가? 누군가 파견돼서 현지에서 세울 것인가? 한국에서 서류 작업을 다 마치고 설립돼 회사에 파견할 것인가? 설립 절차에 어떤 것이 있는가? 먼저 해야 하는 일은 무엇이며 나중에 해도 되는 일은 무엇인가?
- **주주구성 및 권한** : 주주는 어떻게 구성되며 누가 얼마나 지분을 가질 것인가? 지분에 따른 권한 및 의무는 무엇인가? 이사는 누구로 구성되며 이사회의 권한은 무엇인가? 누구를 일상적인 경영에 개입시킬 것이며 그들의 권한은 무엇인가?
- **법인 등록** : 주정부 등록할 때 필요한 정보는 무엇인가? 자본금 투자에 대한 요건은 없는가? 정관 및 Bylaw를 어떻게 작성해야 할까? 이 서류는 정부에 등록해야 하는가? 자본금 등록 요건은 무엇인가? 수권자본만 등록하면 되는가, 아니면 실제 자본금 투자에 대한 증빙이 필요한가? 법인의 운영 목적은 무엇인가? 목적 외 운영이 가능한가?
- **법인 초기 의무사항** : 주주총회 및 이사회 시행 요건이 있는가? 최초 주주총회 및 이사회에서 결정해야 하는 사항은 무엇인가? 누구에게 어떤 방식으로 법인 운영의 권한을 부여해야 하는가?

노무 관련 자문

정확히 말하면 노무 관련 자문은 법인 설립 시기에 필요하지는 않다. 그러나 법인을 운영하기 시작하면 바로 접하게 되는 것이 노무 관련 문제이다. 이를 위해 특별히 자문사를 두는 것은 필요하지 않을지도 모른다. **그러나, 법인 운영을 시작하면서 어느 시점을 잡아서 법인의 노무 이슈를 한 번에 정리하려는 노력은 꼭 해야 한다.** 노동법 전문 로펌의 자문을 한 번 받으면 법인이 얼마나 문제가 많은지 알 수 있다. 예를 들면, 미국의 몇몇 주는 법률로 매달 2번 급여를 주게 되어 있다. 대부분의 한국인들은 이 부분이 익숙하지 않고, 법인 초기에 생각도 못하는 사항이다. 이러한 자잘한 사항을 포함하여 노무 관련 자문 시 주요한 이슈는 다음과 같다.

- **신규 노동자 고용** : 주정부 등록 의무 및 노동법 상 유의 사항
- **직원 급여**: 급여일 통보 의무, OT 지급 대상 (**OT 비면제 Non-exemption / OT 면제** Exemption) 여부 확인, 월 급여 지급 횟수 확인, W-4 수령 의무 및 작성법
- **계약** : 직원과 고용 계약 및 형태 (직위, 계약 기간, 급여, 업무시간, **복지 Benefit**, 연차 (PTO), 휴가, **임의 고용 At-will employment** 상태 등 명기)
- **보험** : 직원 산재 보험 확인, 의무 보험 여부, 의료 보험 지원 방식 (복지 제공 시)
- **Employee's Handbook 및 Policy 문서**: 법인의 기본 정책을 담은 안내서 제공

- **주정부 법률** : 의무 교육, 수당 지급, 특별 휴가, 차별 금지, 해고 등
- **직원 정보** : 기본 정보 수령 및 등록 의무 (SSN, I-9, W-4, 급여 지급처 등)

회계/세무 자문사는 왜 필요할까?

회계 및 세무는 누구나 일가견이 있지만, 누구도 정확하게 해내기는 힘든 오묘한 분야이다. 물론, 필자는 이 분야 전문가는 아니지만, 법인 설립을 위해서 회계 자문사 (세무 포함)와 장시간 설립 및 초기 세팅을 위해 일했다. 다른 자문과 달리 회계 자문은 일상적인 회계 및 세무 업무를 위한 커뮤니케이션이 상시 필요하기 때문에, 장기적으로 회계 및 세무 업무를 도와줄 자문사를 선정하는 것이 중요하다. 회계 자문사를 선정할 때 주요한 포인트는, **(1) '영어와 한국어 중 어떤 언어로 일할 것인지', (2) '회사 규모에 따른 업무의 범위 및 자문사 역할은 어디까지 인지', (3) '회계 감사가 필요한 법인인지'**이며 이 결정에 따라 다양한 수준의 자문사 중 적합한 회사를 선정해야 한다.

일반적으로, 소규모 법인을 세우고 한국에서 직접 직원을 파견할 경우 대부분 한국어로 일하는 것이 편하고, 따라서 한국계 자문사를 선정한다. 한국계 및 한국어 서비스를 제공하는 회계 자문사는 다양한 규모로 다양한 서비스를 제공하고 있는데, 지역 사회에서 소문이 좋은 회사와 연결되면 매우 좋은 자문을 받을 수 있다. 물론, 미국인을 다수 고용하여 미국인 중심으로 법인을 운영할 경우 당연히 영어로 일하는 자문사를 선정하는 것이 좋다. 이 경우 선택지는 더욱 다양하며, 미국 대도시의 경우 매우 다양한 수준의 회계자문사가 있기에 선택의 폭도 넓다. 또한 미국계 자문사 내에도 한국어가 가능한 직원이 있기 때문에 알려진 자문사 중에 선택해야 한다면, 한국어로 의사소통 가능한지를 물어보는 것도 좋은 방법이다.

회사 규모가 작다고, 회계 업무가 줄어드는 것은 아니다. 특히 대형 프로젝트의 특수목적 법인일 경우, 다양한 이해관계자들이 회사의 회계 정보를 요구하기 때문에 회계의 정확성이 더욱 요구된다. 그러나 일반적인 경우, 회사는 자본금 및 사원 수에 의해 규모가 어느 정도 결정되기 때문에 회사의 요구 수준에 맞는 자문사를 선정하는 것이 중요하다. **또한, 회계 감사가 필요한 수준인지 아닌지에 따라서 회계 자문을 많이 필요로 하지 않는 경우도 있다.** 그러나 어떤 경우에라도 연중 어느 기간에는 회계 또는 세무 자문이 필수인 기간이 있기 때문에, 자문사를 미리 선정하여 두는 일이 원활한 법인 운영에 필수라고 할 수 있다.

외부 회계 감사가 필요한 법인인지는 각 법인에서 상황에 따라 정하겠지만, 회계 감사는 별도의 회계 법인을 선정해서 받아야 하기 때문에 해당 감사법인의 요구사항에 대응할 능력이

있는 내부 회계 자문사를 선정하는 것은 필수다. 즉, 회계 감사를 해야하는 법인의 경우 회계 자문사 2 개를 선정해야 하는데 회계 감사 법인은 한국의 본사나 요구 기관들의 기준을 따르면 되지만, 회계 자문사는 순수히 해당 법인 인원의 입맛에 맞는 회사를 뽑는 것이 중요하다. 법률에 정한 경우외에도 회계 감사를 해야 하는 이유는, 회사에 돈을 빌려준 은행의 요구 (프로젝트 파이낸싱의 특수목적법인일 경우와 같이 대규모 투자가 집중되는 법인), 법인 투자자 (주주) 의 요구, 법인의 주식 또는 자산을 매각하려는 계획이 있는 경우 등이 있다. 그러나, 회계 감사를 함으로서 전반적인 경영에 대한 진단을 받을 수 있다는 점과, 경영 결과에 대한 자신감과 투명성을 드러내기 위해 회계 감사를 받는 것을 추천한다.

다시, 자문사가 필요한 이유

법인 설립과 운영에는 정말 복잡하고 많은 이슈가 있다. 각각에 대한 세부적인 내용에 대해서는 다음 내용에서 다루도록 하겠다. 다시 강조하지만, 법인 설립에 적어도 1개 이상의 자문사를 쓰는 것은 필수이다. 그 이유는, **첫째로 미국은 각 주마다 독립된 법률 체계를 가지고 있기 때문이다.** 물론 연방과 주법의 다양한 상호 관련성으로 인하여, 그 내용이 매우 차이가 나는 정도는 아니다. 그러나 자세히 들어가면 그 주에 특화된 문화나 전통에 기인한 세세한 이슈들이 있고, 이 부분을 제대로 다루기 위해서는 해당 주의 전문가와 상의하는 수밖에 없다. **다시 한번 언급하자면, 좋은 자문인을 만나는 것이 사업의 품질을 좌우한다는 점을 강조하고 싶다.**

그리고 한 가지 더 언급하자면, 솔직히 다른 어떤 나라보다도 미국에서의 법인 설립은 간단하다. 정부가 그렇게 간섭하지 않는다. 심지어 한국과 같은 형태의 법인 등기가 있는 것도 아니다. 매우 간단한 사업자 등록 절차를 끝내고 연방과 주정부의 세무 번호를 받고 나면 바로 법인이 설립된다. 그러나, 악마는 디테일에 있다고 했던가? **결국 문제는 한 걸음씩 법인을 운영해 가다 보면, 처음에 잘못된 단추를 꿸 경우 생각지 못한 결과를 가져올 수 있다는 점이다.** 미국은 간섭하지 않지만, 하지 말라는 것을 했을 경우 문제가 커진다. 때문에, 법인의 품질을 위해서, 그리고 운영의 편의를 위해서 좋은 자문을 받는 것이 필요하다.

1.2. 법인 설립을 위한 질문들 | 설립구조, 종류, 위치

어떤 구조로 회사를 세울까?

미국에 회사를 세우는 경우 수익을 추구하는 방식에 따라 다른 구조로 법인을 설립하게 된다. 이 때 무엇보다 중요한 사항은 사업을 통해 발생한 수익의 사용처에 따른 세무 검토이다. 대표적인 두가지 방식을 소개한다.

표 2. 수익 방식에 따른 법인 구조

극단적 수익 추구형	미국 내 재투자형
• 미국에서 세금을 최소화 하려는 형태	• 미국에 재투자하기 위한 합리적 세금 납부
• 미국 회사를 LLC 형태로 세움	• 미국 회사를 주식회사 형태로 세움
• (장점) 단일 사업 최종 납부 세율 가장 낮음	• (장점) 미국 회사를 홀딩회사 형태로 운영가능
• (단점) 미국 국세청에 한국회사 직접납부 부담	• (단점) 미국 세금, 배당원천세, 국내 세금 있음
한국주식회사 ↑ 전부 배당 미국 LLC	한국주식회사 ↑ 일부 배당 미국주식회사 ↓ 재투자

우선, 극단적 수익 추구형이 있다. 이는, 미국 회사를 LLC[1] 형태로 세움으로, 궁극적으로 미국에 세금을 내는 주체는 한국 모회사가 되도록 하는 경우이다. 이 경우, 미국에 내는 세금은 별도로 원천세의 형태로 일부 납부 후 한국 모회사로 배당되나 결과적으로 이를 포함한 미국 세액과 한국 세액 (외국납부세액 공제 포함) 의 총합이 가장 낮은 경우이다. 그러나, 이 경우 미국 국세청과 한국 모회사가 직접적 세무 이슈를 해결할 필요가 있고, 한국 회사가 세무 리스크를 흡수해야 하는 문제가 있다.

---

[1] LLC 회사의 특징에 대해서는, 이 책 3.4장에 자세히 설명하였다.

다음의 경우는 미국 내 홀딩 회사를 세우고 투자하는 경우이다. 이 경우 홀딩회사는 세금을 내는 회사의 형태가 되며, 따라서 **세금납부법인** Tax Blocker 이라고 불린다. 이 회사는 아래 단에 LLC 가 몇 개 세워지든 최종 세금 지불 법인이 된다. 그리고, 만약 회사 아래에 세금을 내는 회사를 또 세울 경우, 손자회사로서 배당에 대한 불리한 세금 처우가 있을 수 있어 (배당금 익금불산입 비율감소, 외국납부세액 공제 불인정 등) 세무법인의 검토를 상시 받아야 한다. 이 구조는 미국에서 배당하지 않고 재투자 하는 경우 최적의 구조이지만, 미국 납부세액은 그대로 지불하면서, 한국 배당에 대한 배당 원천세도 내며, 최종적으로 배당 소득에 대한 한국 법인세 납부 (외국납부세액공제 가능) 까지 하게 된다.

어떤 회사를 세울까?

다음으로 고민할 부분은 어떤 회사의 종류로 설립할 것인가의 문제이다. 이미 위 내용에서 다룬 것처럼, 대부분의 사업자들은 세무 구조를 확인하면서 설립 회사의 종류를 함께 결정하게 된다. 그러나 각 회사의 종류를 선택하는데는 세무 구조 외에도 중요한 다른 이슈들이 있다. 우선 미국에 진출한 사업자가 주로 세우는 회사의 종류와 특징을 나열하면 다음과 같다.

표 3. 주로 설립하는 미국 법인의 종류

	주식회사	Partnership	LLC
주주 법적 책임	없음 (제한됨)	무한책임 (limited partner 예외)	없음 (제한됨)
세금 납부 당사자	회사	파트너 (회사 X)	소유주 (회사 X)
소유권 표시	주식 수	지분 비율	지분 비율
행정 소요	많음 (주총, 주정부 의무 등)	적음	적음

미국의 경우, 사업을 운영하기 위한 조직은 크게 나누어 보면 **자영업** Sole Proprietorship, **파트너쉽** Partnership, **주식회사** Corporation, **유한책임회사** Limited Liability Company 등이 있다. **자영업** Sole Proprietorship 은 우리나라와 같이 개인사업자로 분류되어 개인소득세가 과세된다. **파트너쉽** Partnership 은 우리나라의 합명회사의 형태와 유사하며, **파트너쉽** Partnership 단계에서 과세가 이뤄지지 않고, **소유주** Owner or Partner 단계로 소득이 **이전** Pass Through or

Flow Through 되기 때문에, 법인은 도관 역할만 하여 Pass Through Entity 혹은 Flow Through Entity라고 부른다.

파트너쉽 Partnership 은 그 구성형태에 따라 General Partnership (GP), Limited Partnership (LP), Limited Liability Partnership (LLP) 으로 나누어지며, 이러한 파트너쉽은 그 법인의 이익에 대해 법인세가 부과되지 않고 주주들에게 이익이 분배되어 분배된 이익에 대해 소득세 또는 법인세가 과세되고, 동일한 이익에 대해 단체와 주주에게 이중 과세되는 현상을 피할 수 있어 세무면에서 유리할 수 있다. 미국의 경우 파트너쉽은 각 주의 법률에 따라 설립되며, 파트너들간의 합의서에 의해 수익배분의 방식을 자유롭게 결정할 수 있다.

주식회사 Corporation 는 C-corporation 과 S-corporation 으로 나누어지며, **C-corporation** 은 우리나라의 주식회사와 동일하게 법인세가 과세되고 주주 배당에 대해서는 소득세가 다시 과세되어 이중 과세되는 반면, **S-Corporation** 은 주주가 미국세법상 거주자여야하기 때문에 한국에 본사를 두고 미국에 **자회사나 지점으로 진출하는 회사들** Inbound Companies 에는 적용되지 않아 선택할 수가 없다.

유한책임회사 Limited Liability Company (LLC) 는 개인사업체 또는 파트너십의 이점과 주식회사의 이점을 함께 누리고자 하는 경우에 선택하며, 주식회사의 주주를 **멤버** Member 로 부른다. 이들은 회사의 사업 또는 채무와 관련하여 무한책임을 지지 않고, 개인사업체나 파트너십과 같이 회사의 소득에 대하여 멤버의 소득으로 배분하여 신고하는 것을 선택한다. 과세의 경우 **멤버** Member 가 **2명 이상인 LLC 의 경우 주식회사 또는 파트너십 과세방법 중 하나를 선택할 수 있으며, 구성원이 1명인 LLC의 경우 주식회사 또는 개인사업체 과세방법 중 하나를 선택할 수 있고, LLC 소득을 파트너십 또는 개인소득으로 신고하는 경우에 있어서도 구성원의 지분 또는 자산 소유비율과 다르게 이익** Profit **또는 손실** Loss **을 운영계약서** Operating Agreement **에 따라 탄력적으로 배분할 수 있다.** 수익 혹은 손실의 배분의 경우, 결국 LLC 스스로는 세금 납부를 할 수 없으며, 만약 **멤버** Member 가 2명 이상이고 파트너쉽으로 법인세 신고가 이루어질 경우, 파트너십은 **주식회사** Corporation 상의 **배당** Dividend 이 아닌 LLC 상 다시말해 파트너쉽 상의 **배분** Distribution 을 받게 되는데, 주식회사는 배당이 이뤄질때만 법인 레벨에서 만들어진 수익이 주주에게 전달되고, 배당이 이뤄질 때만 소득세를 납부하게 되는 반면, 파트너십상의 **배분** Distribution 을 하던 안하던 파트너십 레벨에서의 만들어진 수익은 무조건 **소유주 또는 멤버** Owner 에게 전달이 된다. **다만 손실의 배분은 이익 잉여금과 투자금의 합으로 제한되기 때문에 (Passive Activity Loss Disallowance Rule) 이부분을 경영 시 참고해야 한다.**

최근의 미국 사업체들을 보면 LLC 를 설립하는 경우가 많아진 것을 볼 수 있다. 심지어 유명한 공룡기업인 Google 도 LLC로 종류를 바꿨다. 이는 Google을 지주회사 체제로 변경하기 위한 작업이었는데, Google 은 이를 통해 Google 의 무거운 부서들을 **분할** Spin-off 하여 책임 관계 및 수익 구조를 분리하였다. 이로 인해 Google의 지주회사는 수많은 LLC 들을 거느리게 되었다. 특별히, LLC의 특징에 대해서는 3.4장에 다루었다. 무엇보다 회사의 종류를 정하는데 중요한 부분은 법인 운영의 방향성에 있다고 하겠다. 만약 향후 사업의 확장이 예상되고 **기업 공개** IPO 를 예상한다면 당연히 주식회사를 설립해야 한다. 그러나 제한된 멤버 수에 특별한 목적으로 제한된 회사를 설립한다면 파트너쉽 또는 LLC 가 적절하다. 다만, LLC 가 아닌 파트너쉽의 경우 주주의 법적 책임이 제한되어 있지 않아, 법인의 채무와 법적 책임에 그대로 노출되는 단점이 있다. 설립 전 이 부분은 자문사와의 상담이 필요하다.

어디에 회사를 세울까?

많은 미국 사람들이 미국에서 두 번째로 작은 도시인 Delaware 에 회사를 설립한다. 많이 알려진 사실로 65%의 Fortune 500 회사들이 Delaware 에 회사를 세운다고 한다. 그 이유는 무엇일까?

델라웨어 주 위치 이미지

- Delaware는 오랫동안 회사 설립에 특화된 주로서 법률이 가장 사업 친화적이다.
- 회사를 세우고 사업은 다른 주에서 할 경우 주세가 없다
- 무형자산에 대한 **판매세** Sales Tax 가 없다 (많은 회사들이 IP, Trade Mark 등을 Delaware 회사에 이전한 후 해당 원천 수입에 대해 절세를 시도)
- 타주 사업자의 델라웨어 주식에 대해서 양도세 부과 없음
- 단, **법인운영세** Franchise Tax 납부 (주식회사는 자본금 기준, LLC는 고정)

그러나, 여전히 많은 수의 회사가 다른 주에 설립되고 있는 만큼, 다른 주에서는 왜 법인을 세우게 되는지도 알아야 한다. 우선 LLC 나 Partnership 을 설립하는 경우 동업자들이 있는 주에 설립하게 될 가능성이 있다. 사업 행위나 사무실 운영이 모두 한 주에서 이뤄진다면 해당 주에 설립하는 것이 유리할 수 있다. 또, 다른 이유로 해당 주의 회사 설립에 대한 유리한 지원책이 있을 경우 설립하는 것이 유리하다. 특히, 러스트 벨트라고 불리는 과거 제조

업 공업지대였던 주들은 새로운 법인을 유치하기 위해 법인이 설립되고 운영되는 중에 까다로운 등록 조건이나 의무 사항이 없는 주들도 있다. 더불어, 새로운 사업에 대한 재산세 감면 혜택 및 사업 지역 카운티의 세제 혜택이 주어지는 경우 해당 주에 법인을 설립하는 것이 아주 유리할 수 있다. 아래 표는 사업 운영 주와 사무실 운영 주가 다른 가장 복잡한 경우에 3가지 주에서 설립시 각각의 장단점을 담은 표이다. **한 가지 유의할 점은 어느 주에 법인을 등록하더라도, 타 주에서 사업 활동을 하는 경우 해당 주에 타주 법인 Foreign Company 으로 등록해야 한다는 점이다.** 이에 대해서는 다음 장에서 자세히 알아보겠다.

법인의 위치에 대해 중요하게 검토해야 하는 사항은 주로 법률 및 세무적으로 법인 운영에 가장 유리한 주가 어디인지 보는 것이다. 법률적으로는 주정부의 회사법, 상법 및 노동법상 요구사항이 무엇이고, 법인 운영이 고도화 될 경우 발생할 리스크는 무엇인지 미리 검토하는 것이 중요하다. 세무적으로는 개인 및 법인 소득세, 재산세, 판매세, 양도세, 배당세, 법인운영세 등이 위치에 따라 어떤 연결고리로 발생하게 되고, 장·단기적으로 세액이 가장 적은 주는 어디인지 분석하는 것이다. 이는 자문사와 함께 검토해야 한다.

그 외, 사업 초기부터 생각해내기는 어렵지만 꼭 점검해야할 이슈들로는, **주정부 상법상 배당 제한, 정관 필수 기재사항, 정관 목적 외 운영 Ultra Vires 가능 여부, 노동법 상 기초 정보 (월 급여 횟수, 최저 임금, PTO 및 휴가관련, 주정부 고용주 신고사항 등), 주총 및 이사회 결정사항, 연간 운영보고 기재사항 및 운영세 납부 방식, 재산세 감면 또는 면세 제도, 판매세 등록 및 정기 신고 방식, 배당세 원천징수 방법, 초기 인수가격 배분 Purchase Price Allocation, LLC 배당 방식 및 세무 분배 (Schedule K-1) 방식** 등이다.

표 4. 3개 주간 설립 비교표

	델라웨어	사업운영 주 (IN)	사무실 운영 주 (MI)
선택 이유	많은 미국 회사들이 선택한 주	사업이 위치한 주	사업이 관리 되는 곳
운영 방법	· 델라웨어 설립 · 2개의 다른 주에 Foreign Company 등록	· 사업운영 주에 설립 · 사무실 운영 주에만 Foreign Company 등록	· 설립 후 해당 주 운영 · 사업운영 주에만 Foreign Company 등록
법인세율 (주+연방)	26.12% (3.92% + 1.2% + 21%)	좌동	좌동
	· **실제 세율은 Nexus 분석을 통해 각 주에 배분** Apportion **되는 비율에 따라 다름** · **가정**: 연방 법인세 21% / 사업운영 주 (인디애나, 4.9%) 사무실 운영 주 (미시건, 6%) 간 80:20 세율 배분 / **각 주에 세운 법인은 주식회사로** 세금납부법인임		
법인 운영세 Franchise Tax	있음 · 주식회사: 수권 주식 Authorized Share 수 따름, 최고: 20만불 · LLC: 고정 금액	없음	없음
수입세 Gross Receipt Tax	있음 (0.0945~0.7468%)	없음	없음
장점	· 유연한 회사법 · 타주에서만 사업 영위 시 법인세 없음	· 사업영위 지역으로 법·행정 일관성 확보 · 주 법인세 가장 많이 배분되므로 각종 주정부 공제 해택 사용 가능	· 해당 주 직원 고용 시 관리 용이 · 행정업무 용이 (사무실 운영 행정 다수)
단점	· 다른 2개 주에서 타주 법인 등록 필요 · 2개 주에 에이전트 필요 (매년비용지출) · 매년 3개 주에 연간 운영 보고	· 사업 관리 주에 타주 법인 등록 필요 · 타주 에이전트 필요 (매년 비용 지출) · 매년 2개 주에 연간 운영 보고	· 운영관련 세무 배분 많을 경우 세율 불리 · 사업 운영주에 타주 법인 등록 필요 · 타주 에이전트 필요 (매년 비용 지출) · 매년 2개 주에 연간 운영 보고

1.3. 주 간 상업 | 각 주와의 법률 & 세무 관계 설정

다른 주에서 사업하기

앞장에서 보았듯 미국에서 사업을 시작할 경우, 어느 한 주에서 법인을 설립하게 된다. 그러나 법인 설립 후, 사업을 영위 하면서 다른 주와 연관되게 되는 경우가 많다. 이 때 고려해야할 중요한 전제는 바로 미국은 연방제 국가로 연방과 각 주의 권한이 명확히 배분되어 있다는 점이다. 연방은 헌법에 의해 각 주간의 관계에 있어 헌법 14조에 보장된 **적법절차** Due Process 를 통하지 않고 타 주의 법인에 간섭 또는 의무를 강제할 수 없게 통제하고 있다.

그렇다면, 미국의 50개 주 중 어느 한 주에서 법인을 설립하고 해당 법인이 다른 주에서 사업 행위를 할 경우[2] 그 주에서는 해당 타주 법인을 어떻게 통제할까? 즉, 각 주가 적법 절차를 통해 통제할 수 있는 권한에는 어떤 것이 있을까? 기본적으로 해당 주가 타주 법인에 부과할 수 있는 주요한 의무 또는 각 주의 권한은 다음 표와 같다.

표 5. 타주 법인에 대한 각 주의 권한

Personal Jurisdiction	해당 법인이 해당 주의 법원에서 소송 당하게 함
Taxing Jurisdiction	해당 주와 연관된 사업행위에 대한 세금 부과
Granting Authority to Do Business	법인이 주에 등록 후 주의 행정 서비스 이용 대가로 각종 의무 부담

모든 주는 연방 헌법의 제한에도 불구하고 위와 같은 권한을 강제할 수 있는 근거가 있는데, 이를 정리하면 다음과 같다.

표 6. 권한 강제 근거 (최소 연관 조건, Minimum Contact Requirement)

Nexus (Tax)	세금을 낼 만큼 소득이 우리 주와 연관된 활동 있음
Personal Jurisdiction (Being Sued)	주 법정에 세울 수 있을 만큼 주와 연결됨
Transacting Business (Qualification)	주에서 비즈니스를 하고 있음이 인정 됨

---

[2] 미국에서는 이러한 법인을 타주 법인 Foreign Company 이라 부른다.

즉, 각 주는 우리 주에서 사업을 영위하고 있기 때문에 해당 주가 타주 법인에 세금, 법률, 행정적 의무를 부과할 권리를 보유하고 있음을 명확히 하기 위해서 노력한다. 따라서, 의무 이행을 강제하기 위한 주와의 **최소 연관 조건** Minimum Contact Requirements 은 각 권한별로 다르지만 일반적으로 해석의 범위는 다음과 같다.

표 7. 최소 연관 (Minimum Contact) 해석 수준

약간의 활동 수준	본격적인 활동 수준	활발한 활동 수준
Personal Jurisdiction (Being Sued)	Nexus (Tax)	Transacting Business (Qualification)

이러한 주와의 연관성을 해석하는 수준은 주에 따라 각각의 기준이 겹치기도 하고, 각각 존재하기도 하나 어떤 경우도 **가장 범위가 넓은 경우는 소송을 당할 경우이다**. 즉, 타주 법인이 그 주에서 사업 행위를 한 경우 해당 주와 연결고리가 조금이라도 있으면 소송을 당할 수 있으나, 그렇다고 그 주에 **타주 법인 등록** Foreign Company Registration 을 해야할 필요는 없는 경우가 있다고 볼 수 있다. 또는, 해당 주에 세금을 내야 할 상황 (Nexus 형성) 이지만 그렇다고 타주 법인 등록을 해야할 필요는 없는 경우도 있다. 각 수준에 대한 해석은 법률을 따져봐야 하는 문제로 자문사의 조언이 필요하다.

결과적으로, 이러한 내용을 정리하는 이유는 사업자들이 타주에서 사업을 할 때 내 사업이 다른 주에 연관될 경우 적어도 그 주에서 아래와 같은 판단을 미리 해야하기 때문이다.

· **다른 주에서 소송을 당할 수도 있겠다**
· **다른 주에서 세금을 내게 되겠다 (또는 추징 당할 수 있겠다)**
· **다른 주에서 과태료나 벌금 등을 낼 수도 있겠다**

일반적으로 말하면, 다음의 내용에 해당할 경우 다른 주에서 위 3가지 중 어느 하나라도 문제가 될 수 있다는 점을 기억하자.

· **다른 주에 오피스가 있는 경우 및 직원을 고용한 경우**
· **오피스가 없더라도 어느 정도 법인의 수입을 해당 주에 의존하는 경우**
· **지속적인 사업 행위 (광고, 호객행위 등)가 있을 경우**

그렇다면, 위의 경우에 가장 안전한 방어책은 무엇일까? 아마도 사업자가 할 수 있는 가장 적극적인 행동은, 해당 주에 타주 법인 등록으로 **허가된 타주 법인** Qualified Foreign Corporation 자격을 획득하는 것이다. 이를 **사업이행권한** Authority to Transact Business 을 요청한다고 하기도 한다. 타주 법인 등록을 하는 가장 기본적인 이유는, 어차피 해당 주에서 **사업을 이행 하는 것** Doing Business 으로 해석될 수 있으니 적극적으로 해당 주의 보호를 받고, 의무를 이행하는 것으로 보면 되겠다. 이 경우, 타주 법인으로 등록할 때 장점은 다음과 같다.

- 해당 주에서 해당 주 법인 및 개인을 대상으로 소송을 걸 수 있다.
- 미 등록 벌금 및 사업주 책임의 면제
- **정상 법인 영업증** Certificate of Good Standing 을 통해 법인을 공인 받을 수 있음

그러나, 이미 언급했듯이 사업행위를 분석해서 그 주와 연관성이 없다고 판단되면, 적극적으로 법인을 등록하는 행위가 필요 없을 수도 있다. 이것은 케이스별로 회계사 및 변호사의 조언이 필요하다.

1.4. 설립 실무 | 법인 등록, 세무번호 등록, 설립 세부 절차

이제 법인 설립 실무로 들어가 보자. 일반적인 경우 법인 설립의 과정은 다음과 같다고 보면 된다. 각각의 내용을 자세히 살펴보자.

표 8. 법인 설립 절차

1	주주 법인 (주로 한국 모회사) 의 이사회를 통한 미국 법인 설립 의결
2	에이전트 (Registered Agent) 또는 회계사/변호사 선임 법인 설립 문서 작성
3	정관의 작성 (주정부) 법인 정관등록 및 법인 등록 실시
4	Bylaw 또는 운영계약서 (Operating Agreement) 작성 주총 및 이사회 (LLC는 Member's Meeting) 를 통한 승인
5	(연방) 납세자 번호 취득 (EIN, Federal Employer Identification Number) (주정부) 세무관련 정부 홈페이지 등록 및 연방 납세자 번호 (EIN) 등록
6	(시정부) 사업 허가증 (Business License) 및 사업 특성에 맞는 인허가 (Permit) (주정부) 판매세 (Sales Tax) 발생 시 판매허가증 (Seller's Permit) 취득 (카운티) Clerk's Office에 상호명 등록 (카운티에 따라 필요 없을 수 있음)
7	법인 계좌 개설 위의 자료 일체 및 법인 대표자 등의 개인 신분 보증 등 필요
8	(타 주정부) 타주 법인 등록이 필요할 경우 별도 등록 절차 진행 (Agent 별도 선임)

1. 주주 법인 (주로 한국 모회사) 의 주총 또는 이사회를 통한 미국법인 설립 의결

해외 법인 설립의 경우 각 한국 기업은 주총 또는 이사회 규정을 통해 설립 의결을 명문화한 경우가 많다. 이 경우 해당 규정의 요구 사항에 맞게 주총 또는 이사회를 통한 의결을 먼저 진행해야 한다.

2. 에이전트 (Registered Agent) 또는 회계사/변호사 선임 법인 설립 문서 작성

법인 설립을 자문사 없이 직접하는 경우에도 에이전트를 고용해야 하는데, 이는 각 주법에 의해서 한 명 이상의 주정부 **거주자** Resident 가 공식 문서를 수령하도록 등록해야 하는 주도 있고, 또한 법률 문서, 세무 문서 등의 공식 문서를 수령하기 위한 장치로서 에이전트를 등록하도록 하고 있기도 하다. 에이전트 자격은 약간의 제한이 있으나, 많은 경우 약간의 비용을 매년 지불하고 에이전트 회사를 사용하기도 하고, 법인 내 직원을 등록하기도 한다. 주정부 공식 문서로 검색이 가능하기 때문에, 개인 주소를 사용하지는 않는다.

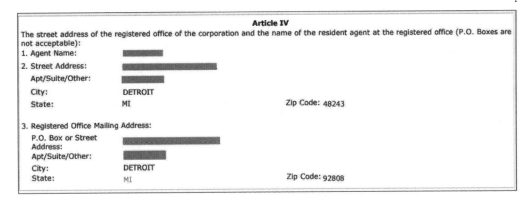

Article IV
The street address of the registered office of the corporation and the name of the resident agent at the registered office (P.O. Boxes are not acceptable):

1. Agent Name: ▆▆▆▆▆▆
2. Street Address: ▆▆▆▆▆▆▆▆▆▆▆
   Apt/Suite/Other: ▆▆▆▆
   City: DETROIT
   State: MI   Zip Code: 48243
3. Registered Office Mailing Address:
   P.O. Box or Street Address: ▆▆▆▆▆▆▆▆▆▆
   Apt/Suite/Other: ▆▆▆▆
   City: DETROIT
   State: MI   Zip Code: 92808

그림 1. 미시건 주정부 등록 정관의 에이전트 의무 기재란

법인 공식 문서 작성 전 고려사항

주제	내용	유의사항
법인 종류	· C-Corporation (주식회사) · LLC (유한책임회사) · Partnership · Limited Partnership 등	· 최소자본금 및 최소 주주 수 요건 확인 · 각 회사별 특징 확인
설립비	· (현지) 로펌 또는 회계사 · (한국) 로펌 등 선택 · 다양한 자문 방식에 따른 비용 상이	· 법률 자문사 비용은 이사회 회의록 작성. 공증 및 자문료 등 포함 · 초기 투자액 및 비용 증빙 요청할 수 있으나, 사업의 구체적인 진행 또는 문서상의 확약이 있을 시 투자 없이 가능
예상 기간	· C-Corporation 및 LLC: 최대 4주 (업무 적극 지원 시 2-3주)	· 현지 업무 전문성 필요 · (주정부) 회사 등록, (연방/주정부) 세무 등록, 각종 초기 행정 업무 포함 참고: 법원에 등기하는 절차는 없음
최초 이사회	· 이사수 결정 (정관에 명기) · 사장 (CEO), 재무책임자 (CFO), 서기 (secretary)를 임명 · 법인 서명권자 임명	· 회사 등록서류에도 정보 기입 (현지 Agent 또는 변호사가 문서 제공) · 주 별로 입력이 의무 아닌 곳도 있음
정관	**의무적 명기사항 (주마다 다름):** · 회사명,회사의 목적, 본사 및 주소 · 주주: 이름, 국가, 주식 수 및 주소 · 설립회사: 주식 수, 종류, 가치 · 이사 수, 회계연도 · 첫 이사회 시기 및 방법 · 첫 이사회까지의 임시 경영진 등	· 현지 Agent 나 변호사 통해 정관 준비 · 회사 등록 서류에 동일 내용 기입

법인 정보 조사 (변호사/회계사 전달)

법인 정보는 위 표의 내용을 전달하면 되는데, 특히 주식회사의 경우 발행 가능한 주식 수 기록을 위해 **수권 주식** Authorized Share 을 등록하여 발행 가능한 주식수에 제한을 두었기에, 초기 등록시 주식 수를 충분히 계산해 넣는 것이 중요하다. 동시에 **주당 액면가** Par Value 를 기입하게 되는데, 최근의 법인들은 주당 가치를 입력하지 않는 경우도 많다. 이는 일부 회사의 특성상 (인수합병 및 신규 투자 등) 주당 가치 변동폭이 크므로 의미가 없는 경우가 많기 때문이기도 하다. **또한, 일부 주의 경우 수권주식수와 등록비가 비례하는 경우가 있고, 법인 운영세** Franchise Tax [3]**가 예상 자본금 입력에 의해 매우 높아지는 경우가 있기 때문에 유의하여 입력해야 한다.**

Articles of Incorporation - For Profit	Non-Refundable Fee...$10.00 PLUS ADDITIONAL FEES DUE FOR INCREASED AUTHORIZED SHARES OF PROFIT CORPORATIONS ARE: **Authorized Shares.................................Fee** 1-60,000..$50.00 60,001-1,000,000...$100.00 1,000,001-5,000,000.....................................$300.00 5,000,001-10,000,000...................................$500.00 +10,000,000...................................$500.00 for first 10,000,000 plus $1000.00 for each additional 10,000,000

그림 2. 미시건 주 법인 등록비 예시 (수권자본수에 비례)

3. 정관의 작성 (주정부) 법인 정관등록 및 법인 등록 실시

이 부분은 각 주마다 다른 방법과 순서로 진행되니 자문사와 협의가 필요하나, 대부분 자문사가 알아서 진행해주는 경향이 있다. 일단, 미시건 주의 절차를 보면, **그림 3** 과 같이 주정부 홈페이지에 들어가서 법인 새로운 법인 설립 (forming a new entity) 을 눌러서 **정관** Article of Incorporation 등록을 눌러 차례로 요구되는 정보를

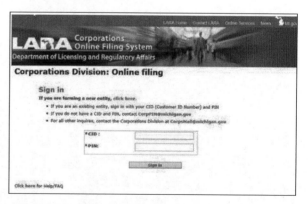

그림 3. 미시건 주정부 법인등록 페이지

---

3 법인 운영세 계산에 대해서는 3.9장에 자세히 설명하였다.

입력한 후, 등록비를 납부하면 해당 홈페이지에 접속할 수 있는 아이디와 핀 번호가 부여된다. **최근 미국은 온라인으로 법인 등록을 받는 경우가 많아지면서, 한국에서 정관이라는 서류가 가지는 무게보다 훨씬 가벼운 수준으로 정관 정보를 요구한다.** 그러나 주에 따라 정관을 County Clerk 에게 **등기** Recording 하는 곳도 있음에 유의해야 한다. **법인 설립 후, 설립 주체는 더 자세한 법인 운영의 기본 규정 (예, 한국의 법무부 표준정관 등) 을 Bylaw 라는 문서로 별도로 작성하게 된다.** 정관에서 요구하는 정보는 주정부 페이지 (https://www.michigan.gov/lara/bureau-list/cscl/corps/forms/corporation-forms) 에 있는데, 요구되는 정보는 **'회사명, 설립 목적, 수권 (등록) 자본금, 주식 분류, 등록 에이전트 정보, 설립자 정보'**이다.

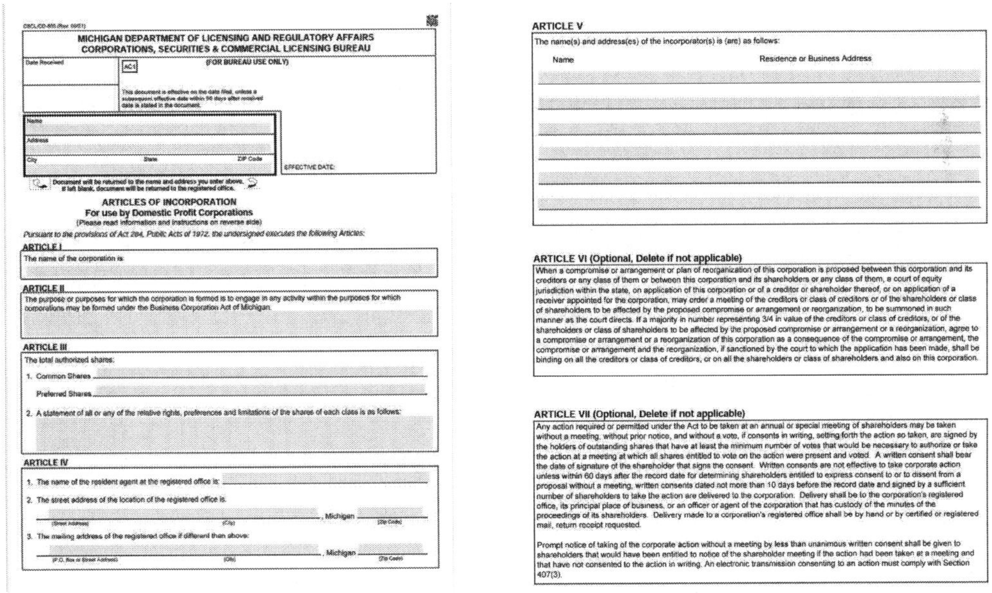

MICHIGAN DEPARTMENT OF LICENSING AND REGULATORY AFFAIRS
CORPORATIONS, SECURITIES & COMMERCIAL LICENSING BUREAU

Date Received | AC1 | (FOR BUREAU USE ONLY)

This document is effective on the date filed, unless a subsequent effective date within 90 days after received date is stated in the document.

Name
Address
City | State | ZIP Code
EFFECTIVE DATE:

Document will be returned to the name and address you enter above. If left blank, document will be returned to the registered office.

ARTICLES OF INCORPORATION
For use by Domestic Profit Corporations
(Please read information and instructions on reverse side)

Pursuant to the provisions of Act 284, Public Acts of 1972, the undersigned executes the following Articles:

ARTICLE I
The name of the corporation is:

ARTICLE II
The purpose or purposes for which the corporation is formed is to engage in any activity within the purposes for which corporations may be formed under the Business Corporation Act of Michigan.

ARTICLE III
The total authorized shares:
1. Common Shares
Preferred Shares
2. A statement of all or any of the relative rights, preferences and limitations of the shares of each class is as follows:

ARTICLE IV
1. The name of the resident agent at the registered office is:
2. The street address of the location of the registered office is:
(Street Address) (City), Michigan (Zip Code)
3. The mailing address of the registered office if different than above:
(P.O. Box or Street Address) (City), Michigan (Zip Code)

ARTICLE V
The name(s) and address(es) of the incorporator(s) is (are) as follows:
Name | Residence or Business Address

ARTICLE VI (Optional, Delete if not applicable)
When a compromise or arrangement or plan of reorganization of this corporation is proposed between this corporation and its creditors or any class of them or between this corporation and its shareholders or any class of them, a court of equity jurisdiction within the state, on application of this corporation or of a creditor or shareholder thereof, or on application of a receiver appointed for the corporation, may order a meeting of the creditors or class of creditors or of the shareholders or class of shareholders to be affected by the proposed compromise or arrangement or reorganization, to be summoned in such manner as the court directs. If a majority in number representing 3/4 in value of the creditors or class of creditors, or of the shareholders or class of shareholders to be affected by the proposed compromise or arrangement or a reorganization, agree to a compromise or arrangement or a reorganization of this corporation as a consequence of the compromise or arrangement, the compromise or arrangement and the reorganization, if sanctioned by the court to which the application has been made, shall be binding on all the creditors or class of creditors, or on all the shareholders or class of shareholders and also on this corporation.

ARTICLE VII (Optional, Delete if not applicable)
Any action required or permitted under the Act to be taken at an annual or special meeting of shareholders may be taken without a meeting, without prior notice, and without a vote, if consents in writing, setting forth the action so taken, are signed by the holders of outstanding shares that have at least the minimum number of votes that would be necessary to authorize or take the action at a meeting at which all shares entitled to vote on the action were present and voted. A written consent shall bear the date of signature of the shareholder that signs the consent. Written consents are not effective to take corporate action unless within 60 days after the record date for determining shareholders entitled to express consent to or to dissent from a proposal without a meeting, written consents dated not more than 10 days before the record date and signed by a sufficient number of shareholders to take the action are delivered to the corporation. Delivery shall be to the corporation's registered office, its principal place of business, or an officer or agent of the corporation that has custody of the minutes of the proceedings of its shareholders. Delivery made to a corporation's registered office shall be by hand or by certified or registered mail, return receipt requested.

Prompt notice of taking of the corporate action without a meeting by less than unanimous written consent shall be given to shareholders that would have been entitled to notice of the shareholder meeting if the action had been taken at a meeting and that have not consented to the action in writing. An electronic transmission consenting to an action must comply with Section 407(3).

그림 4. 미시건 정관 등록 서류 (온라인 동일)

4. Bylaw 또는 운영계약서 (Operating Agreement) 작성 → 주총 및 이사회 (LLC의 경우 Member's Meeting) 를 통한 승인

미국에서 Bylaw 는 한국의 정관이라고 보면 되는데, 법인 등록을 위해 기존 **정관** Article of Incorporation 이 가벼워 졌다면, Bylaw 는 여전히 정관의 범위 내에서 법인 운영의 기본 사항을 명시하도록 법으로 의무화 되어 있는 경우가 많다. 최근 LLC 가 세워지면서 LLC 에는 일종의 동업계약서인 **운영계약서** Operating Agreement 가 Bylaw 로 사용되고 있다. **이러한 Bylaw 또는 운영계약서는 특별히 등록 또는 등기 의무가 있지 않다. 다만, 법인 설립자들 간의 법인 운영에 대한 일종의 합의사항으로서 주총 또는 이사회를 통해 승인하고 법인의 공**

식 문서로 받아들이는 절차가 필요하다. 다만 운영계약서의 경우 **소유자 Owner** 가 계약서에 서명하는 것으로 해당 절차를 대신할 수 있다. Bylaw 또는 운영계약서의 주요 내용은 다음과 같다. 에이전트들은 홈페이지에 Bylaw 샘플을 제공하니 참고하기 바란다. (https://www.northwestregisteredagent.com/wp-content/uploads/2022/04/Corporate-Bylaws-IL.pdf)

표 9. Bylaw 및 운영계약서의 주요 내용

주 제	내 용
Formation of the Company	· 회사 이름, 설립 목적, 주 사무소 위치 및 존속 기간 등 · 법인의 등록 에이전트가 있을 경우 이름과 주소 명기
Capital Contribution	· LLC 는 운영계약서가 주주협약서의 역할도 하기에 지분율 등 기록 · 주식회사의 경우 주주 지분, 배당 방식, 주식 보호 방법, 매각 방식 등
Shareholder/ Board	· 주주 (LLC는 멤버) 의 조건, 의결 주주 / 이사회는 이사회 멤버, 역무 · LLC는 주주 및 주식이 없고, 대신 멤버가 회사 소유비율 (%)를 정함
Meetings	· 주총 (또는 멤버 총회)의 경우 의사/의결 정족수, 안건, 결의방법 등 · 이사회의 경우 의사/의결 정족수, 안건, 결의방법 등
Officers	· 주요 운영 주체 명시 및 숫자, 의무, 선임 방법 등
Allocation of Profits, Losses, Distributions	· LLC의 경우 수익, 손실 및 세금을 각각 다른 비율로 분배하는 조항
Transfer/ Dissolution	· 지분의 양도 시 제한 및 방법 명시, 회사의 해산에 대한 방식 기술 가능
Administrative Matters	· 주주가 요청하는 자료 제공, 주총/이사회 등 주요 기록 요구 · 회계 기록 및 보고 방법, 연간 보고 의무, 제무재표 감사 및 보고 의무

주총 및 이사회

Bylaw 는 주정부 법에 의해 주총 또는 이사회에 의해 승인 받아야 한다. 일반적으로 각 주의 상법에는 첫 번째 주총 및 이사회에서 기본적으로 요구되는 행위를 기술하고 있다. 아래의 예시를 보면, 미시건 주에서는 첫 주총에 이사회 구성원 및 Bylaw 의 승인을 요구하며, 그 이후 첫 이사회에서는 Bylaw 승인, 경영진 선임 및 이사회 전의 사업 내용을 승인하는 등의 기본 사업 개시 행위를 해야한다.

BUSINESS CORPORATION ACT (EXCERPT)

Act 284 of 1972

450.1223 Selection of board; adoption of bylaws; first meeting; quorum; election of officers; transaction of business.

Sec. 223.

Before or after filing of the articles of incorporation a majority of the incorporators, at a meeting or by written instrument, shall select a board and may adopt bylaws. On or after the filing date of the articles any member of the board may call the first meeting of the board upon not less than 3 days notice by mail to each director. A majority of the directors constitutes a quorum for the first meeting of the board. At the first meeting, the board may adopt bylaws, elect officers and transact such other business as may come before the meeting.

인용 1. 최초 주총 및 이사회 관련 법률 (미시건)

일반적으로 **주총**은 회사의 전체적인 방향을 정하기 위한 수준의 결정, **이사회**는 주주들이 위임한 일반적인 법인의 운영을 위한 결정을 담당하고, **경영진**은 일상의 경영 업무를 대리하기 위하여 임명된다고 보면된다. 따라서, Bylaw 를 통해 주주 및 이사의 수준에서 결정해야 하는 경영상의 문제가 무엇이고, 경영진이 일상적으로 위임받은 업무가 무엇인지 명확히 하는 작업은 매우 중요하다. 다음은 LLC의 경우 첫 **멤버총회** Member's Meeting 의 예문이다. 주식회사와 같이 첫 주주 (멤버) 총회에는 이사 또는 경영진을 임명할 수 있고, Bylaw 를 승인할 수 있으며, 무엇보다 법인의 성립을 선언하는 의미가 있다. **꼭 기억해야 하는 사항으로, 모든 주총 및 이사회의 회의록은 기록하여 서명을 받아야 한다. 또한, 미국에는 Secretary 라는 독특한 직무가 있는데, 임명자는 회의를 조직하고 관리하며 기록하는 역할 외에도 회사의 공식 문서 및 서명을 관리하고 공증하는 업무를 담당한다.**

ABC, LLC
WRITTEN CONSENT OF THE MEMBER

January 1, 2022

The undersigned Member of ABC, LLC, a Michigan limited liability company (the "Company"), acting in accordance with the Michigan Limited Liability Company Act, as amended, and Section VI of the Operating Agreement of the Company, dated February 10, 2021 (the "Operating Agreement"), hereby consents to the adoption of the following resolution, effective as of the date set forth above, and takes the following actions by written consent. Capitalized terms used but not defined herein shall have the meanings given to them in the Operating Agreement.

WHEREAS, the Members deem it advisable and in the best interests of the Company that a board of manager (the "Board") consisting of XXX, XXX as a Manager and XXX as the Chairman and Manager be created.

WHEREAS, the Members deem it advisable and in the best interests of the Company that the Bylaw as presented is approved.

NOW, THEREFORE, BE IT RESOLVED, that (i) the board of managers is hereby created and (ii) Bylaw of the Company is hereby approved.

예문 1. LLC 첫 멤버 총회 예시

5. (연방) 납세자 번호 취득 (EIN, Employer Identification Number) 및 (주정부) 세무당국 등록

그림 5. SS-4 형식 일부분

법인의 기본 형태가 갖추어 졌으면, 다음으로 중요한 일이 **연방 납세자 번호** Employer Identification Number, EIN 를 취득하는 일이다. 연방 납세자 번호는 매우 중요한데, 이 번호는 그대로 주정부 세무 신고에도 사용되고, 은행 계좌 개설, 급여 시스템 등록, 각종 보험 가입 등 모든 설립 후 업무에 기본으로 사용되기 때문이다. 기본적으로 EIN 취득은 온라인으로 가능하기 때문에, 생각보다 어렵지 않다. 다만 신청자가 **사회보장번호** Social Security Number 나 EIN을 이미 가지고 있어야 하기 때문에 일반적으로 에이전트나 자문사에서 대행해 주는 경우가 많다. 신청은 미국 국세청 홈페이지 (www.irs.gov) 에 들어가서 EIN을 검색하면 가능하다. EIN 신청은 위 SS-4 의 모든 내용을 입력하고 신청 버튼을 누르면, 곧 인터넷 또는 우편으로 **EIN 확인서** EIN Confirmation Letter 를 수령할 수 있다. 이 원본 레터는 법인 운영 중 자주 필요하므로 잘 보관할 필요가 있다.

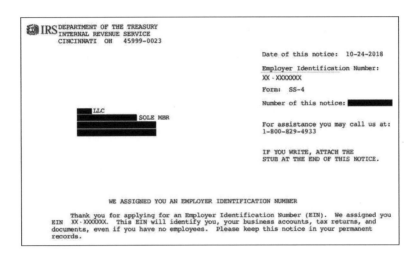

그림 6. EIN Confirmation Letter

EIN을 취득하고 나서 할 일은 **주정부 세무당국**에 신고하는 일이다. **세무 당국에 신고하는 이유는 법인세** Corporate Income Tax, **급여 원천징수** Payroll Withholding, **판매세** Sales Tax **등의 납부를 위해서이다.** 많은 주정부들이 온라인을 통한 등록을 받아주고 있기 때문에 생각보다 간단하게 등록할 수 있다. 주정부 세무 당국의 명칭은 각각 다른데, 여기서는 일리노이 주의 경우를 소개하겠다. 일리노이 주 세무 당국은 Illinois Department of Revenue (IDOR) 이라고 불린다. 모든 등록은 **MyTax Illinois** 라 불리는 홈페이지에 접속하면 가능하다. 5단계에 걸쳐 정보를 입력하는데, 모든 세금의 납부에 대한 정보를 일괄적으로 처리하며, 따로 **판매세** Sales Tax 를 위한 **판매 허가증** Seller's Permit 을 취득할 필요가 없다. 각 단계별 주요 입력 정보는 다음과 같다.

- **1단계:** 연방 EIN, 등록법인명, 주소, 주정부 등록 번호, 연락처
- **2단계:** 소유자, 경영진, 파트너 등 개인 정보
- **3단계:** 사업 내용, 직원 유무, 소매 판매 여부, 판매세 Sales Tax 관련 질문
- **4단계:** 추가 서류 여부
- **5단계:** 서명란 (개인 사회보장번호 Social Security Number 필요)

Illinois Department of Revenue
REG-1 **Illinois Business Registration Application**
Register faster on-line at tax.illinois.gov.

Step 1: Identify your business or organization

1 Federal employer identification number (FEIN)

FEIN: _____ - _____

If you are a proprietorship, provide the Social Security
number (SSN) under which taxes will be filed.

SSN: _____ - _____ - _____

2 Legal business name - if proprietorship, see instructions.

3 Doing-business-as (DBA), assumed, or trade name, if different
from Line 2.

4 Primary or legal business address.

Street address - **No PO Box number**   Apartment or suite number

City   State   ZIP

☐ Check here if this is your **only** Illinois location. If you have
more Illinois locations, **complete Schedule REG-1-L.**

5 Mailing address if different from the address above.

In-care-of name

Street address or PO Box number   Apartment or suite number

City   State   ZIP

6 Check the organization type that applies to you:
☐ Proprietorship. Check if owned by husband and wife:
☐ Partnership   ☐ Trust or estate
☐ Corporation   ☐ S Corp (Subchapter S Corporation)
☐ Governmental unit ☐ Not-for-profit organization
☐ Limited liability company (LLC) treated as a
____ Corporation
____ Partnership
____ Proprietorship
Check here if disregarded:

7 Illinois Secretary of State identification (corporate or file) number:

____ - ____ ____ ____ - ____ ____ - ____

8 Is your business part of a unitary group? ____Yes ____No
If "Yes", provide the FEIN of your designated agent (the person
responsible for filing your Illinois income tax return):

FEIN: _____ - _____

9 Identify a contact person regarding your business.

Name:

Phone: (_____) _____ - _____ Ext.: _____

FAX: (_____) _____ - _____

Email address:

그림 7. 일리노이 주 세무 신고 형식 (REG-1) 일부 (온라인 신고 내용 동일)

6. (시) 영업 허가증 (Business License) 및 각종 인허가 (Permit)

일반적으로 **영업 허가증** Business License 은 한국의 구청에서 발급하는 영업신고증에 해당한다. 한국의 구청 수준에 해당하는 시에서 발급하기 때문에 까다롭게 관리하지는 않는다. 그러나 인허가의 경우는 각 사업의 성격에 따라 다르고, 특히 주류를 포함하는 식당의 경우는 **영업 허가증** Business License 부터 **인허가** Permit 까지 시나 카운티 마다 다양하고 종류가 다르기 때문에 충분히 별도로 컨설팅을 받아야 한다. **또한 각 시는 이에 대한 자세한 가이드를 따로 하기 때문에 정보를 미리 얻는 것이 중요하다. (예, 시카고 시의 Quick Guide 참고,** https://www.chicago.gov/content/dam/city/depts/mayor/Restaurant/SectionAGettingStarted.pdf) 다만, 사업 성격에 따라 **영업 허가증** Business License 만으로도 충분히 사업이 가능한 경우가 많다.

7. 법인 계좌 개설

마지막 단계로 법인 계좌 개설이 남았다. 미국에 최초 법인 설립 시 미국 내에서 **신용** Credit 이 쌓여있지 않기 때문에 어떠한 신용행위 (거래, 신규 서비스, 온라인 입출금)를 하기가 매우 힘들다. 따라서 계좌를 빨리 개설하고 각종 서비스 (주로 유틸리티) 가입을 하면서 미국 내에 신용을 쌓아가는 일이 급선무이다. 최근 2009년도 이후로 신용 위기를 겪은 은행

가에서 새로운 법인카드 발급조차 매우 꺼리고 있기 때문에, 한국에서 중소기업 이상의 지위를 가지고 있다하더라도 미국에서는 새로 시작하는 기분으로 해야하는 경우가 많다. 다만 미국에서 대형 사업을 진행하거나, 사업 과정에서 은행과 연결되어 있는 경우 해당 은행을 통해서 계좌를 만들고 자본금 납입 및 자금 거래를 시작하는 것은 가능하다. 그렇지 않고 일반적인 은행에서 계좌를 만들 경우도 은행이 필요로 하는 서류가 준비되야 하는데, 주로 법인 설립 과정에서 발생한 문서들을 요구하는 경우가 많다. (예, **연방납세자번호** EIN**, 정관** Article of Incorporation, 설립관련 법인 문서 – 이사회, 주총 회의록, 주정부 법인 등록증, 회사 임원 이상 개인의 **사회보장번호** Social Security Number**,** 여권 및 비자 등) 자세한 내용은 2.3장에 설명하였다.

8. 타주 법인 등록

법인이 설립된 주 외에서 **타주 법인** Foreign Company 으로 등록하는 경우, 위 내용 중 주정부와 해야하는 업무만 반복해서 하면 된다. 다만, 타주 법인에 대한 별도의 형식을 찾아서 준비하는 것이 중요하다. 이 경우도, 해당 주의 에이전트를 임명하여 법인 등록을 대행하여 진행할 수 있다.

절차	내용	일정 1월 계약협상 (1월 中)	2월	3월 파견준비완료	사업 개시 (3월 中)	비고
법인 설립	설립 자문사 선정	▬				법인 설립은 1월 말 완료
	법인 주요 정보 결정 및 이사회	▬				
	설립 절차 진행	1월말 ● ● ●				
비자	1차 파견자 선정	▬				미 대사관 상황에 따라 소요기간 다름
	비자 신청 (E, L 등)	사전 작업 ● ●	법인설립 후	● ●		비자발급 전 Visa Waiver로 방문 가능
계약 진행	주주협약, 사업계약 등	3주 ▬				모든 계약은 설립된 법인이 체결
	현지 계약 (사무실, IT 시스템 등)		2개월		계약체결 ● ● ● ● ●	

그림 8. 법인 설립 예상 일정

모든 내용을 정리하여 법인 설립의 전반적인 일정을 그려 보면 위 그림과 같다. 일반적으로 법인 설립 자체는 3~4주가 소요되나 그 과정에 필수적으로 수반되는 업무들을 포함하면 약 3개월을 잡고 준비하는 것이 가장 합리적이라 하겠다. 아래 **표10** 은 법인 신고 과정에서 각 정부와 어떤 업무를 해야하는지 전체적으로 정리한 표이다.

표 10. 법인 신고 관련 정리

	연방	법인 등록 주	타주 법인
법인 신고	연방국세청(IRS) EIN 신고	주정부 법인 신고 (최초 설립 등록)	주정부 외국 법인 신고 (Foreign Company)
	• 연간등록비: X • 법인세: O	• 연간등록비: O • 소득세: O • 법인운영세 (Franchise Tax): 주별로 상이	• 연간등록비: O • 소득세: O (자문필요) • 법인운영세 (Franchise Tax): 주별로 상이
카운티 등록	N/A	사업명 등기: 카운티 별 다름 (주로 별도 영업명 사용 시)	사업명 등기: 카운티 별 다름 (주로 별도 영업명 사용 시)
		• 연간등록비: X • 재산세: O	• 연간등록비: X • 재산세: O
시티 등록	N/A	• 영업 허가증: O • Zoning and Use, Certificate of Occupancy 등 인허가: 시티별 상이	• 영업허가증: 사무실 있을 시 • Zoning and Use, Certificate of Occupancy 등 인허가: 시티별 상이
		• 연간등록비: O • 인허가료: O • 신청료: 시티별 상이	• 연간등록비: O • 인허가료: O • 신청료: 시티별 상이

[참고] 법인 문서 관리

이미 언급했듯이 미국 법인들은 Secretary 라는 고유한 직책을 두고, 법인의 공식 문서 및 법무 행정을 담당하게 한다. 이들은 일반 행정직원 같이 움직이지만, 그 역할을 매우 중요하다고 할 수 있다. 이들은 **주요한 공식문서에 권한을 가진 서명자가 서명하면 해당 서명을 공증하는 의미에서 서명하기도 하고, 법인 주요 관리자들의 서명을 공증해주기도 하며, 주총 및 이사회 등 주요 미팅 준비, 미팅 서류를 준비 및 관리, 회의록 서명, 회의를 위한 부서 간 의견 조율, 주요 이벤트 관리 및 방문자 관리, 법인 문서 관리 및 현황 보고, 행정 시스템 관리** 등을 담당 한다.

이중 가장 중요한 역할을 꼽는다면 **법인 공식 문서** Corporate Recording 의 관리라고 할 수 있다. Secretary 를 통해 관리해야 하는 중요한 법인 문서들이 있는데, 법인 규모에 따라 Secretary 가 없다면 그러한 역할을 하는 직원을 지명하여 법인 초기부터 다음 문서 (수정 포함) 를 관리하는 것이 중요하다.

· 정관 (Article of Incorporation and Bylaw)
· 주총 및 이사회 회의록 (Minutes of Shareholder's Meeting & Board Meeting)
· 회사 및 자회사의 주권 (Stock Certificate)
· 주식 장부 (Stock Register & Transfer Ledger, Membership Ledger, Shareholder List)

[참고] 주권 Stock Certificate 의 발행

주권은 주식의 소유에 대한 증명서로 일종의 자본금 납입에 대한 영수증이라 볼 수 있다. 이것은 매도 가능하기 때문에 분실의 위험도 있다. 최근 법인들의 일반적인 관행은 주권을 발행하지 않는 것이다. 대부분의 상장 회사 주식은 온라인으로 관리되는데다가 일반 회사들의 주권은 법률상 발행할 의무는 없기 때문이다. 더불어 각 주식 발행의 가장 중요한 요소인 **주당 액면가** Par Value 또한 정하지 않는다. 가끔 미시건 처럼 **수권 주식** Authorized Share 숫자를 기반으로 법인 등록비를 받기 때문에 투자비를 주식수로 나누어 액면가를 정하는 경우가 있는데, 이 경우도 주식수만 기입할 뿐 액면가는 정하지 않는 것이 좋다. 그 이유는 주식의 가격을 정할 경우 주주는 그 액면가격에 대한 책임이 있기 때문이기도 하고 (손실 발생 시 대출 상환의무 등), 법인 운영중 여러 주로 확장을 하다보면 주식의 액면가를 기준으로 세금을 매기는 경우가 있기 때문이다. 만약 의무적으로 액면가를 정해야 하는 경우라도 주당 $0.001 같이 낮게 정하는 것이 좋다. 좋은 예로 애플이 있는데, 애플은 캘리포니아에서 설립시 액면가를 정하지 않았다가, 다른 주에서 각종 세금이 액면가 없는 주식에 불리하게 계산되자 $0.00001로 정한 바 있다. **다만 LLC의 경우 주식회사와 같이 주식을 관리하는 방식이 아니다 보니, 각 멤버의 소유권을 퍼센티지 (%) 방식으로 명기한 Member's Certificate 를 발행한다.** 주식회사의 경우도 주식 발행을 안 하는 경우라도 주식 소유 현황을 기록한 Stock Transfer Ledger 를 발행하여 관리하는 경우가 많다. 이 주제는 각 주의 법률 전문가를 통해 지원을 받는 것이 좋다.

[참고] W-9 법인 정보 요구서

법인을 시작하면서 자주 요구받는 서류가 바로 W-9 이다. 이 서류는 공식 문서라기 보다는 누군가 우리 법인에 대해 세무 신고에 기록해야 할 경우 (은행 기록, LLC 에서 배당을 분배하기 위한 세무신고 등) 요구되며, 수령자가 정보를 사용하고 기록용으로 보관한다. 주된 정보는 법인의 이름과 형태, 주소, 그리고 연방세무번호 EIN 정보이다.

Form **W-9** (Rev. October 2018) Department of the Treasury Internal Revenue Service	**Request for Taxpayer** **Identification Number and Certification** ▶ Go to *www.irs.gov/FormW9* for instructions and the latest information.	**Give Form to the** **requester. Do not** **send to the IRS.**

1 Name (as shown on your income tax return). Name is required on this line; do not leave this line blank.

2 Business name/disregarded entity name, if different from above

3 Check appropriate box for federal tax classification of the person whose name is entered on line 1. Check only **one** of the following seven boxes.

☐ Individual/sole proprietor or single-member LLC   ☐ C Corporation   ☐ S Corporation   ☐ Partnership   ☐ Trust/estate

☐ Limited liability company. Enter the tax classification (C=C corporation, S=S corporation, P=Partnership) ▶ _____

Note: Check the appropriate box in the line above for the tax classification of the single-member owner. Do not check LLC if the LLC is classified as a single-member LLC that is disregarded from the owner unless the owner of the LLC is another LLC that is **not** disregarded from the owner for U.S. federal tax purposes. Otherwise, a single-member LLC that is disregarded from the owner should check the appropriate box for the tax classification of its owner.

☐ Other (see instructions) ▶

4 Exemptions (codes apply only to certain entities, not individuals; see instructions on page 3):

Exempt payee code (if any) _____

Exemption from FATCA reporting code (if any) _____

(Applies to accounts maintained outside the U.S.)

5 Address (number, street, and apt. or suite no.) See instructions.

Requester's name and address (optional)

6 City, state, and ZIP code

7 List account number(s) here (optional)

Print or type.
See Specific Instructions on page 3.

Part I   Taxpayer Identification Number (TIN)

Enter your TIN in the appropriate box. The TIN provided must match the name given on line 1 to avoid backup withholding. For individuals, this is generally your social security number (SSN). However, for a resident alien, sole proprietor, or disregarded entity, see the instructions for Part I, later. For other entities, it is your employer identification number (EIN). If you do not have a number, see *How to get a TIN*, later.

Note: If the account is in more than one name, see the instructions for line 1. Also see *What Name and Number To Give the Requester* for guidelines on whose number to enter.

Social security number

☐☐☐ - ☐☐ - ☐☐☐☐

or

Employer identification number

☐☐ - ☐☐☐☐☐☐☐

1.5. 회계 & 세무 일반 | Internal Control 및 세무 기초

회계일반

법인 설립과 함께 인지하지 못하는 상황에 시작되는 업무가 바로 회계 업무이다. 심지어 법인 설립 전에 법인 설립 용도로 쓰인 자금에 대해서 청구가 들어오기도 한다. 이러한 모든 상황에 회계적으로 적절히 대처하기 어렵기 때문에 사실 1년차 법인 회계업무는 좌충우돌의 연속이다. 따라서, 초기 법인 설립부터 회계 자문사를 선정하여 사용하는 것은 큰 도움이 된다. 또한, 법인에 따라 매년 회계 감사가 시행돼야 하는 경우가 있기 때문에, 법인 운영 중에 별도의 회계 감사 법인을 선정하고 초년차 회계 감사를 받게 된다. 일반적으로 미국에서 회계 감사는 **상장 기업** Public Company 들이나 상장되지 않았어도 투자자, 정부, 대주가 요구하는 경우 받게 되는데, 회계 정보의 정확성과 **내부 통제** Internal Control 의 적절성을 평가받기 위해 일반적으로 투자 규모가 있는 중소기업들도 회계감사를 받는 것을 추천한다. 이번 장에서는 우선 회계감사에서 중요하게 검토하는 **내부 통제** Internal Control **체크리스트**를 토대로 법인 초기 회계 및 자금 관리 내용을 먼저 보겠다.

1. 일반사항

- **내부 통제** Internal Control 정책 제정으로 회계, 자금, 세무, 운영 전반에 적용되는가?
- 모든 은행 계좌와 **체크** Check 서명에 대해 권한이 지정 및 제한되어 있는가? 회사는 은행에 정기적으로 서명권자 정보를 업데이트 하는가?

> 영화에서 많이 보는 장면인데, 미국에는 금액과 서명이 비어있는 수표인 체크를 사용하는 경우가 다반사이다. 전신송금 Wire Transfer 이 가능하지만, 오히려 수수료가 비싸고 체크는 수수료가 없는 경우가 많다. 체크는 은행에서 발급한 서류이므로 특정한 형식과 번호가 부여되지만, 일반적으로 간단한 형식으로 대량 발급하기 때문에 부정 발급되거나 중간에 취득한 사람이 은행에서 부정 수급하여 문제가 발생하기도 한다.

- 법인 결산 및 재무정보가 분기별로 이사회 및 주주에게 보고되는가?
- 연간 재무 감사는 주주의 요구 기준에 맞는 외부 감사인을 통해 이루어지는가?
- **계정과목표** Chart of Accounts 를 사용하여 장부를 관리하는가?

> 전문 인력이 파견되지 않는 이상, 법인 초기부터 쏟아지는 거래를 정확하게 **전기** Posting 하기 위해서는 적절한 회계 자문사를 사용하는 것이 필요할 수 있다. 미국 특유의 방식도 있기 때문에 이를 적용하는데 실수가 없게 하기 위해서라도 이 부분은 중요하다.

- 회계 기록 장부는 최신으로 유지되며 매달/분기별 적시에 결산이 이루어 지는가?

• 이사회를 통한 연간 예산 승인이 이루어 지고 있는가?

일반적으로 10명 내외의 직원을 둔 소규모 법인을 세워도, 법인을 세운이상 운영비가 적지않게 들어간다. 이를 위한 예산은 초기 법인 설립 시 주주가 투입할 자금에서 적절히 배분하여야 하는데, 언제부터 수익에서 운영자금을 충당할 수 있는지를 판단하여 배정받을 수 있다면 좋다. 매년 승인이 필요한 예산의 항목은 대략 다음과 같다. 손익예산 (인건비, 복지비, 세금, 여비, 유틸리티, 차량, 시스템 운영, 자문수수료 등), 자본예산 (투자비, IT설비, 업무설비,복지설비 등)

• 연방, 주, 지역 세무 당국에 **세무신고** Return 가 기한 내 이루어 지고 있는가?

일반적으로 연방 및 주의 소득세 신고일은 4월 중순으로 비슷하게 유지되고 있다. 판매세 Sales & Use Tax 같은 세금의 경우 연초 및 월, 분기별 신고일을 각각 지정 하여 진행할 수 있다. 재산세의 경우 일반적으로 카운티 수준에서 부과하는데 매년 2번 내게 되어 있다.

2. 자금관리

자금수령

• 자금을 수령한 담당자는 기한 내 정해진 법인계좌에 입금하도록 했는가?
• 자금의 입금 절차 관리 및 금액 확인은 정해진 담당자에 의해 진행되는지?
• 적절한 자금 관리를 위해 자금의 수령자와 입금자를 분리하는지?

소규모 법인의 경우 의무적이지는 않다. 다만, 일반적으로 체크의 입금을 위해 권한을 가진 사람이 회사를 대신하여 체크 뒷면에 배서해야 하고, 은행 계좌의 경우도 계좌 개설 과정에서 접근이 가능한 직원을 제한하기 때문에, 대금 청구 및 입금 담당자 등의 역할을 정하는 것은 중요하다.

• 각종 영수증 및 증빙과 **은행 명세서** Bank Statement 를 정기적으로 비교 검증하는지?
• 수령한 자금에 대한 물리적 보관에 대한 적절한 대책이 있는지?

자금지출

• 지출 권한4 이 있는 사람이 사전 승인했는지? 지출에 관한 문서가 첨부되는지?

법인 초기에 가장 중요한 작업은 지출에 대한 권한과 절차를 정하는 것이다. 일반적으로 권한은 지출 성격과 금액에 따라 지정할 수 있다. 또한 지출의 성격에 따라 경쟁입찰이나 수의계약을 할 수 있는 경우가 있고, 이러한 규모있는 구매는 **구매요청서** Purchase Requisition 및 **구매주문서** Purchase Order 를 통해 이루어진다. 또한, 간단히 **지출결의서** Cash Disbursement Voucher 및 가격증빙 등을 통해 지출에 관한 문서가 만들어지는 경우도 있다. 이러한 내용은 설립 후 단시간 내에 **사규** Company Policy 및 **복무규정** Employee's Handbook 을 통해 제정하는 것이 중요하다.

---

4 일반적으로 2.11항의 구매권한 (Procurement Authority Matrix) 으로 지출 권한을 정한다.

- 정기적인 지출의 **은행간 전자이체** ACH 또는 전자송금 정기결제 전 승인 받았는지?
- 체크 사용시 일련번호에 따라 지출 내역을 기록하고 송부하는지?
- 체크 발행시 사전 승인 문서와 금액 및 수령자를 비교하는지? 금액과 수령자를 명기하는지? 수표에 대한 접근이 (회계담당이 아닌) 권한 보유자로 제한되어 있는지?
- 발행되지 않은 체크 표시 (Void), 지불완료한 영수증 표시(Paid) 등이 적절한지?
- 회계 담당이 아닌 직원이 **은행 명세서** Bank Statement 와 취소된 체크 등의 수령 및 확인을 담당하는지?
- 직원들의 여비 등 **경비** Per Diem 에 대한 사전 보고 및 후속 정산 보고 등이 적절히 이루어 지는지?

3. 고정자산 관리

- 법인은 **자본화** Capitalization 및 **감가상각** Depreciation 정책이 있는지?

[참고] 자본화 정책 예시 (출처: www.calt.iastate.edu)

1. A "Capital Asset" is defined as a unit of property that: (1) has an economic useful life that extends beyond 12 months; and (2) was acquired or produced for a cost of $2,500 or more. Capital Assets must be capitalized and depreciated for financial accounting purposes.
2. [Name of your business] establishes $2,500 as the threshold amount for minimum capitalization. Any items costing below this amount should be expensed in [name of your business]'s financial statements (or books).
3. All Capital Assets are recorded at historical cost as of the date acquired.
4. Tangible assets costing below the aforementioned threshold amount are recorded as an expense for [Name of your business]'s annual financial statements. Alternatively, assets with an economic useful life of 12 months or less are required to be expensed for financial statement purposes, regardless of the acquisition or production cost.
5. Invoice substantiating an acquisition cost of each unit of property shall be retained for a minimum of four years.

- **고정자산 장부** Fixed Asset Ledger 을 기록하는지? 정기적으로 구매, 양도 및 처분에 관한 기록을 장부에 기록하는지? 매년 **자산 실사** Physical Inventory 를 시행하여 장부에 반영하는지?

4. 재무제표 관리

· **재무상태표** Balance Sheet 또는 간략한 결산보고가 매월 CEO 에 보고되는지?

· 정기적으로 **재무제표** Financial Statement 가 이사회 및 주주에게 보고되는가?

· 매월 예산대비 수입 지출 현황을 관리하고 보고하는가?

· 향후 현금 흐름에 대한 예상 및 관리가 적절히 이루어지고 있는지?

5. 급여 관리

· 사원의 근무 시간, **초과근무** Over Time, **연차** Paid Time Off 등을 명확히 기록하기 위한 기록을 하고 있는가? 휴가, **공휴일** Holidays, **병가** Sick Leave 등에 대한 명확한 회계 기준 이 정립되어 있는가?

> 회계와 노무가 겹치는 부분이 바로 근무시간 관리이다. 회계 부서에서 급여에 정확히 근무 시간, 급여 및 연차가 반영되었는지 확인하는 것이 필요한 이유는, 휴가의 특성에 따라 정확한 금액을 정기적으로 법인의 **부채** Liability 로 인식해야 하기 때문이다. 초과근무의 경우 주별로 초과근무 수당을 받을 수 있는 조건 (OT 면제 Exemption, OT 비면제 Non-Exemption) 이 다르며 이 부분은 노무 및 법률에서 다루도록 하겠다.

· 각 사원의 기준 임금 , 복지, 원천징수 세율 등 주요 정보를 기록하고 있는지?

· 고용주 및 고용인의 원천징수는 정확히 이루어지고 있으며, 세무 당국에 기한 내 신고되 고 있는지?

> 이 부분은 매우 중요한데, 원천징수 급여를 정기적으로 세무당국에 납부하지 않으면 연방과 주 양쪽에서 불이익을 받기 때문이다. 원천징수의 경우 정기적인 납부 뿐만 아니라 분기별 신고 (Form 940, 941, 943, 944, 945 등) 를 해야하는데, 다행히 ADP 같은 급여 지급대행 서비스 Payroll Service 업체에서 이런 부분을 대행해 준다.

6. 윤리 규정

· 법인 윤리 규정을 제정하고 이사회 및 모든 임직원에게 교육하고 있는지?

· 업무에 있어 부정과 불법이 용납되지 않음을 임직원에게 명확히 전달하고 있는지?

· 윤리적인 문제에 대한 문의 및 해결을 위한 절차 및 담당자가 지정되어 있는지?

세무일반

1. 급여 원천징수

법인 설립 후 가장 먼저 고민하는 세금 이슈는 원천징수 문제이다. 급여 수준을 정하는 것도 매우 중요한 업무이지만 (다음장 참조) 급여 원천징수액을 정확히 계산하지 않으면 외부적인 문제가 발생할 수 있기 때문이다. 다행히 미국의 중소기업은 ADP 와 같은 **급여지급대행사** Payroll Service 를 사용하고 있고, 이들은 시스템을 통해 정확한 원천징수액을 산정하여 매 급여에서 제하고 지급해 준다. 다음 표는 일반적인 원천징수 내역이다.

표 11. 급여 원천징수 내역

순서	절 차	내 용		분담비율		비고
				고용주	직원	
1	세전 급여	내부 규정에 따라				W-4 등록
2	연방세/주세 원천징수 (Withholding)	연방소득세 (FIT)	수입에 따른 비율 (%)	–	100%	분기별 신고
		주 소득세 (SIT)	수입에 따른 비율 (%)	–	100%	분기별 신고
3	연방 급여세 계산 (Payroll Tax)	사회보장세 (SOCSEC)	급여의 6.2% (적용 급여한도액 매년 변경)	50%	50%	국민연금 연동가능
		메디케어 (MEDCARE)	급여의 1.45%	50%	50%	노인 건강보험
		연방실업세 (FUTA)	6% (한도$7,000)	100%		고용보험
4	주정부 세금 계산 (State Payroll Tax)	주실업세 (SUI)	주 마다 다름 (매년 변동)	100%		주 고용보험
5	퇴직금 401(k)	국가 퇴직 연금 (DC 형으로 운영)		회사 한도 이상가능	한도 내 50% 매칭	세제혜택 있음
6	최종 급여	1 – (2+3+4+5 의 직원 부담금)				

2. 세금 일반현황

세무 업무를 간략히 정리하자면 크게 **납부 대상에 따라 연방과 주, 종류에 따라 소득세, 재산세 및 판매세 (일반적인 설명을 위해 양도소득세, 상속세 등 생략), 납부 주체에 따라 법인세와 개인세**로 나뉜다. 아래 표를 기준으로 하나씩 설명하도록 하겠다.

표 12. 미국 세금 정리표

		법인세			개인세		
		연방	설립 주	사업 연관 주	연방	거주 주	개인 연관 주
세금 종류	재산세 (Property)	X	O	O	X	O (대상 재산 있을 시)	O (대상 재산 있을 시)
	소득세 (Income)	O	O * 주 사이 배분 (3.18장)	O	O	O * 주 사이 배분 (2.2장)	O
	판매세 (Sales & Use)	X	O	O	X	O	O

- **연방법인세**는 LLC, C-Corp, S-Corp, Partnership 등 법인 종류에 따라 내는 방식과 양식이 다르다. 가장 일반적인 C-corp 의 경우 법인 초기부터 회계사와 협의하에 각종 세금 계산 방식 (**감가상각** Depreceation & Amortization, **가속상각** MACRS, **보너스 상각**, **기업인수가격배분** Purchase Price Allocation 등) 결정 및 절세 전략 수립이 중요하다.

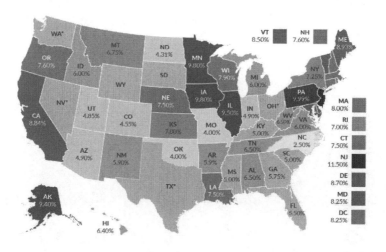

그림 9. 2022년도 주별 법인세율 (출처 Tax Foundation)

- **주 법인세**는 1.3 장에 다뤘던 Nexus 가 있는 주에는 법률에 따라 세금을 배분해서 내야 한다. 이때 급여지불지, 수익근원지, 자산위치 등을 고려하여 결정하게 된다. 특히 이 **세금 배분** Tax Allocation 에 있어, 설립 초기 중요한 고려사항들이 있기 때문에 회계사와 설립 위치에 따른 절세 전략을 짜는 것이 필요하다. 자세한 배분 방식은 3.18 장에서 다루도록 한다.

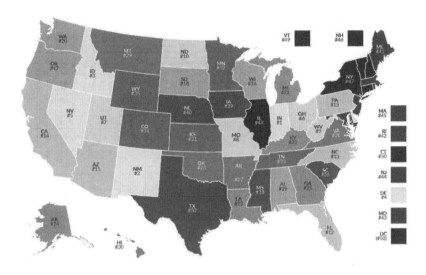

그림 10. 2022년도 주별 재산세율 랭킹 (높을수록 재산세 낮음) 출처:상동

- **법인 재산세**는 각 주 지역정부 (County, City 수준) 에서 매년 재산세를 징수하는데 그 방식이나 재산세율은 각각 다르다. 대부분 매년 2회에 걸쳐 납부하며, 각각 항목이 다르고 금액도 다르다. 다만, 재산세는 지방정부가 부과하기 때문에 연방정부 소득세 신고시 일정 부분 공제를 받을 수 있다. 재산세에 대한 자세한 설명은 3.17장에서 다루도록 하겠다.

- **판매세 및 사용세**는 일종의 간접세로 납부는 최종소비자인 법인 및 개인만 하지만, 세금을 걷어서 내야하는 주체는 판매자 또는 서비스 제공자 임에 유의해야 한다. 이외에도 주요한 이슈는 판매세의 경우 매입세액과 매출세액의 정산 환급 시스템이 아니고 정산할 금액을 미리 **면제** Exemption 하는 구조이다. 따라서, 한국에서 처럼 매입세액 매출세액의 복잡한 계산 및 환급과정이 없다. 자세한 설명은 3.19장에서 다루도록 하겠다.

- 그 외의 세금에는 부동산에 대한 **거래세** Transfer Tax 가 있는데, 한국의 취득세가 없는 대신 거래세가 있다고 보면 된다. 그리고 **양도 소득세** Capital Gains Tax 가 있는데, 개인 및 법인의 자산을 양도할 경우 **취득 가액** Cost Basis 과 양도 금액과의 차액에 대한 일정 비율을 과세하게 된다. 특히, 양도 소득세는 자산 보유기간이 단기 Short-term 인가, 장기 Long-term 인가에 따라 다른 비율을 적용한다.

표 13. 주요 세무 일정

종 류	기 한	내 용
소비 및 사용세	주 마다 다름	· 주로 월, 분기, 연간 보고 중 매출 기준으로 선택
법인소득세	3월 중순	· Partnership 및 S-corporation 세금신고 (Form1065, Form 1120-S) · LLC 의 경우도 분류에 따른 신고 필요 · 세금 신고 기한 연장 (Form 7004)
법인소득세	4월 중순	· C-corporation 세금신고 (Form 1120) · 세금 신고 기한 연장 (Form 7004)
재산세	전반기 (카운티 마다 다름)	· 카운티 재산세 통지서 수령 후 납부 · 재산 가치는 정기적으로 평가 후 공지
법인소득세	9월 중순/10월 중순	· 신고 기한 연장분 최종 신고
재산세	후반기 (카운티 마다 다름)	· 카운티 재산세 통지서 수령 후 납부 · 재산 가치는 정기적으로 평가 후 공지

[참고] LLC 세무 처리

미국에 LLC 를 통한 사업이 활발해 지면서 세금을 내지 않는 LLC 대신 **최종 납세 의무자** Tax Blocker 인 상위 법인 또는 개인이 세금을 내는 방식에 대한 이해도 필수적이다. 만약 자회사 단 LLC 형태 투자가 있을 경우, 대부분 해당 법인은 타인과의 공동투자 목적회사인 경우가 많다. (1) 이 경우 대부분은 해당 LLC를 세금상 Partnership 으로 취급하고 별도의 세무 자문을 통해 세무신고서 (Form 1065, Schedule K-1) 를 수령하여 세금을 분배하게 된다. (2) 그러나 만약 LLC가 단일 소유주로 단일 구성원을 가진 경우 이 LLC 는 불인정 법인 Disregarded Entity 으로 처리되어 상위 소유주와 일체화 되게 된다. 이 경우 소득세 신고나 연장 모두 자연스럽게 동일한 법인처럼 처리되게 된다. (3) 마지막으로 LLC 가 주식회사 (C-Corporation)와 같은 소득세 신고를 하기로 결정하는 경우, 이 LLC 는 고유의 장점인 이중과세 회피를 할 수 없게 된다. 즉, LLC 단에서 소득세 신고를 함과 동시에 소유주는 배당에 대한 소득세를 별도로 내야 한다. 이를 피하기 위해 S-Corporation 으로 등록할 수도 있다.

그러나 어떠한 경우에라도 LLC에서 직원을 고용하거나, 거래가 일어나는 경우 해당 법인은 1.3 장의 '주 간 상업' 이슈에 의해 연결된 주에 신고를 하고 연방 세금번호 및 주정부 세무 등록을 하고 세금을 납부하여야 한다. 이 외 자세한 LLC 의 특징은 3.4장에서 다루도록 한다.

1.6. 자금 일반 | 자본금 납입 및 증자, 대여, 배당 & 상법

자본금 납입 및 증자

자본금 납입은 모든 법인에 생명을 불어넣는 일이자 정교함을 필요로 하는 작업이다. 특히나 세금의 관점에서 자본금 납입을 어떻게 인식하느냐는 투자자의 절세 계획에 있어 매우 중요한 부분이다. 일반적으로 **납입되는 자본금의 성격**은 다음과 같다.

- **금전 (현금, 수표 등 현재 및 미래 현금을 납입할 약속 - 채무의 탕감 포함)**
- **현물 (기술, 지적재산권, 기기, 부지, 인허가 등의 투자)**
- **용역 (투자자간 합의된 이미 시행된 용역)**

다음으로 자본금 투입의 댓가로 지급되는 **주식은 어떠한 형태인가**에 따라 다음과 같이 나뉜다.

- **보통주 (Common Stock)**
- **종류주식 (Preferred Stock - 우선권, 의결권, 상환권, 전환권 등이 부여된 주식)**
- **주식전환가능 권리 (Convertible Bond, Bond with Warrant, Option 등)**

또한, 투자자간 **투자금 납입의 방식을 어떻게 합의 했느냐** 따라 다양한 방식이 사용된다. 예를 들어 M&A 등을 통해 기존 주주에게 현물 또는 용역에 대한 가치를 인정해 주는 경우, 해당 주주가 취득한 주식을 수익으로 간주하게 된다. 이러한 경우, 향후 사업 수익이 난 이후에 세금을 내기 위해서 법인을 신규 파트너쉽으로 간주하여 수익 인식을 미루는 경우도 있다. 또한, LLC 에서는 투자금 대비 회계 및 세무상 이익 및 손실의 인식 비율을 별도로 정하여 사업 초기 세무상 손실을 사용할 수 있는 한 주주에게 배정하는 경우도 있다. 이러한 절세에 대해서는 별도의 자문이 필요하다.

그리고 무엇보다 중요한 절차는 **이 모든 자본금 납입의 방식 및 절차는 주총 및 이사회를 통해 승인해야 한다는 것이다.** 일반적으로 **정관 및 Bylaw, 또는 LLC의 운영계약서** Operating Agreement 는 회사가 어떠한 성격의 자본금을 어떠한 형태로 주식을 발행하여 어떠한 절차로 모집할 수 있는지 규정하기 때문에 이 부분을 확인하는 것은 중요하다. 회사가 허락하지 않는 종류의 자본금, 주식을 허락되지 않은 절차로 발행할 수는 없기 때문이다.

그리고 추가적으로 필요한 것은 발행 절차의 관리이다. 일반적으로 미국 각 주의 상법은 한국 상법 처럼 신주발행에 대한 이사회 결정 의무를 부과하는 경우가 많다. 아래 델라웨어 주 상법에서 보듯이, 주는 이사회의 결정을 따르라는 일반론을 의무화 하고 있고 **(1) 최대 발행 주식수, (2) 주식 발행 기간, (3) 주당 최소 가격을 이사회가 결정해 주는 한** 발행 권한에 있어 자유를 줄 수 있도록 했다. 현재, 많은 주들의 추세도 이사회가 최소한의 기준을 제시하면 실무선에서 시장가격에 맞춰 발행 가격을 정할 수 있도록 정하는 경향이다. 그러나, **어떠한 경우라도 형식적으로 이사회를 통과하여 주식 발행을 하여야 한다.**

TITLE 8
Corporations

CHAPTER 1. General Corporation Law
Subchapter V. Stock and Dividends

§ 152. Issuance of stock; lawful consideration; fully paid stock.
The consideration, as determined pursuant to § 153(a) and (b) of this title, for subscriptions to, or the purchase of, the capital stock to be issued by a corporation shall be paid in such form and in such manner as the board of directors shall determine. The board of directors may authorize capital stock to be issued for consideration consisting of cash, any tangible or intangible property or any benefit to the corporation, or any combination thereof. The resolution authorizing the issuance of capital stock may provide that any stock to be issued pursuant to such resolution may be issued in 1 or more transactions in such numbers and at such times as are set forth in or determined by or in the manner set forth in the resolution, which may include a determination or action by any person or body, including the corporation, provided the resolution fixes a maximum number of shares that may be issued pursuant to such resolution, a time period during which such shares may be issued and a minimum amount of consideration for which such shares may be issued. (이하생략)

다음으로, 만약 주식 발행 중에 **수권 주식** Authorized Share 이상을 발행 해야하는 경우가 발생한다면 (1) 내부적으로 주총 또는 이사회를 통해 정관 변경을 승인해야 하고, (2) 주정부에 **정관** Article of Incorporation 의 변경 또는 별도의 **변경** Amendment 신고 절차를 거쳐서 **수권 주식** Authorized Share 숫자를 변경해야 한다. 이외에 자본금 납입 및 증자 실무에 대해서는 3.2장에서 다루도록 한다.

자본금 주주 대여

법인 설립 초기 자본금을 대여의 형식으로 진행하는 경우도 있다. 즉, 출자금의 일부를 대여의 형태로 진행하고 대출 계약서를 작성하는 것이다. 대부분의 투자자들은 미국에 홀딩격인 **세금납부법인** Tax Blocker 법인을 세우게 된다. 문제는 이렇게 투자하면 해당 법인이 사업 수입에 대해 법인세율로 미국 내에서 세금을 내야한다는 것이다. **따라서 투자자는 수익을 극대화하기 위해 수익에서 세액을 공제하는 방법을 찾을 수 있다.** 그 중 가장 일반적인 방법은 투자 자본금의 일부를 대출로 진행하여 사업 수익이 세액 공제가 가능한 이자로 인출될 수 있도록하는 것이다. 이것을 **주주 대여** Shareholder's Loan 라고 하는데 이를 사용하는 이유는 다음 세가지 정도이다.

- 법률 상 채권확보를 통한 수익 보전 (대여로 처리해서, 이자 수익 채권 확보)
- 세무 상 이자 수익의 경우 세금 (배당세 아닌 이자소득세) 이 낮을 수 있음
- 회계 기록 상 유익 (이자수익 인식)

만약 **주주 대여** Shareholder's Loan 를 실행할 경우, 해당 투자는 자본과 유사한 취급을 받을 수 있으면서, 동시에 운영 첫 해 부터 수익을 보전 받을 수 있는 장점이 있다. 그러나 다음과 같은 단점도 있다.

- 운영 최초 현금 흐름이 양호하더라도 회계상 이자 비용 **손실** Loss 이 추가됨
- 회계상 자본잠식이 일어날 경우 법률상 의무 발생 가능 (자본금 추가 납입 등)
- 프로젝트에 문제가 발생할 경우 세금 문제 발생 (주주 미수 이자 세금문제 및 자본금 잠식에 따른 이자 세액공제 불가 등)

회계상 인식

다음으로 법인 초기 중요한 세무 이슈가 있다면, **취득 원가** Cost Basis 인식 통한 **과세 기초** Tax Basis 를 정하는 작업이다. 일반적인 초기 법인의 경우 대규모 자산 인식 이슈는 없지만, 만약 **기존 사업 지분**을 M&A 를 통해 인수하거나 **기존 사업을 자산**으로 취득하였을 경우 회계 기준에 따라 매수 가격을 공정가치로 배분하는 **취득 가액 배분** Price Purchase Allocation 이 필요하다. 이는 매수자와 매도자 모두에게 중요한 이슈이지만, 최근에는 LLC 에 파트너쉽 형식으로 투자하면서 기존 소유자도 계속 사업에 참여하고 기존 자산의 가치를 평가받는 경우가 많아지면서 각 파트너의 **과세 기초** Tax Basis 를 어떻게 설정하는지는 핵심 이슈가 되었다. 이 부분은 회계사의 지원이 필요한 부분으로 특히 한국 모회사의 회계 감사인이 요구할 경우 별도로 한국에서 **취득 가액 배분** Price Purchase Allocation 을 진행할 수도 있다.

스톡옵션

법인 설립 초기 주식을 발행함에 있어서 중요한 점은 해당 주식의 가치가 적절한지 살펴보는 일이다. 미국 **내국세법** Internal Revenue Code 409A 에 따르면 직원에게 부여되는 **이연보상** Deferred Compensation 즉 지금 당장 부여되지 않는 이익을 약속하는 경우 해당 이익은 **공정시장가치** Fair Market Value 로 부여되야 한다. 이 부분은 애매한데 보통 시작하는 스타트업 등에서 스톡 옵션을 발행할 경우 가치평가가 어렵기 때문이다. 때문에 일반적으로 5년 이상 해당 분야 근무한 전문가로 부터 수익, 자산, 현금흐름, 유사 업체 평가, 프리미엄, 회사 상태 등을 고려하여 평가를 받을 경우 일반적으로 안전하다.

배당

마지막으로 법인 설립 초기부터 고민해야할 부분은 어떻게 배당을 실시할지의 문제이다. 특별히 각 주별로 어떠한 회계, 세무, 법률 상의 배당 제한이 있는지 알아보는 것도 중요한 이슈이다. 이 이슈는 특별히 3.7장에서 다루도록 하겠다. 미국은 각 주정부 상법이 다르기 때문에 현지 전문가의 조언을 듣는 것이 필수이다. **특별히 자본금의 납입 및 배당의 실현 과정에서 생각하지 못한 세금을 내거나 제한 사항이 발생할 수 있기에 미리 검토해 보는 것이 중요하다.** 다만, 일반적으로 미국 상법은 사기업의 자치를 넓게 허용하는 편이기 때문에 상법상 제한 사항이 한국 보다는 많지 않다는 점이 장점이다.

[참고] 미국의 주주 대여

대부분의 국가는 출자자가 과도한 주주대여를 통해 세금을 회피하는 것을 막기 위해 투자한 금액이 대출 대비 과소할 시 해당 대출은 자본 투자로 규정한다. 이를 Thin Capitalization Rule 이라 부른다. 미국은 **2018년 부터 이자 공제에 상한을 정하는 정책을 쓴다.** 현재 한도는 "Adjusted Taxable Income" (감가상각을 제외한 EBIT 기준) 의 30% 이다. 이 한도로 1 년 내에 공제 불가능한 이자 비용은 이월되어 나중에 공제 될 수 있다. 따라서 투자자는 30% 한도에서 공제 할 수 있을 것으로 예상되는 이자를 결정한 다음 그 금액을 대상으로 얼마나 많은 부채를 설정할지 다시 계산해야한다.

다음으로 중요한 점은 **이자를 공제하려면 국세청 (IRS)이 부채를 인정해야 한다는 점이다.** 부채 인정을 위한 조건은 일반적으로 (1) 대출 조건이 Arm's Length (한쪽에 특별한 이익을 주지 않는 시장 허용 수준의 이자율)여야 하고, (2) 투자 자본금 비율이 적정해야 한다. 또한, 법인의 LLC 자회사 등이 있는 경우 해당 자회사의 부채도 홀딩회사의 부채로 인식할지의 부분도 중요한 이슈이다. 일반적으로는 모두 부채로 잡는 경향이 있다.

추가로, **최적의 부채 수준을 결정할 때 외국 투자자는 BEAT로 더 잘 알려진 "US base erosion and anti-avoidance tax" 를 고려해야 한다.** BEAT는 국제 기업이 미국 내 세금 부담을 경감하기 위해 이자 세액공제액이 낮은 국가에 수익을 대여하는 경우 이자 세액공제의 한도를 제한하는 법률로 미국 회사가 일반 과세금 보다 BEAT에 따라 더 많은 세 부담을 질 경우에만 적용된다. 또한 평균 연간 총 수입이 5억 달러 이상인 기업 그룹에만 적용된다.

마지막으로 가장 중요한 부분은 **미국에서 한국으로 이자를 지급할 경우 지불해야하는 원천세이다.** 자본 유출을 방지하기 위해 기본적으로 미국은 어떠한 종류의 자금도 해외에 지급될 때 30%의 원천세를 부과한다. **그러나 한국과는 아래와 같이 한미조세조약을 통해 일반적인 (배당) 원천세는 15%, 조건을 충족한 배당은 10%, 그리고 이자 지급은 12%의 원천세를 부과하고 있다.**

Recipient	WHT (%) *			
	Dividends paid by US corporations in general (1)	Dividends qualifying for direct dividend rate (1, 2)	Interest paid by US obligors in general	Royalties **
Korea, South (3)	15	10	12	NA/15/15/10/10

출처: https://taxsummaries.pwc.com/united-states/corporate/withholding-taxes

10% 배당 원천세의 경우는 (1) 한국 모회사가 자회사의 보통주 (즉, voting stock) 를 10%이상 보유하고, (2) 미국 자회사의 전체 소득의 25% 이상이 이자소득이나 배당소득으로 이루어지지 않아야 한다. **12% 이자 원천세**의 경우는 (1) 한국 모회사가 미국 자회사의 지분 10% 미만의 주식을 보유하고, (2) 한국 모회사는 은행이 아니며, (3) 이자지급은 조건부가 아니며, (4) 등록된 형식 Registered Form 이어야 한다.

1.7. 노무HR 일반 | 주요 사전 관리 사항

미국 영화에서 가장 익숙한 장면 중에 하나는 해고 장면이 아닐까 싶다. 상사가 '너는 해고야!' 라고 외치면 당사자는 지체없이 조그만 박스에 자기 물건을 챙겨서 나온다. 미국에서 노무 업무를 하면서 가장 먼저 느낀점은 미국 법인은 사용자 위주의 시스템으로 움직인다는 것이다. 생각보다 회사를 세우고 운영하는 입장에서는 한국보다 노무에 대한 부담이 크지 않을 수 있다. 한국식 퇴직금 제도도 없고, 의료보험 지원도 의무가 아니며, 해고도 매우 간단하다.

그러나 이러한 노동 유연성에 대한 반대 급부도 크다. 미국 전체가 서비스 산업 위주로 움직이기 때문에 잡 마켓의 흐름에 모든 회사가 민감하다. 즉, 정말 필요한 사람을 골라서 적절한 보상을 주는 회사의 발전을 위한 장기적인 플랜을 세우기가 정말 어렵다. 이를 위해 고도로 전문화된 HR 관리가 필요한데 그러기에는 대부분의 한국 투자자들의 회사는 소규모이다. 즉, 그만큼 회사의 성장에 대한 그림을 그리기가 어렵다는 의미이기도 하다. 그리고 무엇보다 직원의 권리 침해에 대해서는 매우 민감한 이슈이니 주의해야 한다. 이번 장에서는 일반적인 소규모 회사에서 법인 설립 전후 필수적으로 고려해야하는 사항들을 알아보겠다.

직원채용

채 용 공 고	• 이력서에 사진을 첨부하도록 요구하면 안 됨 • 나이, 성별 등 **Protected Class** (아래참고) 를 언급하면 안 됨 • 경력 햇수 제한 금지 ("경력 –년 미만" 등을 자격조건 명시 금지, 나이차별) • Recent college graduate, Salesman 등의 단어 금지
인 터 뷰	• 결혼 유무, 자녀 유무, 자녀 계획 질문 금지 • Drug, Alcohol 사용여부 질문 금지 • 이전 직장 연봉 질문 금지 (일부 주정부 Equal Pay Act) • 차별 발언 (사적인 질문을 하지 않는 것이 가장 안전) → **Protected Class: 인종, 피부색, 종교, 성, 출신, 나이 ,장애** 등 주의 • 범죄 사실은 직접 질문 불가. 간접확인은 가능 (제3자, 서비스)
I-9	• I-9 은 미국이민국(USCIS) 서류로 직원의 미국내 신분 (Status) 확인용 • 직원이 제출한 서류가 "reasonably appear to be genuine"인지 확인 • I-9 서류는 작성일로부터 3년, 혹은 직원의 마지막 고용일로 부터 1년 중 더 늦은 날짜까지 보관해야 함 • I-9 서류는 다른 인사 기록과 따로 보관해야 함

노동관련 법률 유의사항

노동 관련 법률 Labor Law 은 매우 다양하나, 근로자의 권리를 명시하기 위해 모든 **회사는 의무적으로 잘 보이는 곳에 해당 법안을 설명한 포스터 (정부 제공 또는 별도 구매 가능) 게시해야 한다.** 연방에서 의무 게시하도록 하는 법률은 아래와 같다.

표 14. 연방 사용자 의무 게시 법률

내용	포스터 이름	포스터 설명
Workers Rights Law	Your Rights Under USERRA	서비스 고용 및 재취업 권리법에 관한 정보
Sick Leave Law	Family Medical Leave Act of 1993 (FMLA)	가족 및 병가법에 따른 직원의 연방법 권리에 관한 정보
Sick Leave Law	Families First Coronavirus Response Act Paid Leave Notice	코로나바이러스 병가를 설명 고용주를 위한 필수 포스터
Miscellaneous Law	Employee Polygraph Protection Act (EPPA)	직원 거짓말 탐지기 보호법에 관한 정보
Minimum Wage Law	FLSA Federal Minimum Wage Poster	연방 최저 임금법에 관한 정보
Job Safety Law	OSHA Job Safety & Health Protection Poster	연방 직업 안전 및 보건법에 관한 정보
Equal Opportunity Law	Equal Employment Opportunity Poster	연방 평등 고용 기회법에 관한 정보

다음으로 각 주에서 의무적으로 게시하게 하는 노동 관련 법률은 주별로 다르다. (참고: https://www.minimum-wage.org/) 여기서는 예시로 일리노이 주에서 요구하는 게시 법률을 나열한다.

표 15. 주 정부 (일리노이 주) 사용자 의무 게시 법률

내용	포스터 이름	포스터 설명
Workers Rights Law	Pregnancy In The Workplace - Illinois Human Rights Act	근로자 인권 및 권리에 관한 법률
Workers Compensation Law	Workers' Compensation	일리노이 산재 보상에 관한 정보
Unemployment Law	Unemployment Insurance Benefits Notice	일리노이 실업 보험 혜택에 관한 정보
General Labor Law Poster	Your Rights Under Illinois Employment Laws	근로자 인권 및 권리 관련법

위 연방과 주정부 (일리노이 주의 예) 법률 내용을 종합해서 유의사항 및 적용점을 검토해 보면 다음과 같이 정리할 수 있다.

내 용	관 련 법 률	유 의 사 항
임 금 관 련	Fair Labor Standard Act/ Illinois Minimum Wage Law	· 최저 임금, **연장근무수당** Overtime 법률 준수 · OT 면제 Exempt Employee 는 **위 법률 미적용** (조건: (i) 의무: Executive, Administrative, Professional, Computer professional 등 주요 보직, (ii) 급여: $35,568 이상, 노동부 가이드라인)
	Illinois Wage Payment and Collection Act	· 급여는 고용주와 근로자간 합의 기반 · 직원이 퇴직 시 잔여 유급 휴가, 보너스 혹은 커미션이 있는 경우, 그만 두는 날 혹은 늦어도 다음 급여일까지 지불해야 함 · Per Diem (일비, 식비, 기타 비용 등) 은 영수증이나 다른 증빙 서류 제출 기한 30일 보장 · 불법적인 급여차감 금지 – 급여 계산 시 주의 · 급여나 복지 Benefit 등 변동은 미리 서면 통보

	Equal Pay Act/ Illinois Equal Pay Act	• "same or substantially similar" 한 일을 하는 경우 성별에 따른 급여 차별 금지 • 고용주는 이전 급여정보나 복지 Benefit 질문 금지 • 직원끼리 급여, 복지 Benefit, 보상 정보 공유 보장 • 흑인에게 임금 차별 금지
차 별 관 련	Title VII (Civil Rights Act), Americans with Disabilities Act, Age Discrimination in Employment Act, USERRA	**Sexual Harassment (일리노이)** • 회사에서의 댓가 (Quid Pro Quo) 를 빌미로 성적인 요구를 함 • 성적인 표현 및 행동으로 **적대적인 업무 환경** Hostile Work Environment 조성 • **관리자** Supervisor 가 가해자일 경우, 회사는 Strict Liability 를 짐 (상황에 대해 몰랐더라도 엄격 책임) → 항시 근로자와 소통 필요 • 2020년부터 매년 직원 Training 의무 있음
	Illinois Human Rights Act	**Disability Discrimination** • **'장애' 란?:** Any physical/mental impairment that substantially limits a major life activity (일시적인 건강 악화나 부상은 해당되지 않음) • **상담** Interactive Process: 편의 제공을 요청받은 고용주는 근로자와 필요한 절차를 즉시 협의 • **편의 제공** Reasonable Accommodation **의무:** 장애가 있는 직원에게는 휴가, 스케줄 조정, 동선 변경, 사무기기 변경 등의 편의를 반드시 제공해야 함 (면접 시 Reasonable Accommodation 이 필요한지 물을 수 있음) • **보복행위** Retaliation: 고용주가 Protected Class 에 기반해 근로자를 다르게 대우하거나, 이를 고발한 자를 다르게 대우하는 것은 금지됨 • **임신:** 필요한 **편의** Accommodation 을 제공해야 하지만 강제로 휴가를 가게 하거나 편의를 강제로 받아들이도록 할 수 없음

위 내용은 아래 그림과 같은 포스터로 구매 할 수 있으며, **급여지급대행사** Payroll Service 를 사용할 경우 매년 무료로 배송된다.

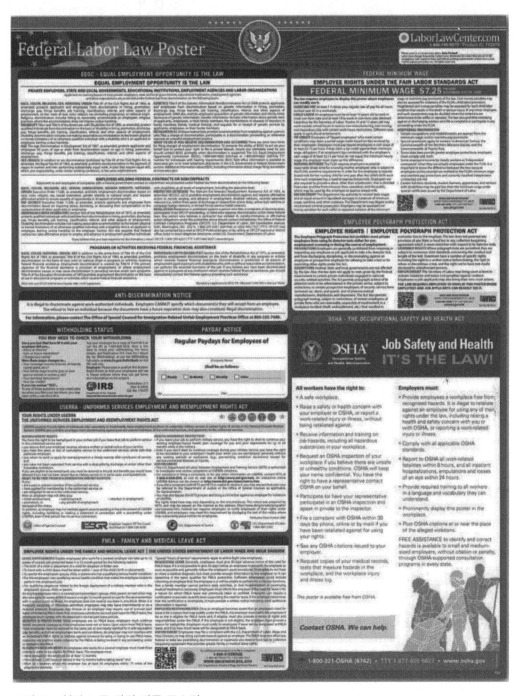

그림 11. 연방 노동 관련 법률 포스터

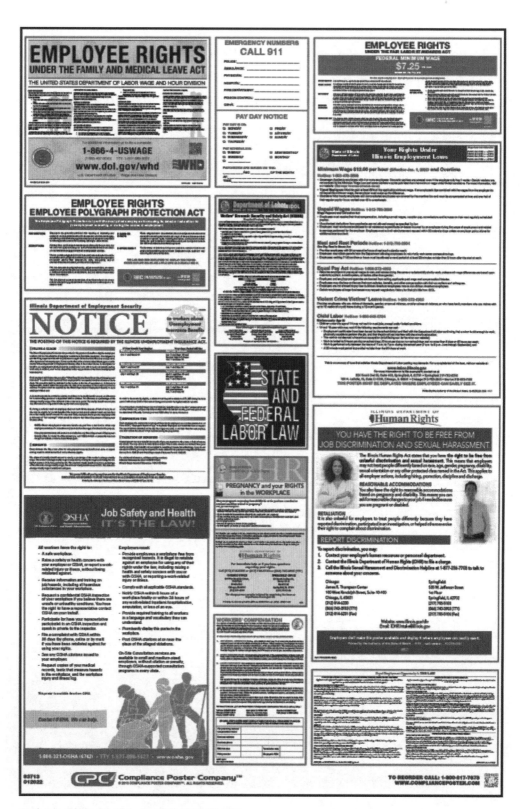

그림 12. 일리노이 주 노동 관련 법률 포스터

노무 일반 체크리스트

노무 기본사항

- 고용 20일 이내에 주정부 고용 시스템에 신규 직원 등록 했는지?
    → 대부분의 주에서 요구. 급여지급대행사 시스템 직원 등록 시 자동으로 진행됨

- 고용 첫날 채용 직원의 W-4를 수령하였는지?
    → W-4는 IRS 가 제공하는 문서형식으로 급여 원천징수에서 제외 가능한 세액공제를 사전에 등록하여 원천징수액에서 차감하기 위해 사용한다. **급여지급대행사 Payroll Service 시스템**에 입력하는 것으로 대신할 수 있으나, 주에 따라서는 주정부에 제출하기도 한다. 주로 **자녀 세액 공제 Child Tax Credit** (1인당 $2,000/외국인 $500) 를 선반영 하거나 배당 등 별도 소득을 선반영하기 위해 사용한다.

- 직원에게 기본 급여와 급여일을 서면으로 통보하였는지?
    → 일반적으로 전체에게 급여일을 서면 공지하거나 당사자에게 1회 통보하여야 한다. 급여일의 경우 각 주별로 2주급을 주는 경우도 있으므로 확인이 필요하다. 또한 직원간 월급 정보를 공유하지 못하도록 하는 것을 불법이나, 반대로 고용주는 지난 직장의 급여를 물으면 안된다. 기본 급여 및 복지는 채용 시 통보하고 변경 시 사전 통보해야 한다.

- OT 비면제 Non-exemption 또는 OT 면제 Exemption 여부를 사전에 통보했는지?

- 직원의 출퇴근 기록 및 근무 시간외 업무 지시를 기록 관리 하는지? (Non-exemption의 경우 필수 사항)

- 직원에게 회사명, 주소 및 전화번호 등을 직원의 주 언어로 통지하였는지?

- 고용 수주내 채용 직원과 Offer Letter 또는 Contract를 작성하였는지
    → **내용**: 직위, 업무개시일, 기간, 급여, 지불방법, 업무시간, 복지, 퇴직조항 등
    → **At Will 고용 조항**: 미국 고용의 일반적인 형태로 언제든 해고가 가능함

- Offer Letter 또는 Contract에 중재 Arbitration 합의 조항을 넣었는지?
    → 고용관련 문제에 대해 법원에서 소송을 하기 보다 개별적인 중재 절차를 통해 문제를 해결하도록 하는 동의서가 있으면 비용을 줄이고 기밀하에 고용 관련 문제를 해결할 수 있음

- 직원산재보험 Worker's Compensation 에 신규 채용인력을 정기적으로 추가하였는지?
    → 산재보험은 주정부 요구 의무 보험으로 모든 직원에 대해 가입하여야 한다.
    → 신규 고용 직원에 대해서, 고용 시 보험사에 급여정보를 송부할 수 있으나 일반적으로 연말에 보험 감사 Audit 을 통해 보험료 조정이 가능하다.

- 사규 및 취업규칙 Employee Policy Manual 또는 복무규정 Employee's Handbook 을 제공하고 acknowledgement 를 작성하였는지?
  - → Employee's Handbook 은 의무 사항은 아니나 연방 및 주 법의 이행을 위해 직원이 지켜야 하는 취업규칙, 복무규정 및 정책을 담아 Employee's Handbook 으로 배포
  - → 향후 분쟁 발생의 소지를 줄이기 위해 이 문서 제공 후 읽었음을 확인하는 서류 작성 필수

[참고] 샘플 Acknowledgement of Receipt

I acknowledge that I have received a copy of the (Name of Company) (the "Company") Employee Handbook and acknowledge that I have read its contents. I understand that among other policies, it contains a policy regarding harassment, including sexual harassment, and I affirm that I have read this policy.

I understand that the Handbook, which replaces all previous employee handbooks and/or other oral or written statements of employment policy, is provided for informational purposes only and is not a contract. I understand that the Handbook is intended to provide an overview of the Company's personnel policies and procedures and does not necessarily represent all such policies and procedures in force. The Company may at any time, add, change or rescind any policy or practice at its sole discretion, without notice.

(사인 란 생략)

- 퇴직 지원 Severance Package 협의가 필요한지, 법인은 주정부 의무 퇴직연금 가입 대상인지?
  - → 미국은 한국과 같은 별도 퇴직금 제도가 없음. 단, 퇴직금 복지 부여 시 차별지급은 불가
  - → 미국 일부 주는 근로자 수 기준으로 의무적인 주정부 퇴직 연금 가입 조건이 있음

- 연차 Paid Time Off, PTO 부여가 의무사항은 아니나, 부여할 경우 일괄적으로 하고 있는지? 의무 휴가에 대한 정책이 있는지?
  - → 장애가 있거나 투약 Medication 이 필요한 경우, 및 아픈 경우 병가 Sick Leave 부여 필수
  - → 연차 PTO 를 사용하지 않고, 퇴직할 경우 해당 급여액 지불 필수

[참고] 연방 및 주정부 법정 의무 휴가 (근로자 50명 이상 사업장 적용)
일반적으로 각 고용주는 연차나 휴가 정책을 자유롭게 정해서 제공할 수 있다. 심지어 연차 제공은 고용주의 의무가 아니다. 그러나, 근로자 휴가에 관한 권리를 보장하기 위해 연방정부는 가족보건휴가법 Family and Medical Leave Act, FLMA 을 제정하고 이를 의무적으로 근로자에게 알리도록 하고 있다. **일반적으로 주정부도 병가 Sickday 법률을 제정하여 연간 몇 일의 병가를 주어야 하는지 의무화 하고 있다.**

그림 13. 연방 가족 및 의료 의무 휴가법 포스터

- **휴가에 대해 다음 기본 사항을 통지 하였는지?**
  - → (휴일) The designated paid holidays.
  - → (연차 및 병가) The number of vacation and sick days an employee may receive and how this time accrues
  - → The policy for requesting approval of vacation days; and notifying the employer if an employee must take a sick day.
  - → (연차 및 휴가 적치 가능 여부) Whether vacation or sick days may be carried over from year to year
  - → (퇴직 후 연차 보상 조건) Whether an employer pays out any unused but accrued vacation or sick days on termination and the conditions under which an employee can receive payment

- **회사 보안 수칙에 대한 통지 및 개인 기기사용 또는 정보보안에 대한 통지를 하였는지?**
  - → 최근 미국에서 보안 이슈는 매우 중요하며 이메일, 인터넷, 전자기기 관련 규정 필수

- **신규 채용자의 성과평가에 대한 적절한 방안이 마련되었는지?**
  - → 법적 요구사항 아님, 다만 업무 효율성 증진 및 퇴직처리를 위해 자체적으로 마련가능
  - → 만약, 성과 평가를 기반으로 보상을 할 경우 모두에게 동일하게 적용해야 함
  - → 성과 평가 결과를 의무적으로 통보해야 하는 것은 아니나, 효과를 위해 개별통보 가능

- **안전보건법 Occupational Safety and Health Act, OSHA 이행에 대한 지침이 있는지?**
  - → 코로나로 인해 안전보건법 준수 의무가 강화되고 있음
  - → 고용주는 안전보건법 기준에 의해 사업장 및 현장을 운영해야 하며 근로자는 정부의 **조사** Inspection 상시요청가능
  - → 지도와 같이 각 주는 OSHA 기준에 의해 코로나 관리 기준 수립 (짙은색은 사기업 의무 조항 있는 주), 옅은색 주에서는 주정부 기준, 규칙, 법률에 의거해 사업장 관리 필요

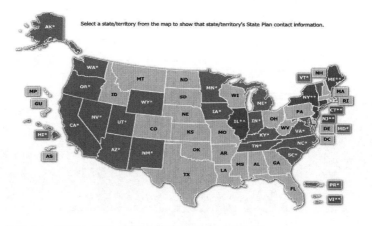

그림 14. OSHA 기준 코로나 정책 수립 주 (짙은색)

- ERISA 법 Employee Retirement Income Security Act 에 대한 가이드가 있는지?
  - → 근로자가 퇴직 연금 및 복지 플랜에 가입할 경우 90일 내에 설명서를 송부했는지?
  - → 대형사업장 (100인 이상) 의 경우 연금/복지 플랜을 IRS/노동부에 (Form 5500) 신고

급여 및 복지 관련

- 신규 채용자 Tax ID (SSN) 및 기본정보 수령 후 각 시스템에 등록하였는지?
  - → 주요 정보: I-9, W-4 (Federal Tax Withholding Form), State Tax Withholding Form, Employee Policy Manual Acknowledgement, Employee's Handbook Acknowledgement Form, Employee Personal Information Sheet, Benefit Information & Benefit Enrollment Forms (의료보험 등), 급여지급 계좌
- 신규 채용자의 원천징수 정보 (W-4)가 시스템에 등록되었는지 (첫 월급 확인)
- 신규 채용자를 포함한 인력의 분기별 세금 보고가 잘 진행되고 있는지?
  - → IRS Form 941 급여 원천징수 보고서 확인 (급여지급대행사 Payroll Service 사이트 확인)
- 출장, 식비, 경비 등 정산에 대해 30일의 정산 기간을 주었는지?
- (퇴직) 스스로 그만두는 경우 사직서를 받아서 보관했는지? 해고할 때 고용주 측 증인과 함께 참석했는지?
- (퇴직) 직원의 의료보험을 연장해서 가입해줘야 하는지? (COBRA 법)
  - → COBRA는 일반적으로 전년도에 직원이 20명 이상인 고용주가 후원하는 그룹 건강보험의 보장이 종료되는 특정 경우에 직원과 가족에게 건강 보장의 임시 연장 (연속 보장이라고 함) 기회를 제공할 것을 요구하는 법
- 장애인 관련 편의 Accomodation 지원을 받아야 하는 대상인지?
- 비용정산기준 (출장, 미팅, 업무비용, 파견비용, 교육비 등)이 마련되었는지?

기록

- 법인의 문서에 대한 보존 기간을 정하고 별도로 관리하는 정책을 시행하는지?
  - → 급여 및 근무시간 관련 기록은 특히 향후 소송 등을 위해 중요
  - → 노무 관련 문서 보관 지침이 있는지?
  - → 개인소득세 및 법인소득세 기록에 대한 가이드가 있는지?
- 직원들을 위한 기밀 파일을 만들고 개인별 자료를 관리하는지?

2. 법인 설립 초기 행정

2.1. 초기 운영 체크리스트 | Checklist for Start Up

지금까지 1장에서 다루었듯 법인 설립 전 준비사항들은 짧은 시간에 꼭 해결해야하는 필수 요소들이 대부분이다. 특히 법적으로 강제된 것들이 대부분이기 때문에 자문사와 인력을 총동원하여 집중해야 하는 사안들이다. 2장 부터 다루는 법인 초기 운영 사항들도 그 중요성이 덜 하지는 않지만, 일단 법인이 설립된 이후에는 가용할 자원이 많지 않을 수 있기 때문에 약간의 여유를 가지고 진행해야 하는 업무들이 많다. 가장 최선은 법인 설립 이전부터 하나하나 준비하는 것이겠지만, 1장에서 다룬 업무만으로도 초기 업무는 빠듯하게 진행된다. 법인이 설립되고 나면 다음과 같은 업무들이 기다리고 있다. 이번 장에서는 이 내용들을 실무적으로 접근해 보겠다.

- 급여지급대행사 Payroll Service 회사 계약
- 은행 업무 (체크 만들기, 법인카드 만들기, 온라인 뱅킹 세팅)
- 사무실 임대차 계약
- 법인 인터넷, 보안 시스템 설치
- 문서관리 시스템 등 초기 결제 시스템 설치
- 법인 내규 제정
- 주요 보직 선정 및 업무분장, 직무권한 설정
- 세무/회계 장단기 유의점 점검 (현지 세무사 회의)
- 회계 시스템 구축 (Quickbook, MS Dynamics 등 장단점 비교 후 계약)
- 법인 인력 선발 및 외부 용역 관리 (IT, 회계/세무, 법무, 노무, 문서 시스템 등)
- 차량 구매 (운전면허, 보험 등 동시 처리)
- 사무실 비품, 컴퓨터, 프로젝터, 집기 등 구매
- 심벌 및 레터마크 적용 (각종 디자인, 포털 및 문서에 삽입) 및 직인, 명함 준비
- 연간 예산안 확정 및 내부 공유
- 의료보험, 산재보험, 재산보험 등 각종 보험 가입 → 에이전트 활용
- 현지 노동법 상 근무시간, 휴일 등 기본 노무 이슈 확인
- 파견자 비자, 사회보장번호, 임대차 계약 등 회사 지원

2.2. 급여 시스템 | Setting the Payroll Service

급여 지급의 경우 각 회사에서 개별적으로 처리할 수 있다. 그러나 미국에서 급여지급 및 원천징수는 대형 업체들이 낮은 용역비에 수준 높은 서비스를 하고 있기 때문에 **급여지급대행사** Payroll Service 를 사용하지 않는 회사는 거의 없다. ADP, OnPay, Patriot, Gusto, Paychex 등 다양한 서비스가 있지만 가장 많이 사용하는 업체는 ADP 이다. 이 글에서는 ADP 시스템을 중심으로 설명해 보겠다.

급여 시스템 관리

급여지급 서비스사를 컨택하면 해당 지역을 담당하는 전문가가 방문하여 서비스를 소개하고 사업에 맞는 적절한 수준을 결정하는 과정을 거친다. ADP의 경우 다음과 같은 **4가지 종류**의 서비스를 제공한다. 각 서비스 별로 커버리지가 다른데, 기본 서비스를 모두 받는 것이 좋다. 먼저 급여 관련 중요한 부분을 설명해 보겠다.

	Features	ADP® Essential Payroll	ADP® Enhanced Payroll	ADP® Complete Payroll & HR Plus	ADP® HR Pro
Payroll, Taxes and Compliance	Payroll: Online, Phone, Mobile	■	■	■	■
	24/7 Customer Service	■	■	■	■
	Tax Filing	■	■	■	■
	Electronic Reports	■	■	■	■
	Employee Access® (Portal)	■	■	■	■
	New Hire Reporting	■	■	■	■
	Payroll Delivery	■	■	■	■
	General Ledger Interface (GLI)	■	■	■	■
	RUN & Done® (Automatic Recurring Payroll)	■	■	■	■
	Direct Deposit	■	■	■	■
	Wisely® Direct Debit Card[1]	■	■	■	■
	Multi-jurisdiction Payroll	■	■	■	■
	ADPCheck™		■	■	■
	Poster Compliance		■	■	■
	(SUI) Management		■	■	■
	Wage Garnishment Payment Service		■	■	■
	Check Signing and Stuffing		■	■	■

그림 15. ADP 급여지급 서비스 비교표

ADP 서비스를 받기 위해 가장 우선적으로 검토해야 하는 부분은 1.3 장과 1.4 장에서 다뤘던 주정부 등록 문제이다. 주정부에 법인을 등록해야 하는지의 문제는 해당 주와의 관계를 고려해 진행해야 한다. 다시 언급하자면, 해당 주에서 **사업 영위** Transacting Business 를 할 경우 (예, 부동산, 근로자, 수익, 고객 등이 있음) 해당 주에 법인 등록 또는 **타주 법인** Foreign Company 으로 등록해야 한다. 따라서, 급여를 지급하는 근로자가 있는 경우 법인을 등록하고 주정부 국세청에서 Tax ID 를 부여 받아야 ADP 등록이 가능하다. 이는 한 개인이 2개 이상의 주에서 거주 또는 일하는 경우도 동일하다.

1. New Hire Reporting

이미 1.7장에서 언급했듯이, 각 주정부는 신규 인력을 고용할 경우 주정부 고용 시스템에 해당 인력의 정보를 입력하도록 하고 있다. 이는 주정부 복지정책 대상자 확인, **고용보험** Unemployment Insurance 미가입 및 차상위 계층 복지 부정 수급 등을 막기위해 사용된다. ADP 시스템에 정보를 입력하면 자동으로 주정부에 보고해 준다.

2. Payroll: Online, Phone, Mobile / Payroll Delivery / Direct Deposit

급여지급은 가장 기본적인 업무이자 ADP 핵심 서비스이다. 우선 회사 정보를 ADP 에이전트에 전달해 시스템을 개설한다. 이후, 신규 직원을 등록할 때 필수 정보로 W-4 **부양가족 공제** Allowance 입력 및 세금 면제 유무를 입력한다. 이후 급여 이체 계좌를 등록하게 된다. 개인 정보는 노무 담당 직원이 신규 직원으로 부터 수령한 문서를 통해서 입력할 수도 있고, 개인이 직접 입력할 수 있도록 조치 할 수도 있다. 마지막으로 개인별 급여내역을 입력하고 승인하면 정한 날짜에 급여가 등록한 계좌로 원천징수 후 이체된다.

1 단계: 급여 셋팅을 위한 회사 정보 전달 (ADP 에이전트 전달)

내　용	참 고 문 서
회사 법적 이름, 주소 및 전화 번호	Forms 940, 941, 944, SS-4 (FEIN) (중요: 이름 및 주소 정보가 정부에 제출된 법적 이름 및 주소 정보와 일치하는지 확인)
회사 연락처 정보 (급여 관련 질문이 있는 경우 ADP가 연락해야 하는 사람의 이름과 전화번호 포함)	직원 주소록
은행 이름, 계좌 번호 및 라우팅 번호 (라우팅 번호는 미국 내 은행 고유 번호임)	은행 체크, 계좌 계약서 등
연방, 주 및 지방 납세자 번호 또는 납세자 식별 번호(TIN) 및 세금 의무 납부 빈도	주 및 지방 세금 양식(예: 양식 941) 또는 연방, 주 또는 지방 세금 관련 서신
주 실업 ID 번호 (주로 주 납세자 번호) 및 고용 보험 납부율 (각 주에서 다음 중 하나로 불림) · Experience rate · SUI rate · Contribution rate	주 실업급여 사무소 Unemployment Office 또는 주분기별 고용보험 세금 신고서 (주로 법인 등록 후 주정부에서 회사 성격에 따라 적절한 납부율을 송부)

2 단계: ADP 첫 화면 개설 확인

3 단계: 급여 셋팅을 위한 개인 정보 입력 (ADP 시스템 직접 입력)

카 테 고 리	내 용
기본정보	Legal Name and Contact Information | Date of Hire | Social Security Number | Birth Date | Gender
급여정보 (3.11장 참조)	Pay Rate (Hourly or Salary) and Frequency | Earnings Types and Amounts | Deduction (or Benefit) Types and Amounts
은행정보 (2.3장 참조)	Bank Name | Account Type (Saving or Checking) | Routing Number (ABA/Transit number) | Bank account number | Amount or percentage your employee wants deposited into each bank account for each pay period (여러 은행 지급 가능)
휴가정보 (3.12장 참조)	Vacation Time Accrual Rate or Allowed and Taken | Sick Time Accrual Rate or Allowed and Taken | Personal Time Accrual Rate or Allowed and Taken
세무정보 (3.20장 참조)	Federal, State, and Local Withholding Status | Allowances | Exemptions | Additional Withholdings (if applicable)

73

4 단계: 개인별 급여 내역 입력 및 승인

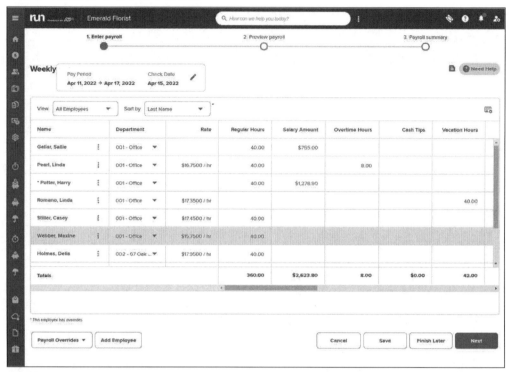

[참고] 급여 정산 방법

1. 급여는 전출자 급여 지급 방식이 있는 경우 총액으로만 입력 가능
2. 유급휴가의 경우 시스템에 연동하여 관리 할 수 있고, 무급 휴가와 구분 가능
3. 급여 입력 방식은 다양
   - **총액 방식** Salary **및 시간당 지급** Hourly Rate **방식**의 구분 (고용 시 선택, 시간당 지급의 경우 Clock-in/Clock-out 철저 관리)
   - **정규직** Employee **과 독립 계약직** Independent Contractor 구분 (계약직은 fee, commission 지급, 원천징수 없음, 한국 개념의 계약직이 아님. 외부사업자가 계약을 맺고 일을 하는 경우)
   - **OT 면제** Exemption **과 OT 비면제** Non-exemption 의 구분 (비면제의 경우 근무시간 외 업무는 관리자의 허가를 받고 수행 시 OT 정산)
4. 각 근로자의 **W-4 입력**도 중요한데, 인적 공제 항목을 정확히 기입해야 원천징수가 정확하게 진행된다. 연말에 원천징수액이 10% 이상 차이가 나는 경우 벌금이 있다.

3. Tax Filing / Electronic Reports /Multi-jurisdiction Payroll

급여와 관련된 가장 중요한 세금 신고는 원천징수라고 할 수 있다. 원천징수의 의무는 고용주에게 있기 때문에 **세금 계산, 징수, 배분, 납부** 모든 과정에 신경을 써야 한다. 다행이 이 모든 작업은 ADP 가 대행해 준다. **다만 세금의 배분에 있어서 민감한 이슈들이 있기 때문에**

회계사의 자문이 필요하다. 만약, 어떤 직원이 다른 주에 거주하면서 출근을 법인이 운영돼 는 주로 할 경우 어느 주에 얼마나 세금을 **배분** Allocation 하는가의 이슈는 법인세 배분의 이 슈와도 동일하게 어려운 문제이다. 1.3장에서 다뤘던 Nexus 문제도 고려해야 하고, 거주 주 와 근무 주 사이의 **호혜 협정** Reciprocity Agreement 이 맺어져 있어서 거주 주에서만 세금을 내도 되는지 또한 다른 문제이다. **ADP 시스템에서 일단 원천징수를 하면, 세금을 내야하는 주에 배분해서 납부를 하고 분기별로 납부 내역을 보고해야 한다.** 보고된 서류는 아래 그림 과 같이 ADP 시스템에서 다운로드 할 수 있다.

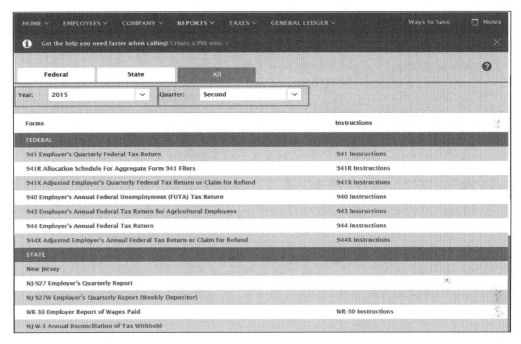

그림 16. Tax 보고 서류 검색 창

4. SUI Management

원천징수 중에 노무 담당자가 조금 더 신경써야 할 부분이 있다면, 주정부에서 부과하는 **고용보험** State Unemployment Insurance 이다. 주정부에서는 매년 고용주의 정부 보고 문서를 토대로 해당 법인의 카테고리를 정하고, 매년 변하는 요소 Factor 들과 보험 대상 급여액을 기반으로 고용보험 요율을 정해서 통보한다. 따라서, 노무 담당자는 해당 문서를 바탕으로 ADP 시스템에 변경된 요율을 업로드 해 줘야 한다.

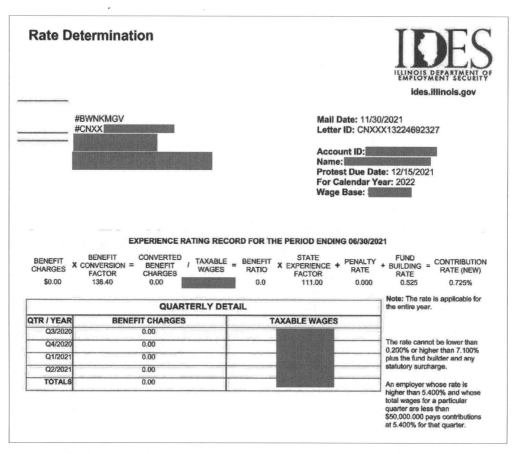

Rate Determination

IDES
ILLINOIS DEPARTMENT OF
EMPLOYMENT SECURITY

ides.illinois.gov

#BWNKMGV
#CNXX

Mail Date: 11/30/2021
Letter ID: CNXXX13224692327

Account ID:
Name:
Protest Due Date: 12/15/2021
For Calendar Year: 2022
Wage Base:

EXPERIENCE RATING RECORD FOR THE PERIOD ENDING 06/30/2021

BENEFIT CHARGES	X	BENEFIT CONVERSION FACTOR	=	CONVERTED BENEFIT CHARGES	/	TAXABLE WAGES	=	BENEFIT RATIO	X	STATE EXPERIENCE FACTOR	+	PENALTY RATE	+	FUND BUILDING RATE	=	CONTRIBUTION RATE (NEW)
$0.00		138.40		0.00				0.0		111.00		0.000		0.525		0.725%

Note: The rate is applicable for the entire year.

QUARTERLY DETAIL

QTR / YEAR	BENEFIT CHARGES	TAXABLE WAGES
Q3/2020	0.00	
Q4/2020	0.00	
Q1/2021	0.00	
Q2/2021	0.00	
TOTALS	0.00	

The rate cannot be lower than 0.200% or higher than 7.100% plus the fund builder and any statutory surcharge.

An employer whose rate is higher than 5.400% and whose total wages for a particular quarter are less than $50,000.000 pays contributions at 5.400% for that quarter.

그림 17. 일리노이 주 SUI 요율 변경 통보서

마지막으로, ADP 시스템을 통해서 HR 서비스도 받을 수 있다. 만약 법인 인원이 소규모이고 노무 관련 지원이 필요할 경우, 더 비싼 서비스를 사용하면 된다. **그림 15**에서 보듯 상위 서비스를 사용할 경우 **인력고용** Recruiting, **신규 인력 배경조사** Background Check, **복무규정** Employee Handbook **작성, 법인 각종 공식 문서 형식 제공, 문서 보관, 연방 및 주정부 의무 교육 시행, HR 교육, 보험, 마케팅 지원 및 구글 광고 지원, 노무 법률 지원** 등의 서비스를 받을 수 있다. 추가적으로 HR 인력이 아예 파견될 수 없는 경우 최근에 **급여지급대행사** Payroll Service 에서 적극적으로 광고하는 서비스로 PEO 가 있다. **PEO는 Professional Employer Organization 의 약자로 ADP 와 같은 서비스사가 법인 공동 운영자로 정부에 등록하고 노무 관리를 대행해 주는 서비스이다.** 한국 자회사의 경우 모회사에서 요구하는 여러가지 정책들이 있고 이것이 PEO 서비스와 충돌할 수 있기 때문에 (사규, 인력채용, 마케팅 등 대행) 순수히 미국적인 법인 운영에 적합한 서비스를 받는 것이 어려울 수도 있다.

2.3. 회사 계좌 & 체크 | Opening Account, Spending

미국에 회사를 설립하면서 바로 법인 계좌를 만드는 것은 특별히 어려운 일은 아니지만, 아직 미국 시스템에 익숙하지 않고 요구되는 서류들이 준비가 안 되었거나 어떤 서류인지 이해하기 어려운 경우도 있어서 생각보다 어렵게 느껴진다. **일반적으로 법인 계좌를 열려고 하면 은행은 다음과 같은 서류를 요구한다.**

- 설립증빙서류 (e.g. Article, Certificate of Formation, Certificate of Incumbency)
- 계좌 개설을 허가하는 내부 서류 (이사회 회의록, 권한이 있는 자의 승인 등)
- W9 또는 SS-4 등 Tax Form (법인 납세자 번호)
- Ownership Structure 증빙서류 (본사 이사회 서류, 주주간 합의 문서, 본사 내부 공문 등)
- FINCEN 관련 Ultimate Beneficiary Owner 확인 서류 + ID copy (FINCEN은 미국 재무부 산하 금융범죄 단속 기관. 미국 신규계좌 개설시 최종소유자 Ultimate Beneficiary Owner 를 확인하고 그것을 컨펌해주는 관리자의 ID copy 제출)
- 기타 계좌개설 신청 은행 내부서류

일단 계좌가 열리면 인터넷 뱅킹도 함께 열 수 있는데, 미국의 경우 뱅킹 보안 수준이 매우 낮기 때문에 법인 내부 보안 시스템 및 **내부 통제** Internal Control 정책과 함께 인터넷 뱅킹과 관련한 보안정책을 설정해야 한다. 보안 시스템에 관해서는 다음 장에서 다루겠다. 다만 최근 피싱 범죄와 카드 도용 등의 문제가 폭증하고 있는 상황이어서 각별한 주의가 요구된다. **내부 통제** Internal Control 에 대해서는 주요 체크리스트를 1.5장에서 이미 다루었다. **뱅킹과 관련하여 중요한 점은 (1) 자금의 입출금 과정에서 금액 수준별 직무 권한을 가진 직원의 승인을 받는 것과, (2) 법인 내 상호 견제와 검증이 가능한 방식으로 절차를 만드는 것이다.** 예를 들면 급여 관련 **기획** Planning 부서와 **집행** Execution 부서를 분리하거나, 인터넷 뱅킹을 결제 시스템화 해서 입안자가 검토자와 함께 집행 금액을 확인하면 결제자가 집행을 하는 방식 등이다. 특별히 미국의 경우 한국처럼 인터넷 뱅킹 시 입금 대상자의 이름이나 신원이 뜨지 않기 때문에 계좌번호를 정확히 입력하거나 미리 계좌번호를 등록하고 상호 검증하는 방법 밖에 없다.

계좌가 만들어지면 한 가지 더 주의해야 할 일이 있는데, 미국의 **체크** Check 시스템이다. 영화에서 돈을 주는 장면을 보면 종이에 무엇인가를 써서 쭉 찢어주는 경우를 보는데, 이것이 **체크** Check 이다. 계좌를 개설하고 별도로 주문하면 체크북을 보내 준다. 법인 초기에는 **신용** Credit 이 없기 때문에 체크 마저도 받아주지 않는 경우도 발생하는데, 이것은 시간이 지나면서 해결될 일이다. 이럴 경우 대안으로 쓸 수 있는 것은 한국의 자기앞수표와 유사한 Cashier's Check 인데 은행 창구에서 계좌에 있는 돈을 확인하고 지급을 보증해주는 수표이다. 다만 이 수표도 한국과 다른 점이 있는데, 지급 대상자를 특정해야 한다.

체크는 다음과 같이 생겼는데, 한국 개념으로 보면 매우 위험한 문서처럼 보인다. 그야말로 백지 수표인데 **여기에 지불대상과 금액을 명기해서 주면 상대방은 은행에 가서 그 금액을 입금받는 구조이다.** 한국에서라면 '중간에 적힌 금액을 바꾸면 어떻할까?', '내 계좌 번호가 적혀있는데 문제가 없을까?' 등등의 걱정을 할 수도 있는데, 미국에서는 자연스럽게 사용하고 있다. **무엇보다 누구에게 얼마를 어떤 용도로 주는지 문서로 남기 때문에 현금을 주는 것보다 안전하고, 입금 시에도 은행에서 사인 등 진위 여부를 확인하기 때문에 신뢰가 있는 사람들끼리 자주 사용되는 지불방식이다. 또한 법적으로 체크 Check 는 유통증권 Negotiable Instrument 이기 때문에 현금처럼 다른 사람에게 지급할 수도 있다. 다만, 이경우 체크 뒷장에 누구에게 지급하는지 명기해야 한다. 체크의 장점인 지급 기록을 남기기 위해서이다.** 그 사용법은 다음과 같다.

- Date: 오늘 날짜를 적는다
- Pay to the Order of: 지급 대상자 및 대상 업체 이름을 적는다
- The Sum of: 일반적 밑줄만 있음. 영문으로 금액을 적는다.(금액 끝에 Only 쓰는 것 추천)
- $: 공란에 지급 금액을 적는다 (xxx.00 등 끝자리를 추가되지 못하도록 표시하는 것 추천)
- Signature: 본인 서명을 한다.

2.4. 업무 시스템 | Organization, R & R, IT, Security

조직 및 직급

한 국 회사를 미국에 접목시킬 때, 미국 회사 만의 새로운 조직을 만들 것인지 아니면 한국식 조직을 가져와야 할지는 아주 어려운 질문이다. 특히 한국의 전통적인 조직문화를 가진 회사에서 파견된다면, 경험해 보지 못한 새로운 조직 문화를 만들어내는 것은 거의 불가능에 가깝다. 회사라는 조직은 가족과 같이 일종의 가풍 내지는 문화가 있어서 그 안에 들어가 보지 않고서는 알기 어려운 것들이 많다. 따라서 회사의 성격과 구성원의 특징을 고려하여 깊이 있는 고민을 할 필요가 있다.

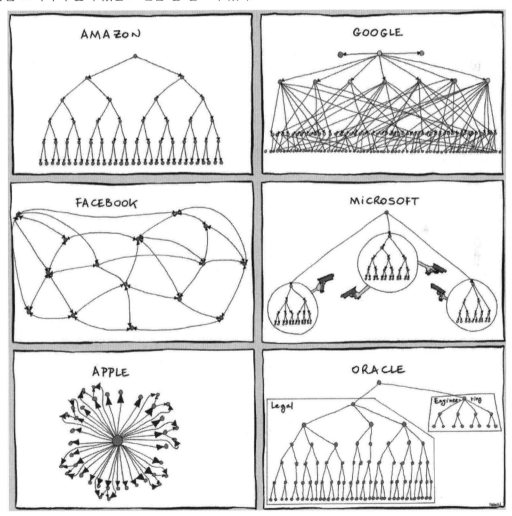

그림 18. 미국 주요 회사 조직에 대한 일러스트 (출처: NYTimes)

한국 회사는 일반적으로 군대식 조직인 경우가 많다. 직급이 있고 각 직급별 책임과 권한이 부여되어 상급자의 결정에 맞춰 일사분란하게 움직이는 특징이 있다. 이와 다르게 미국 회사는 일반적으로 권한과 의무가 광범위하게 배분되어 있고, 각자 책임을 지고 업무를 하는 느슨한 조직인 경우가 많다. 즉, 개인이 부여받은 업무를 책임지고 하되 스스로 판단하여 업무 권한을 벗어나거나 책임을 져야하는 결정에 대해서는 상사를 찾아가는 형태이다. 단, 각 조직의 장단점이 있고, 미국 회사도 한국식 조직을 구성한 경우가 있기 때문에 무엇이 최상이다 일반화 하기에는 어려움이 있다. 다만 법인 운영 초기 일사분란한 한국식 조직을 기대하기 어려울 수 있기 때문에, 한국식 조직을 경험하고 이해하는 직원들이 있는지를 고려하여 조직을 구성해야 한다.

최근 미국의 회사 조직도 구글 등 혁신 조직의 영향으로 다양한 형태가 나타나고 있다. 미국은 일반적으로 효율성과 생산성을 향상시키기 위한 실용적인 대안을 찾아 적용하는 경우가 많고, 메니저급 이상만 되도 팀 단위 사업결정, 예산 운영, 인사 및 급여 결정이 가능한 경우도 많다. 그리고 조직 구성원의 상하 관계가 그렇게 뚜렷하지 않은 경우도 많아서 팀원들이 각자 다른 조직의 업무에 참여하는 경우도 있고 협업을 기반으로 다양한 팀에 소속되는 경우도 있다. 그러나 이러한 최신 조직의 흐름은 막 시작하는 회사에 적용할 수 있는 부분은 아니고, 최소한의 인력으로 생존하기 위한 최적의 전략은 신뢰와 협업이기에 구성원 간 존중을 기반으로 자유롭게 의견을 교환하고 자율적으로 필요한 부분을 보완해 가는 문화가 더 중요해 보인다.

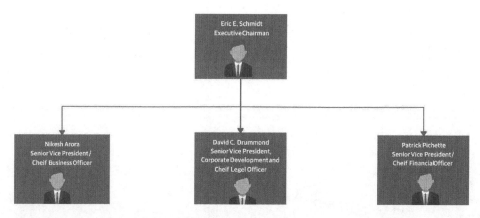

그림 19. 과거 구글 조직 구성도 (작성자: Annmarie Gobin)

법인을 구성하는데 있어 최소의 조직을 구성한다면, 아마도 법인의 **대표와 재무, 행정 및 사업분야 필수 인력**을 배치하는 것일 수 있다. 그럴 경우 과거 Eric Schmidt 가 구글 사장이었을 때 운영했던 **그림 19** 와 같은 조직 형태가 적합할 것이다. 이 경우 조직 직책 또는 작무 (역할), 직위 또는 직군 (기능) 과 직급 (관리단계) 을 신규 법인에서 체계적으로 구성하기는 어렵다. 따라서 직급의 경우 대부분 전통적인 대리-과장-차장-부장 등의 급여와 연동된 직급을 기준으로 통일하는 경우가 많고, 직책의 경우 미국식으로 권한, 의무 및 책임을 분산시키는 경우가 많다. 그러나 국내에서도 직위 및 직책을 기준으로 명칭을 변경하는 기업들이 늘고 있고, 그룹이나 팀 별로 별도의 직위를 부여하여 운영하는 경우가 있기 때문에 이에 맞는 조직을 운영하는 것도 무리는 없다.

다만, 미국의 경우 직급 보다는 역할과 기능에 의미를 부여하는 경우가 많기 때문에, 명칭을 정확히 한국 직급에 대비하기 어려운 경우도 많다. 예를들면, Vice President 라는 직급의 경우 업종이나 직군에 따라 다른 지위를 나타내는 경우가 많아 당황할 수 있다. 금융권에서는 과장급에도 Vice President 를 사용하며, 중소기업에서도 부장급에 Vice President를 붙이는 경우가 있다. 반면 일반 회사의 경우 Vice President 는 임원급을 나타내게 된다. 구글이나 아마존의 경우도 임원진은 Vice President 를 사용하면서 Executive, Senior 등의 수식어로 직급을 구분한다. 일반적으로는 **Chief → President → Vice President → Director/Manager → Associate/Staff/ Coordinator** 정도로 직급을 구분할 수 있다. 그러나 규모가 큰 미국 회사는 직급 보다는 직무를 급여와 연동하여 밴드로 운영하기도 하고, 임원진 외의 명칭은 기능이나 역할 위주로 운영하고 있는 경우도 많음에 유의해야 한다.

직무권한 및 업무분장

한국의 전통 조직에서 온 분들이 가장 실수하는 부분이 미국 조직의 상대방의 직급만으로 상대방을 판단했다가, 결정권을 쥔 **업무 상대** Counterpart 임을 파악하고 놀라는 경우이다. 이미 언급했듯이 미국 조직의 메니저 급 이상은 상당한 재량과 권한을 가지기 때문에 한국처럼 차장은 얼마, 부장은 얼마, 실장은 얼마 이하의 계약을 다루는 식의 직무권한표를 가지고 있지 않은 회사가 많다. 따라서, 어떠한 계약에 대해 상대방 회사 사장을 불러오라고 해도 해당 업무 책임자가 우선 와서 협의하는 경우도 많고 한국식으로 생각하는 상급자도 하급자의 결정권을 침해하지 않으려는 경우도 많다. 따라서, 미국에 한국식 직무권한표를 만드는 것은 한국식 조직을 구성하는 경우에 필요할 수 있으나 일반적으로는 사용하지 않는다.

다만, 프로젝트 단위나 어떠한 부서 단위로 RACI 라 불리는 **책임권한표** Responsibility Matrix 를 작성하는 경우는 있는데, **업무수행자 (R, Resposible), 업무책임자 (A, Accountable), 업무조언자 (C, Consulted), 협조자 (I, Informed)** 의 4가지 분류를 각 직급 또는 인원에 부여하여 원활한 프로젝트의 진행과 업무 분배를 도모하는 경우이다. 그러나 이 경우도 한국 처럼 책임자를 지정하여 그 사람이 책임과 권한을 사용하도록 하는 시스템은 아니기 때문에 한국 회사 경험만 가진 파견자의 경우 문화적인 어려움을 겪을 수도 있다. 다시 말하지만, 무엇보다 회사 설립 초기이기 때문에 구성원 간 존중을 기반으로 신뢰와 협업을 이끌어 내는 것이 눈에 보이는 조직화와 책임 관계정립 보다 중요하다고 하겠다.

Project tasks	Senior Analyst	Project Manager	Head of Design	SVP Finance	SEO Lead	Sales Director	Senior Management
Phase 1: Research							
Econometric model	R	I	I	A	C	I	I
Strategic framework	A	I	I	R	I	I	C
Risk factors	R	I	I	A	I	I	I
Phase 2: Structure							
Product specs	I	A	R	I	C	C	C
Design wireframe	I	C	R	I	C	I	C
User journey	I	C	R	I	C	C	C
User experience testing	I	C	R	I	C	C	C
Evaluation framework	I	R	C	I	C	I	C
Development backlog	I	R	C	I	C	I	C
Delivery roadmap	C	R	A	C	C	C	I

그림 20. RACI 차트 예시 (출처: Forbes Advisor)

미국에서 업무 분장은 책임권한표와는 약간 다른 차원에서 프로젝트의 진행을 위해 인적 자원이 어떻게 배분되어야 할지를 주로 다룬다. 그러나 한국 회사에서는 주로 세부 업무나 행정업무 등의 분배를 다루는 경우가 많다. 어떤 경우든 핵심은 커뮤니케이션이다. 회사를 시작할 때는 직급 또는 직무에 따른 업무가 자연스럽게 분배 되는 것처럼 보이지만, 시간이 가면서 총무, 노무, 구매 등의 업무에서 경계가 모호해 지는 경우가 발생한다. 이 경우 미국에서는 적은 연봉에 보조 업무자를 구하는 것이 일반적이다. 회사 초기에는 협업을 통해 커뮤니케이션 하면서 대부분 해결이 되겠지만, 조직이 커지거나 서로의 주장이 첨예할 경우 구성원간 합의 및 인력 구성 변경을 통해 조정해 나가는 것이 합리적일 것이다.

그룹웨어

그룹웨어라고 불리는 회사 정보 공유 시스템의 경우, 한국은 결제 공문을 관리하고 노무 업무를 관리하는 것에 치중하는 경향이 있다. 그러나 미국 조직의 경우 공문을 통해 권한이 있는 사람이 결제를 해서 증빙을 남기는 문화에 익숙하지 않고 이메일이나 구두 협의 등 간단한 결정 프로세스가 잦기 때문에 결재 문서나 노무 정보 공유보다는 협업 가능 툴로서의 그룹웨어가 발달하고 있다. 결과적으로 그룹웨어라고 부르는 회사 정보 공유 시스템이 어떻게 운영되어야 할지도 조직 구성 및 문화와 관련이 있다고 할 수 있다. 한국에서도 조직 문화의 변화가 있기 때문에, 최근 그룹웨어 또는 업무 협업 툴 제공사들은 다음과 같은 문구로 광고한다.

"전자결재는 국내 기업 환경에서 필수 불가결한 존재가 되었습니다. 많은 기업들이 각 사의 업무 방식과 결재 라인에 따라 다양한 서식을 사용하고 있습니다. 하지만, 협업의 시대에 전자 결재가 여전히 필요한 기능인지 생각해 볼 필요가 있습니다. 수직 계열화 된 조직에서 결재는 상사의 동의를 얻는 기본적인 수단이었습니다. 그러나 각 분야의 전문가가 평등하고 민주적으로 빠르게 협업하는 현대 사회에서 결재 승인만을 기다려야하는 방식은 일의 속도를 늦추는 원인이 됩니다. 단, 비용이나 예산 등 사내 ERP와 연동이 필요한 기업의 경우에는 전자결재가 꼭 필요한 기능입니다. 하지만 그렇지 않다면 과감하게 간소화된 워크플로우로 대체하는 것을 추천드립니다. 그룹웨어는 오랜 기간 국내 기업들이 애용해 온 생산성 도구 입니다. 그만큼 폭넓게 도입되고 있는 서비스이죠. 하지만 다수의 선택이 언제나 옳지 않은 것처럼 변해가는 업무 환경에 최적화된 생산성 도구를 먼저 선택하는 것만으로 경쟁사보다 앞서 나갈 수 있는 계기가 됩니다." (출처: Collabee, 그룹웨어를 선택하지 말아야 할 5가지 이유)

회사 운영을 위해 가장 중요한 부분은 **이메일, 결제 시스템, 노무 시스템, 급여 시스템, 회계 시스템이 유기적으로 운영**되는 것이다. 여기에 회사 사업의 운영을 위한 **업무 협업 툴 및 클라우드 공유** 등이 이루어 질 수 있다면 더욱 좋겠다. **이 시스템들은 한 번 세팅되면 쉽게 바꿀 수 없기 때문에 이번 장에서 기술한 조직에 대한 고민과 함께 중요하게 고려되고 준비되어야 한다.**

그림 21. 그룹웨어에서 기대하는 기능들 (출처:Ecount ERP)

일반적인 한국 회사의 경우, 한국 문화를 가지고 들어오는 경우가 많기 때문에 포털 시스템을 통해 위의 **그림 21** 의 기능들이 종합된 묶음 시스템을 들여오고 싶어하는 경우가 있고, 이러한 필요를 충족해 주는 업체들도 있다. 다만 미국의 특성상 급여, 회계 시스템을 통합 시키기가 힘들기 때문에 3~4개의 별도 서비스를 동시에 운영하게 되는 경우가 많다. 예를 들면, **이메일과 결제 시스템은 한국 포털관리 시스템, 노무 및 급여는 ADP 시스템, 회계는 Quickbook 시스템, 업무 협업은 서버 클라우드 시스템 등**이다.

실시간성						비동기성
	메신저형	SNS형	프로젝트 관리형		원페이지 협업툴	
핵심 협업 기능	메신저	뉴스피드	간트차트	칸반	문서기반	
워크 플로우 문서화						
온라인 기반 업무 지시	slack / Microsoft Teams	yammer				Confluence (구독형 제공) / Notion
업무 자료 아카이빙						
비동기 커뮤니케이션		flow / asana		Trello		
업무 상황 가시성 확보					collabee (구독형 제공)	
프로젝트 별 진행 상황 추적						
개인별 업무 진행 상황 추적						
공동 공간 동시 협업						
팀별 지식 자산 공유						

그림 22. 다양한 협업툴 및 기능 소개 (출처: Collabee)

마지막으로, **서두에 설명했듯이 최근 그룹웨어를 쓰지 않는 흐름이 있다.** 그룹웨어의 주요한 기능인 이메일, 노무 및 급여, 회계등이 별도의 시스템으로 분리되는 경우, 굳이 시스템을 무겁게 묶지 않고 각각 사용하는 것이다. 특히 미국은 노무, 급여, 회계 등은 관련된 팀이 아니라면 시스템을 공유하지 않기 때문에 협업툴 만으로 업무 공유만 하는 흐름이 있다. 물론, 한국식 조직의 필요를 충족시켜주는 시스템도 있는데, 네이버에서 운영하는 Naver Works 같은 시스템은 구글 Workspace 같은 커뮤니케이션 툴에다 필요한 협업툴 및 그룹웨어 기능을 추가하는 형태의 서비스이다. 결과적으로 다시 강조하지만 시스템은 조직 문화와 조화를 이루도록 숙고해서 선정해야 한다.

그림 23. Naver Works 및 연계 서비스

IT 시스템 및 보안

최근 미국 경영계에서 가장 큰 이슈 중 하나는 보안이라고 할 수 있다. 한국 시스템에 익숙한 사람들이 미국 중소기업에서 일하면 생각보다 보안이 너무 허술하고 교육도 부족하다는 점 때문에 놀란다. 최근 이메일을 통한 피싱이나 문자나 전화를 통한 사기가 극성이고, 업무상 정보를 공유하다 보면 바로 개인 정보가 유출되는 경험을 하게 된다. 대기업은 일반적으로 사이버 보안 위협 환경으로부터 네트워크를 보호할 수 있는 리소스를 보유하고 있지만, 소규모 기업은 더 빠듯한 예산과 더 적은 리소스를 가지고 있다. 해커들은 이것이 중소기업을 표적으로 삼는 주요 이유 중 하나라는 것을 알고 있다. 실제로 업무를 보면 정말 자주 위기의 순간을 맞이하게 된다. 설상가상으로 원격 업무 인력이 있는 소규모 기업은 해결해야 할 새로운 보안 고려 사항이 있다. 사이버 공격은 심각한 결과를 초래할 수 있으며 일부 소규모 기업은 이로 인해 문을 닫아야 하는 경우도 있다. 미국 인터넷 기업 Comcast 에서 공유한 중소기업을 위한 7가지 주요 보안 권장 사항은 다음과 같다.

- **사용자 교육**: 아무리 좋은 기술도 네트워크와 데이터를 완벽하게 보호할 수 없다. 사용자 교육 및 인식 제고는 견고한 방어를 구축하는 데 중요하다. 연구에 따르면 모든 **사이버 보안 사고의 절반 이상을 작업자가 유발**하며, 인간을 IT 보안의 '가장 약한 연결 고리' 로 간주한다. 그러나 숙련된 작업자는 회사의 중요한 자산으로 사이버 보안 위협에 대한 첫 번째 방어선이 된다.

- **보안 엔드포인트**: 랩톱 및 모바일 장치는 네트워크에 대한 가장 취약한 엔드포인트 (또는 진입점) 이다. 장치가 무엇이든 모든 엔드포인트는 보안 침해를 방지하는 데 도움이 되어야 한다. 많은 기존 또는 무료 안티바이러스 도구는 소프트웨어에 기록된 서명을 기반으로 인식하는 **멀웨어 Malware 만 차단한다. 보다 정교한 엔드포인트 보호 플랫폼은 지속적으로 업데이트되는 위협 목록을 사용하여 멀웨어를 검사하고 차단하여 네트워크의 모든 장치를 보호**한다.

- **보안 패치 적용**: 사용자에게 요청되는 보안 패치 업그레이드는 무시되어 해커가 악용할 취약점을 만든다. 빠르게 확산되는 **랜섬웨어 Ransomware 공격은 매우 증가했다. 특히 원격 업무는 문제를 랜섬웨어 문제를 복잡하게 만들고 새로운 취약점을 노출시킨다. 많은 랜섬웨어 공격은 적절한 패치 관리를 통해 쉽게 고칠 수 있다. 기업은 사용자가 소프트웨어 업데이트 팝업창을 무시하지 않도록 엄격한 패치 정책을 운영해야 한다. 기업에서는 자동화된 패치 관리를 배포하여 사용자 리스크를 줄이는 것도 좋다.

- **방화벽 배포**: 방화벽은 **승인된 손님만 건물에 들어갈 수 있는 보초**로 생각할 수 있다. 방화벽은 멀웨어를 전달하는 것으로 알려진 IP 주소에 대한 액세스 거부와 같이 제어를 통해 무단 콘텐츠를 차단한다. 방화벽은 데이터를 잠그라는 명령을 하는 멀웨어 명령 및 제어 서버와 통신하지 못하게 할 수 있다. 이렇게 하면 멀웨어가 감지되어 제거될 때까지 감염을 방지할 수 있다. 방화벽을 사용하면 네트워크에 허용할 콘텐츠 유형을 선택할 수 있으므로 무단 데이터를 차단하면서도 아웃바운드 통신을 허용할 수 있다. 원격 업무의 경우 비즈니스용 인터넷과의 연결을 활용하면 도움이 될 수 있다.

- **비밀번호 정책 시행**: 사용자가 이를 거부하는 경향이 있지만 비밀번호는 필수이며 정기적으로 변경해야 한다. 사용자가 암호를 해독하기 어렵게 하려면 숫자, 특수 문자, 대문자 및 소문자 조합을 사용하도록 요구한다.

- **사고 대응 계획 준비**: 예방은 사이버 보안 전략에 중요하지만, 또 다른 중요한 구성 요소인 사고 후 대응도 무시할 수 없다. 100% 완벽한 보안 조치는 없기 때문에 기업은 침해 사고에 대비해야 한다. 모든 기업에는 **사고 대응계획 Incident Response Plan,

IRP 이 있어야 한다. 취해야 할 조치와 위반 후 대응에 대한 책임이 있는 사람을 지정한다. 일부 멀웨어 감염은 번개 같은 속도로 확산되므로 대응 시간이 중요하다. **이미 사고가 발생한 후 대응 계획을 세우는 것은 너무 늦다.** 사이버 보안 전문가들은 대부분의 기업에서 사이버 공격은 여부가 아니라 시기의 문제라고 경고한다.

- **보안 관련 팀웍 구축**: 직원 외에도 고객 및 공급업체에 위반 사실을 알려야 할 수 있으므로 관리뿐만 아니라 마케팅, PR, HR 및 법률과 같은 기타 기능을 가진 팀과 협업해야 할 일이 있다.

중소기업 오너의 88%는 자신의 비즈니스가 사이버 보안 공격에 취약하다고 생각한다고 한다. IT 시스템을 구성하면서 적절한 서비스 업체를 구해 보안 문제 까지 검토할 수 있다면 금상첨화라 하겠다. 그러나 보안에 대한 전문성을 가진 인력이 많지 않은 관계로 스스로 노력하고 늘 고민하는 것이 필요하며 필요하다면 보안 전문 업체에 따로 컨설팅을 받는 것도 필요하다.

2.5. ERP 회계 시스템 | Book and Account System

ERP 시스템이란 자재, 생산, 판매, 회계, 인사 등 기업 전반적 업무를 재구축하거나 하나의 체계로 통합하여 관련 정보를 서로 공유하며, 신속한 의사결정 및 업무가 가능하도록 설계된 업무용 소프트웨어이다. 기업은 ERP 시스템을 통해 업무시간을 단축하고 인력 및 자원을 절약할 수 있다. 이를 통해 재고 비용 및 생산 비용의 절감효과를 통해 효율성을 확보하는 등의 이점이 있어 많은 기업들이 이를 도입하고있다.

규모가 작은 사업장의 경우 비용, 시간, 인력 등의 문제로 자체 ERP 시스템을 갖기 어려우므로 외부 아웃소싱을 주로 이용하게 된다. Netsuite, SYSPRO, Epicor 같은 프로그램들이 있지만 중소기업이 많이 쓰고 회계기능에 특화된 Quickbooks 에 대하여 설명해보겠다. **Quickbooks는 크게 Quickbooks Online, Quickbooks Desktop 두 가지의 옵션이 있다.**

1. Quickbooks Online (QBO)

QBO 는 웹브라우저 기반의 회계 프로그램 중 가장 많이 쓰이는 프로그램 중 하나이다. 광범위한 작업들을 가능하게 하며 최대 25명까지 사용 가능한 멀티유저 기능도 지원하는 등 사용자에 직관적인 인터페이스를 가졌다. 중소기업에 적합하며 가격도 비교적 저렴한 Self-Employed ($15) 부터 Advanced place ($200) 까지 5단계 플랜으로 사용자의 목적에 따라 자유롭게 선택가능하다. (2022년 8월 기준)

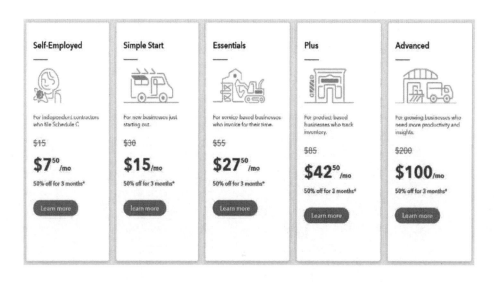

QBO 는 웹브라우저 기반답게 클라우드를 베이스로 하여 언제 어디서든 인터넷이 접속가능하다면 사용할 수 있다. 따라서 Mac 운영체제를 사용하는 경우에도 운영체제에 관계 없이 이용할 수 있다. 또한 모바일 앱도 지원하여 클라우딩을 통해 언제 어디서든 접속가능하여 접근성이 매우 좋다. 접근성이 좋은 만큼 어디서든 접속가능하기 때문에 QBD 에 비하면 보안성이 취약하다 볼 수도 있다. 친숙한 유저인터페이스로 ERP 및 회계 프로그램등을 처음 접하는 사용자들도 쉽게 사용 가능하다. 지원하는 기능으로는 **급여** Payroll, **회계** Accounting, **은행 자동 연동**, **송장발행** Invoicing, **판매세** Sales Tax 등이 있으며 **판매 오더** Sales Orders 는 지원하지 않는다.

2. Quickbooks Desktop (QBD)

QBD 는 QBO 보다는 더 넓은 기능, 다양한 **보고서** Reports 를 통해 기업을 효과적으로 운영하고자 하는 중소기업 오너에 적합하다. 간소한 인터페이스로 사용자 친화적이며 QBO 에서는 지원하지 않는 **판매 오더** Sales Order 도 지원 하며 50여개의 더 다양한 **보고서** Reports 생성 기능 등 사업운영에 전반적으로 더 용이하게 사용 가능하다. 월별로 구독하는 형식인 QBO와는 달리 QBD는 연간으로 상품을 구매하며 가격은 아래와 같다. **QBD는 재고 관리에 특히 효율적이며 재고 센터, 배송 관리자, 재고 재주문 및 재구성 등 강력한 기능을 가지고 있다.** 뿐만아니라 QBO는 서비스를 매달 구독하는 렌탈의 개념이지만 QBD는 사용자의 컴퓨터에 저장하는 소프트웨어 구매형태이다. 따라서 보안에 강하지만 그만큼 유저가 많아질수록 추가비용이 커지는 단점이 발생할 수 있다, 단, 이러한 문제는 플랜 업그레이드를 통해 일시적으로 해결할 수 있다.

대부분의 사업장의 경우 QBO 가 QBD 보다 더 적합할 수있다. QBO는 더 저렴하고 회계사나 다른 금융 이해 관계자와 기업의 정보를 쉽게 공유할 수 있으며, 로컬컴퓨터에 설치된 QBD보다 더 나은 **송장발행** Invoicing 기능을 가지고 있다. 그러나 중소기업 중에서도 규모가 크거나 로컬컴퓨터에 저장된 소프트웨어를 기업에서 선호하거나 또는 다양한 분야에서의 보고서를 원하는 경우 QBD 가 비즈니스에 더 적합할 수 있다.

3. Hosting Service

규모가 커진 스몰비즈니스를 가진 혹은 더 많은 기능의 프로그램을 원하는 스몰비즈니스 사업주들은 둘 중 어느 것을 사용할지 고민이 될 것이다. QBD의 모든 기능을 사용하면서 QBO의 장점인 어디 서든 접속 가능한 클라우드 기능을 더해 로컬컴퓨터라는 큰 제한을 극복할 대안이 여기있다. 바로 Hosting Service인데, 이를 사용하는 경우 웹기반 클라우딩 형태로 언제 어디서든 QBD가 설치된 컴퓨터 뿐만아니라 운영체제에 구애받지 않고 Quickbooks에 접속하여 사용 가능하다. 사용 유저가 많아 QBD의 선택을 고민하는 사업주들에게도 큰 장점이 될 수 있다. 클라우딩을 이용하여 여러 곳에 있는 직원들과 함께 QBD 사용 가능하다. 호스팅 서비스를 통해 받는 서비스로 인한 이점은 아래와 같다

- **Remote Access (원격접속):** 언제 어디서나 클라우드에서 QBD를 사용함으로써 운영체제에 제한이 있는 QBD와는 달리 맥에서도 호환 가능하다.

- **Data security (정보보안):** 사용자인증을 통해 해당 사용자만 엑세스 할 수 있도록 강화된 보안을 가지고 있다. (예: 로그인 ID/PW 할당 후 휴대폰 등을 이용한 2단계 인증)

- **Collaboration (협업):** 여러 컴퓨터에 QBD를 설치할 필요 없으며 여러 소프트웨어들과 상호 호환 가능하여 기업 내부 사용자 외에도 기업 외에 여러 사용자가 있는 경우 효과를 배로 볼 수 있다. 또한 세금신고시 회계사 혹은 도움이 필요할 시에도 외부 사람과의 Quickbooks 공유가 더욱 쉬워 의사소통에 매우 유리하다.

다양한 호스팅 서비스들이 Quickbooks 를 지원하지만 그 중 가장 많이 쓰이며 Quickbooks에서 공인된 Right Networks를 알아보겠다. Right Networks는 최근 클라우드 호스팅을 촉진하는 QuickBooks Desktops 호스팅 서비스 중 가장 많이 쓰이는 공급업체로 제공하는 플랜과 가격은 다음과 같다.

For Accounting Professionals

QuickBooks Desktop Cloud

$62.99/month per user

- Buy, lease, or bring your own QuickBooks Desktop License
- Google Chrome, PDF24, and printing software
- **Up to 5GB of secure cloud storage**

Review Package Details

- 1 + **ADD TO CART**

Business Cloud

$73.99/month per user

- Buy, lease, or bring your own QuickBooks Desktop License
- Google Chrome, PDF24, and printing software
- **Up to 10GB of secure cloud storage**
- **Microsoft Excel**

Review Package Details

- 1 + **ADD TO CART**

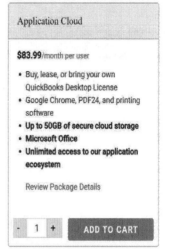

Application Cloud

$83.99/month per user

- Buy, lease, or bring your own QuickBooks Desktop License
- Google Chrome, PDF24, and printing software
- **Up to 50GB of secure cloud storage**
- **Microsoft Office**
- **Unlimited access to our application ecosystem**

Review Package Details

- 1 + **ADD TO CART**

Right Networks 를 통해 호스팅 서비스를 받음으로서 24/7 언제든지 필요로 할 때 99.99%의 네트워크 가동 시간을 보장 받을 수 있으며 문제가 생길 시 지원도 언제든 받을 수 있다. 기업의 촌각을 다투는 상황이라면 언제든 데이터에 접근 가능하고 기술지원을 받을 수 있는 것은 대단히 큰 이점이며 큰 손실을 막을 수 있는 방법이다.

또한, QBD 의 방대한 데이터를 클라우드에 보존, 운용하기에는 작업이 어려우며 안전성에 있어 문제가 될 수도 있다. 호스팅 서비스는 이를 안전하게 보관할 수 있으며 Right Networks는 90일마다 자동으로 백업을 통해 데이터를 보관하며 다중 인증을 통해 사용자의 접근을 관리하여 보안에도 뛰어나다. 이는 회사의 IT비용 및 하드웨어 비용을 절감할 수 있다. 다만, Right Netwokrs는 다른 호스팅 업체들에 비해 가격이 비싼 것이 가장 큰 단점이다. **QuickBooks 호스팅 공급자의 선택은 비즈니스에 상당한 영향을 미칠 수 있으므로 비즈니스 성장에 가장 적합한 옵션을 찾는 것이 중요하다.** 사용 편의성을 위해 QuickBooks Hosting을 선택할지 아니면 뛰어난 보고 기능을 위해 QuickBooks Online을 선택할지 여부는 비즈니스의 규모, 특성 및 요구사항에 따라 결정되므로 기업은 니즈에 따라 비교를 통해 가장 적합한 것을 선택해야 할 것이다.

2.6. 법인 내규 | Corporate Policy & Handbook

법인 정책 및 절차 제정

노무 관련 기본 원칙은 1.7장에서 다루었다. 이번 장에서는 해당 법률 및 원칙을 바탕으로 어떻게 법인 내규를 작성해야 하는지, 필수적으로 제정해야 하는 정책이 있는지, 또는 특별히 구비해야 하는 문서가 있는지 알아보도록 하겠다.

복무규정 Employee's Handbook, **사규와 취업규칙** Policy **및 절차** Procedure 는 일반적으로 사업주에게 최우선 순위는 아니다. 그러나 신생 기업이 초기 단계를 넘어 더 많은 직원을 고용하고 사업을 정상 궤도에 정착시키려면 규정이 더 중요해진다. 공식적인 사규 및 취업규칙 등은 일반적으로 법적으로 요구되지 않지만, 많은 고용주는 해당 법률을 준수하고 있음을 알리고 법적 소송이 진행되기 전에 문제 해결을 장려하기 위한 목적으로 문서상 사규를 제정하여 시행한다. 고용주는 부분별 규칙들을 보다 광범위한 **복무규정** Employee's Handbook 으로 통합하거나 사규와 취업규칙을 매뉴얼로 통합할 수 있다. 대부분의 고용주에게 적용되면서 가장 일반적으로 사용되는 정책과 그 예문은 다음과 같다.

- **At-Will Employment Policy (퇴직 및 해고 자유 조항)**

[예문] Employment with Company is "at-will." This means employees are free to resign at any time, with or without cause, and Company may terminate the employment relationship at any time, with or without cause or notice. As an at-will employee, it is not guaranteed, in any manner, that you will be employed with Company for any set period of time.

➡ 대부분의 회사는 **임의 고용** At-will 을 가정하여 운영된다. 즉, 고용주는 언제든지 직원을 해고할 수 있는 권리를 보유하며, 직원도 통지나 이유 없이 언제든지 자발적으로 퇴사할 수 있다. 대부분의 고용주는 **고용 제안서** Offer Letter 나 **고용 계약** Employment Agreement 에 이러한 원칙을 명확히 한다. 이는 핸드북이나 사규를 발행할 때 반복해서 기록한다.

• Equal Employment and Anti-Discrimination Laws and Policies (평등고용 및 차별금지)

[예문] The Company is committed to providing equal employment opportunities to all applicants and employees without regard to race, color, sex, religion, national origin, age, disability, or any other legally protected status. This equal employment opportunity commitment relates to all aspects of the employment relationship, which include selection, promotion, performance evaluation, and discharge. Any employee who is found to have violated this policy may be subject to disciplinary action, up to and including termination of employment.

→ 차별은 미국 고용주가 법적 노출되기 가장 쉬운 내용이다. 고용주는 고용 관계의 모든 단계에서 차별 클레임에 대한 잠재적 책임을 고려해야 한다. **연방 차별 금지법은 직원이 15명 이상인 사업체에만 적용되지만, 많은 주 및 지방 법률은 직원 수가 5명 이하인 사업체에도 적용되므로 주정부 포함 모든 수준의 법률을 고려해야 한다.**

→ 연방법에 따라 다양한 보호받는 계층 Protected Class 은 다음과 같다: 인종, 피부색, 종교 또는 신념, 국적 또는 혈통, 임신을 포함한 성별, 나이, 신체적 또는 정신적 장애, 재향 군인 신분, 유전 정보, 시민권

→ 많은 주 및 지방 법률은 다음과 같은 광범위한 특성에 근거한 차별을 금지하는 경우가 있다: 성적 지향, 성적 정체성 또는 그 표현, 가정 폭력의 피해자 상태, 체포 기록, 형사 유죄 판결, 실업 상태, 결혼 상태

→ Equal Employment Opportunity (EEO) 정책은 따라서 사규 또는 핸드북의 첫 번째 정책인 경우가 많다. 그만큼 소송도 많고 중요하게 생각되는 이슈이다.

• Anti-Harassment and Anti-Retaliation Policy (괴롭힘 및 보복 금지)

[예문] The Company is committed to providing a work environment in which all employees are treated with respect and dignity. The Company wants to ensure that all employees have a right to work in an environment free from discrimination and intimidation, including harassment. The Company's mission is best accomplished in an atmosphere of professionalism, which in turn is supported by mutual respect and trust.

(계속)

Consistent with this commitment, the Company prohibits harassment of any employee by any other employee on the basis of race, color, sex, religion, national origin, age, disability, sexual orientation, marital status, public assistance status, or any other legally protected status. [See Equal Employment Opportunity, above] Any employee who fails to comply with this policy may be subject to disciplinary action, up to and including termination of employment.

The Company also prohibits any form of retaliation against any employee who reports a reasonable complaint under this policy, or who is involved in an investigation of such a complaint, or who defends another in connection with a complaint under this policy. Any employee who believes that he or she has experienced retaliation in violation of this policy, should report this matter to your Supervisor, or to the Human Resources department if the alleged retaliation involves the Supervisor.

→ 고용주는 괴롭힘 방지 정책을 시행하고 유지하는 것을 고려해야 한다. 소송이 발생하면, 이러한 정책은 괴롭힘을 예방하고 시정하기 위한 **합리적인 주의** Reasonable Care 를 다하였음을 입증하는 데 도움이 된다. 특히 이는 **적대적인 업무 환경** Hostile Work Enviroment 괴롭힘 소송의 주요 방어수단이다.

→ 특히, 각 주정부는 성희롱과 괴롭힘 관련 법률을 강화하고 있는 추세이고, 교육 계획 및 정책 수립을 의무화 하고 있다. 뉴욕, 캘리포니아, 코네티컷, 메인, 일리노이 주등에서는 적극적으로 법률 의무를 제정하고 있음에 유의해야 한다.

→ 고용주는 내부 불만 제기, 고발 및 소송 제기와 같이 **특정 활동** Protected Activity 에 참여하는 직원에 대해 불리한 고용 조치를 취하는 것이 금지된다. 보복을 이유로 소송을 제기하는 당사자는 소송의 사유에 대해 **신의에 기반한 확신** Good Faith Belief 만 있어도 승소할 수 있다. 따라서, 회사 내에서 보복 방지 정책을 강력히 시행하고 교육하는 일은 매우 중요하다.

· Disability and Religious Accommodation Policies (장애 및 종교 지원 정책)

[예문] Company complies with the Americans with Disabilities Act (ADA), as amended by the ADA Amendments Act, the Illinois Human Rights Act (IHRA) and all applicable state and local law. Consistent with those requirements, Company will reasonably accommodate qualified individuals with a disability if such accommodation would allow the individual to perform the essential functions of the job, unless doing so would create an undue hardship. If you believe you need an accommodation, refer any such request to [DEPARTMENT NAME] Department/ please make a request under Company's [DISABILITY ACCOMMODATIONS POLICY]]. Company will also, where appropriate, provide reasonable accommodations for an employee's religious beliefs or practices.

→ 직원이 15명 이상인 사업장은 수정 미국 장애인법 (Americans with Disabilities Act Amendements Act) 의 적용을 받는다. 그러나 15인 이하라도 장애가 있는 직원을 보호하기 위한 주 또는 지역 법률의 적용을 받을 수 있다.

→ ADA는 해당 고용주가 장애를 이유로 자격을 갖춘 개인을 차별하는 것을 금지하고 고용주가 장애를 가진 개인에게 합리적인 편의를 제공할 것을 요구한다. 합리적인 편의는 장애가 있는 개인이 업무 수행을 가능하게 하는 (업무, 직장 또는 지원) 절차의 변경이다. 직원이 장애에 대한 편의를 요청하면 고용주는 해당 개인과 **상담 프로세스** Interactive Process 에 참여해야 하며, 고용주에게 **과도한 어려움** Undue Hardship 을 야기하지 않는 한 **자격을 갖춘 개인** Qualified Individual 에게 합리적인 편의를 제공해야 한다.

→ 직원이 15명 이상인 사업체는 또한 민권법 (Title VII of Civil Rights Act) 에 따라 직원에게 **합당한 종교적 편의** Resonable Religious Accommodation 를 제공할 수 있다. 주 또는 지방 법률도 중소기업 고용주에게 유사한 편의를 요구할 수 있다. 해당 고용주는 편의제공 요청에 대응하기 위한 통일된 기준과 절차를 만들고 이를 유지하는 것을 고려해야 한다.

· **Sick Leave, Holiday, Vacation, and Paid Time Off Policies (병가, 공휴일, 휴가 정책)**

[예문] **PTO**: Paid Time Off ("PTO") is designed to increase the flexibility of time-off benefits for employees by combining accrued time off benefits into a single bank of time. This time can be used in the employee's discretion with the appropriate supervisory approval. **PTO covers vacations, sick leave (for both employee and family members), and other leaves such as days off for funerals, school activities, or jury duty.**

PTO is available to regular/fulltime employees according to the following schedule:

Years of Service	PTO Per Year*
Three years or less	10 days**
Four and more years	10 days, plus 1 day per additional year served (Max. 25 days)

*PTO made available to employees each January 1. **New Employees who begin employment after January 1 are eligible for PTO on a prorated basis based upon the remaining months of the year.

Holiday: The Company observes the following holidays: **New Year's Day, Independence Day (July 4), Thanksgiving Day, Memorial Day, Labor Day, Christmas Day.** On these holidays, the corporate office will be closed unless otherwise directed. All full-time employees are eligible to receive holiday pay for these Company observed holidays upon completion of three (3) consecutive months of service.

→ 민간 고용주는 연방법에 따른 유급 휴가, 휴가 또는 병가를 제공할 의무가 없지만 많은 고용주가 그렇게 한다. **그리고 고용주가 유급 병가 또는 기타 이에 상응하는 휴가를 제공해야하는 주가 늘어나고 있다.** (예: 일리노이주는 6개월 이상 근무자에게 40시간 근무 당 1시간의 병가를 줘야하고, 사용은 1년에 40시간으로 제한된다)

→ 미국은 연차를 제공해야 하는 법률이 없다. 하지만 고용주는 일반적으로 생산성 제고를 위해 **유급 휴가** Paid Time Off, PTO 를 지정한다. 일부 고용주는 직원의 직업 분류 또는 조직에서의 근속 기간에 따라 일정 수의 휴가 또는 병가를 추가 지원한다. 이러한 휴가는 그 사용 및 제한 사항을 명확하게 설명하는 정책이 필요하다. 그 내용은 다음과 같다: **지정된 유급 휴일, 직원이 받을 수 있는 휴가 및 병가 일수 및 발생 방식, 휴가 승인 방식, 휴가 또는 병가의 이월** Carryover 방식 (캘리포니아는 미사용 휴가의 몰수가 금지됨, 뉴욕은 이월 또는 급여지급 허가 의무 있음), 해고시 휴가 보상 여부

· **Family and Medical Leave (연방 가족 및 의료 휴가)**

General Provisions
Under this policy, Company will grant up to 12 weeks (or up to 26 weeks of military caregiver leave to care for a covered service member with a serious injury or illness) during a 12 month period to eligible employees. The leave may be paid, unpaid or a combination of paid and unpaid leave, depending on the circumstances of the leave and as specified in this policy.

Eligibility
To qualify to take family or medical leave under this policy, the employee must meet the following conditions: (생략)

Type of Leave Covered
To qualify as FMLA leave under this policy, the employee must be taking leave for one of the reasons listed below:
* The birth of a child and in order to care for that child.
* The placement of a child for adoption or foster care and to care for the child.
* To care for a spouse, child or parent with a serious health condition (Under the FMLA, a "spouse" means a husband or wife as defined under the law in the state where the employee resides, including same-sex marriages in states that legally recognize such civil unions).
* The serious health condition (described below) of the employee.

An employee may take leave because of a serious health condition that makes the employee unable to perform the functions of the employee's position.

→ 연방법 (직원 50명 이상) 및 많은 주법은 특정 규모의 사업장에서 직원 자신 또는 가족 구성원의 의료로 인해 또는 자녀의 출생 또는 입양으로 인해 직원에게 무급 휴가를 제공하도록 한다. 이를 **가족보건휴가법 Family and Medical Leave Act,FMLA** 라고 부른다. 대부분의 경우 FMLA 휴가는 고용주가 지정한 12개월 동안 최대 12주까지 연장가능하지만 군인 가족을 돌보기 위해 최대 26주의 휴가가 제공된다.

→ 대부분 설립 법인은 소규모이기 때문에 FMLA의 적용을 받지 않지만 사업이 성장하면 이러한 요구 사항이 있다는 점을 기억해야 한다. 또한 일부 주 또는 카운티 등 에서는 FMLA가 적용되지 않는 소규모 고용주가 이와 유사한 휴가를 부여하도록 요구한다.

· Social Media, Internet, Email Monitoring, and BYOD Policies (모니터링, 개인기기 사용)

→ 일부 고용주는 회사의 보안과 직원의 위법 행위 방지 등을 위해 직원에 대한 전자 모니터링을 하는 경우가 있다. 이 때 다양한 법률(연방 및 주 도청, 개인 정보 보호 및 데이터 보안, 노동 및 고용법 포함)을 준수해야 하며 그렇지 않으면 상당한 법적 리스크가 있다. 이를 위해 법적인 방어가 충분히 된 정책을 명시하는 것이 좋다. 이때, 직원의 컴퓨터 시스템은 모니터링 되며, 이는 사업 목적상 필요하고, 기본적인 권리를 보호하고 있음을 명시하면 좋다.

→ 소셜 미디어 정책의 경우 고용주는 업무상 허용 가능한 사용과 허용되지 않는 사용을 사전에 명확히 하는 것이 중요하다. 고용주는 소셜 미디어 정책의 목적과 목표를 신중하게 고려해야 한다. 이 때 소셜 미디어 사용에 대한 고용주의 태도, 고용주의 사업 성격, 직원의 특성과 직장 환경, National Labor Relations Act에 따라 보호되는 활동에 대한 제한을 고려한다.

→ Bring Your Own Device, BYOD 정책은 직원이 업무 관련 목적으로 자신의 모바일 장치를 사용하도록 허용하거나 개인 소유의 장치를 통해 회사 서버에 대한 액세스를 허용할 수도 있다. 이 정책은 보안, 필요한 보상, 정보의 삭제 및 반납 등을 고려해야 한다.

· Code of Conduct, Code of Ethics, and Conflicts of Interest Policy (윤리 기준)

The Company seeks to conduct its business activities with integrity, fairness, and in accordance with the ethical standards expressed in this Handbook. As an employee, you are obligated to uphold the Company's ethical standards in every business activity. If at any time, employees have any doubt as to the ethical standards of an activity, they are urged to discuss it with their Supervisor.

The Company does not limit an employee's activities during non-working hours unless those activities interfere with or are in conflict with the performance of his/her job, or create a conflict of interest. Conflicts of interest are any activity or business practice that directly conflicts with the best interest of the Company. Such activities may include financial or other kickbacks, conducting business with relatives or friends, or divulging Company information to outside sources. Employees are expected to conduct themselves and any business dealings so that at no time a conflict of interest may be present.

Business Expense and Reimbursement Policies (경비 보전)

The Company will reimburse reasonable work related expenses provided the following guidelines are followed:

* The appropriate form must be completed for all reimbursement requests.
* Requests for reimbursement of any kind must be submitted to the Supervisor within one (1) week of the expense being incurred. Mileage forms are to be submitted weekly.
* Receipts are required on all reimbursements.
* Expenses must be pre-approved by your Supervisor.

Local Travel

Local travel is defined as travel to a point of destination in either the Metropolitan area or their suburbs. An employee in his/her automobile for the benefit of the Company during authorized working hours will be entitled to a travel reimbursement claimed at a set rate. The Company may also reimburse the employee for any parking fees incurred. The Company may reimburse the employee for the actual costs incurred when travel is made by other means of transportation. To be reimbursed for local travel expenses, an employee must complete the proper mileage expense reimbursement form and submit all receipts. Commuting miles are not a work related expense and thus are not reimbursable to the employee.

Out-of-Town Travel

Out-of-town travel is defined as travel to a point of destination other than the Metropolitan area, or their immediate suburbs. Such travel must have written approval of the Supervisor. To be reimbursed for out-of-town travel expenses, an employee must complete the proper travel expense form and submit all receipts.

Pre-payment will be made, when possible, for conference or convention registrations, hotel deposits, and airline fares. Hotel accommodations must be at the single room rate and airline accommodations must be at the best available rate.

→ 직원이 출장 및 정규 업무를 수행하는 동안 발생하는 경비는 Per Diem 이라고 부르며, 명확한 보상 정책이 필요하다. 정책을 작성하거나 검토할 때 고용주는 다음을 고려해야 한다: **해당 주법 상 고용주가 상환할 비용 범위, 영수증 또는 기타 증빙 서류를 제출하도록 요구할지 여부, 관리자나 감독자의 사전 승인이 필요한 비용 범위, 상환 요청을 승인하거나 감사할 권한이 있는 자**

→ 비용보전 정책은 모든 직원에게 일관되게 적용하고 예외 사항은 명확하게 문서화 해야한다.

· Performance Reviews and Talent Management (성과 평가 및 관리)

Employee performance is reviewed informally on a daily basis. A formal employee performance review will be conducted approximately every six (6) months. At the employee's annual review time, the employee and his/her manager will plan the goals for the upcoming year for the employee.

→ 성과를 평가하고 관리하면 사업 원칙과 우선 순위를 강화하고, 직원이 개발하기를 원하는 기술을 육성하는 데 도움이 될 수 있다. 또한 개별 직원 및 회사 성과를 개선하는 데 필요한 정보를 수집할 수 있다.

→ 성과 평가를 잘못 시행하면 직원이 고용 관련 소송에서 사용할 증거를 제공할 수 있으며 성과 평가를 전혀 하지 않는 것보다 더 나쁘다. 해당 정책은 다음을 확인해야 한다.
 · 효과적이고 정직한 평가 수행 및 문서화
 · 평가 시 명확한 기준을 사용 (가능한 한 많은 세부 평가정보 사용)
 · 직원 피드백을 함께 고려할지 결정
 · 평가 결과는 감정적이거나 냉소적이거나 불필요한 말이 없어야 함

· Compensation and Work Hours (취업규칙)

[예문] WORK HOURS
Work hours vary by location. All employees are expected to be at their respective work areas during all working hours when scheduled. Regular Corporate Office hours are 8:30 AM to 5:30 PM, Monday through Friday.

WORK SCHEDULE
Work schedules vary by location; however, employees are informed of their regular work schedule upon hire. Employees' schedules may be changed due to the Company's and/or customer's needs. Employees will be given a reasonable notice of schedule changes

BREAKS

It is the Company's policy to grant an unpaid thirty (30) minute break for every (4) hours or more hours worked. Break times are at Supervisor's discretion. In order to provide optimal, quality service to the Company's customers, the Company cannot guarantee the same break time every day. It is important to plan breaks with others to ensure departmental coverage is maintained. Since the break is unpaid and considered non-work time, employees should use this time, rather than paid work time, to conduct any personal business.

PAY PERIOD AND PAY CHECKS

The pay period is on a semi-monthly schedule. The work weeks begins on 1st day and ends on 15th day of the month and begins on 16th day of the month and ends on last day of the month. Checks are issued last day of each pay period, following the close of a pay period. If a payday falls on a holiday, paychecks or bank deposit will be distributed on the last working day prior to the holiday. Employees should review and verify paycheck information on a regular basis so any necessary changes can be made as soon as possible. Employees who would like their paychecks directly deposited into a bank account of their choosing should contact their Supervisor.

PAYROLL DEDUCTIONS

Normal payroll deductions for federal and state income tax, FICA, and Medicare will automatically be deducted from your paycheck and the monthly medical insurance allowance based on information you provide to the Company. Other payroll deductions required or permitted by law (e.g., garnishments and child support) will also be made when appropriate. Additionally, voluntary deductions for other purposes, such as medical insurance, may be allowed.

TIME RECORDING PROCEDURES

All employees paid on an hourly basis are required to accurately record the time they begin and end their work.

OVERTIME

It is the Company's policy to comply with federal and state wage and hour laws. This includes properly compensating overtime. Only non-exempt employees are eligible for overtime pay. Compensation for overtime is one-and-one-half times the regular rate of pay for all hours worked over 40 in a work week, depending upon applicable laws. Overtime may not be permitted without prior approval of the Supervisor.

WAGE AND HOUR COMPLIANCE

It is the policy of Company to comply with state and federal laws regarding payment of wages and related payroll taxes and to investigate and correct any improper payroll deductions or other payroll practices that do not comply with these laws. The Company takes all reasonable steps to ensure that employees receive the correct amount of pay in each paycheck and that employees are paid promptly on the scheduled payday.

→ 설립 초기 임금 및 근무 시간 준수는 중요한 이슈이다. 회사의 인력이 충원되거나 비즈니스가 추가 자금 조달, 공모 또는 인수를 고려할 경우 점점 더 중요한 이슈가 된다. 때문에 설립 초기 법인은 **근로자를 면제 Exemption 또는 비면제 Non-exemption 로 분류, 최저 임금 및 초과 근무에 관한 법률을 준수, 근로자가 독립 계약자로 부적절하게 분류**되지 않도록 하는 등의 이슈를 미리 점검해야 한다.

→ 이미 언급했지만, 직원을 **면제 Exemption 로** 잘못 분류한 경우 소송의 대상이 될 수 있다. **공정노동기준법** Wages and Fair Labor Standard Act, FLSA 에 따라 고용주는 해당 직원에게 최소한 최저 임금을 지급해야 한다. 또한 직원은 **비면제 Non-exemption**인 경우 주당 40시간을 초과하여 근무한 시간에 대해 초과 근무 수당을 받아야 한다. 이미 1.7장에서 언급했듯이, 면제 조건은 (i) 업무: Executive, Administrative, Professional, Computer professional 등 주요 보직과, (ii) 급여: $35,568 이상 (2022년도 노동부 가이드라인) 이다.

→ 면제 직원에 대한 일반적인 오해는 연봉제 직원은 초과 수당이 없으므로 면제가 아닌가 하는 점이다. 그러나 단순히 직원에게 급여를 지급하는 것만으로는 면제 자격이 되지 않고, 적절한 분류를 위해서는 직무 기술서에 나열된 것뿐만 아니라 직원이 실제로 수행한 업무 및 급여와의 연관성에 대한 고려가 필요하다. 즉, 면제에 해당하는 업무 내용이 적고 해당 임금이 기준 이하일 경우 비면제를 고려해야 한다는 것이다.

→ 직원이 연방 **공정노동기준법** FLSA 및 해당 주법에 따라 초과 근무 **면제 Exemption** 자격이 있음을 입증할 수 없는 경우, 고용주는 모든 **비면제 Non-exemption** 직원에게 임금에 따른 최저 임금 및 초과 근무 수당을 지급해야 한다. 초과 근무는 일반적으로 연방법에 따라 주당 40시간 이상 근무한 모든 시간에 대해 직원의 시간당 급여율의 1.5배로 계산되지만, 주법에서 따로 정하는 바를 따라야 할 수도 있다.

→ 고용주들은 근로자를 직원이 아닌 **독립 계약직** Independent Contractor 으로 분류하여 매년 상당한 세금 및 부담금을 피하려고 한다. 이들에게는 회사가 부담하는 세금이나 부대비용이 없기 때문이다. 많은 신생 기업은 비즈니스 구축 또는 제품 설계를 돕기 위해 독립 계약직을 사용한다. **이들이 용역과 다른점은 회사가 아닌 개인으로 계약한다는 점이다.** 그러나, 단순한 파트타임, 계절적 임시직, 인턴이라는 이유로 근로자를 독립계약자로 분류하면 안된다. 연방 대법원과 국세청은 직원과 계약직의 차이를 구체적으로 명시하였다. 가장 중요한 부분은 고용주의 통제를 받는 직원인지, 독립적인 단위로서의 계약자인지 이다.

※ 유의점: 미국은 헌법 1조 8절에 의해 연방이 개별 주의 자치에 간섭할 수 있는 예외를 두고 있는데, 이를 Interstate Commerce 조항 또는 통상 조항이라고 부른다. 즉, 예외 (예, FMLA) 가 없는 한 연방법이 적용되는 경우는 각 주 사이에 상업 활동이 일어나는 경우로 제한되어 있다. 따라서 연방 노동법이 적용되는 경우는 사업의 성격 상 설립주 외의 다른 주와 상업 교류가 있어야 한다. (참고: https://webapps.dol.gov/elaws/elg/minwage.htm) 그러나 현실적으로 연방 노동법인 주법에 흡수되는 경향이 있으므로 주법도 확인해야 함에 유의해야 한다.

2.7. 인력선발 | Employee Recruiting

신규 법인의 가장 큰 업무 중 하나라고 한다면 인력을 선발하는 작업일 것이다. 이미 2.4장에서 언급했듯이, 조직의 구성이 어떠한가에 따라서 뽑아야 하는 인력의 직위, 경력, 급여 수준이 다르기 때문이다. 한국 파견 인력이 메니징을 해야 하는 회사라면 굳이 경력직을 뽑지 않을 가능성도 있으나, 결국 초기 정착을 위해 현지 경력자를 뽑게 될 가능성이 높다. 이 과정에서 인력 요청부서의 필요를 파악하고, 공고문을 작성하고, 면접을 보고 계약을 체결하는 전 과정이 법률적 리스크를 지는 법인의 법률행위이기 때문에 각 단계별로 주의를 요한다. 이번 장에서는 인력선발의 전반적인 과정과 유의점을 알아보도록 하겠다.

우선 신규 법인의 인력 선발 과정은 '**인력 채용 공고 → 면접 → 채용여부 결정 → 급여 및 복지 책정 → 채용 제안 Offer / 채용 거부 → 직원 개인 자료 수집 → 직원 등록**' 의 절차로 진행된다. 이러한 절차를 진행하기 전에 유의해야 할 점을 몇 가지 나열하면 다음과 같다.

- **차별금지**: 선발과정 중 **보호받는 계층** Protected Class 을 대상으로 차별이나 보복의 행위를 해서는 안된다.

- **기존직장 정보**: 기존 직장의 급여를 묻는 것은 많은 주에서 금지되어 있다. 그러나 기존 직장에서 다룬 기밀 등으로 인해 현 직장의 업무에 영향을 미치는 것이 있는지, 기존 직장 경험에 비추어 이번 직장에 기대하는 연봉 수준이나 복지 등은 물을 수 있다.

- **이민법**: 신규 직원의 **이민법상 상태** Status 를 파악하는 것은 중요한 업무이다. 기본적으로 I-9 이라는 문서를 받고, 관련된 증빙을 확인해야 한다. 물론, 이민법 상 상태를 이유로 차별하는 행위 또한 이민법상 감사 대상이다.

- **신원조회**: 미국은 **신원조회** Background Check 가 일반화 되어 있고, 이를 위해 전문 용역사를 사용하기도 한다 (사전동의필수). 신원조회 시 범죄경력사항이나 신용정보 등을 검색하는 것이 주마다 불법인 경우도 있다. SNS 등 소셜미디어를 통한 일반적인 조회를 하는 경우도 많으나 이를 통해 얻은 정보가 **보호받는 계층** Protected Class 에 대한 차별의 근거가 될 수 있음에 유의해야 한다.

인력 채용 공고

신규 법인이 인력을 구하는 방법은 다양한데, 그 중 가장 접근이 쉬운 방법은 Indeed 등의 인터넷 플랫폼에서 법인 정보를 등록하고 채용 공고를 띄우는 것이다. 최근 Indeed 등의 취업 플랫폼의 사용으로 많은 지원자들과 접촉할 수 있는 방법이 생겼다. 다만, 필요한 인력에 대한 정확한 정보를 공지하지 않으면 상당히 많은 지원자들의 지원서를 일일이 검토해야 할 수 있다. 또한, 플랫폼의 경우 최대한 채용 공고를 외부에 노출하기 위해 비용을 지불하는 옵션도 선택할 수 있다. 다른 한편으로 전통적인 방법으로 리쿠르팅 서비스 업체나 헤드헌터를 통하는 방법이 있다. 이 경우 정확하게 원하는 인력을 소개 받을 수 있는 장점이 있다. 다만, 업체마다 다르지만 일반적으로 수수료 및 성공보수 등을 지불해야 하고 취업 플랫폼보다 높은 비용을 지급한다.

일반적으로 채용 공고에는 다음 내용이 들어간다. 참고로, 이 목록은 일반적인 경우이며 인터넷 플랫폼으로 구인을 진행할 경우 질문을 따라가며 문항을 채우면 자동적으로 채용 공고가 완성되게 된다.

- Introduction to the Company
- Job title and type of contract/ objective or overall purpose statement
- Summary of the general nature and level of the job, position
- Key functional and relational responsibilities in order of significance
- Job specifications, standards, and required skills and qualifications
- Job location where the work will be performed
- Required experience, degrees, language
- Benefits, and payroll related information

무엇보다 중요한 것은 채용 부서와 인력 충원 부서 간 커뮤니케이션을 통해 위 내용을 충분히 협의하는 것이다. 그리고 더불어 **채용 인력은 정규직인지 독립 계약직 Independent Contractor 인지, 기간을 두고 계약을 할 것인지 임의 고용 At-will 직원 인지, 어떤 방식으로 신원 조회를 진행할 것인지, 직위 및 그에 연동한 급여 및 복지 수준은 어느 정도인지, 회사와 직원 간 필요한 계약은 어떤 것이 있는지 (고용계약, 기밀보호 Confidentiality, 경쟁방지 Non-competition, 중재합의 Arbitration, 지적재산권 보호 Proprietary Rights, 직원 및 고객 이탈 회유 금지 Non-Solicitation), 이력서 외에 특별한 신청서 Application Form 를 사용할 것인지** 등을 HR 차원에서 미리 결정해 놓는 것도 매우 중요한 부분이다.

면접

면접은 고용 과정에서 가장 중요한데, 면접 대상의 핵심적인 필요와 직무에 대한 태도를 알 수 있을 뿐 아니라 내부 직원 간 면접 대상에 대해 집중적으로 협의하고 회사 측의 요구사항 및 업무 부서의 요구사항을 직접 소통할 수 있는 시간이기 때문이다. 따라서, 우선적으로 인터뷰 방식과 참여 인원을 내부적으로 결정하는 것이 중요하다. 설립 초기에 모든 부분을 완벽히 진행하기는 어렵지만 회사 측에서도 회사의 모습을 알릴 수 있는 기회이기 때문에 적어도 필수 참여 인원 (업무관련자, 직상위자, HR 담당자 등) 선정, 면접 대상자 정보 사전 공유 및 보안 요청, 면접 방식 및 질문 내용 사전 공유, 면접 시 유의할 사항 등을 주관 부서에서 미리 점검해야 한다.

면접 시 유의할 사항을 나열해 보면 다음과 같다.

- **보호받는 계층** Protected Class 에 관한 질문이 유도되지 않도록 한다.
- 이력서를 미리 충분히 숙지하도록 하고, 궁금한 점을 명확히 질문한다.
- 직무 경험, 태도, 성격, 능력 등을 파악하기 위한 공통 질문을 준비할 수 있다.
- 범죄 기소 전력, 군 경력 등을 (법률 확인 후) 지원서류 또는 면접에서 물을 수 있다
- **다음과 관련된 질문은 하지 않는다.**
  - 나이, 생년월일, 주소, 종교, 부모님의 성, 결혼 여부, 동거 여부, 임신 여부, 자녀 수, 자녀 양육 여부, 다른 가족 직업, 거주 상태, 성적 취향, 군복무 여부, 재정상태, 산재보험 신청 여부, 시민권자/영주권자/방문자 여부, 정치성향, 실업급여 수령 여부, 고용주와의 분쟁 여부 등
- **장애를 인지하지 않은 상태에서 대한 다음 질문은 하지 않는다.**
  - 광범위한 장애 여부 질문, 광범위한 건강 문제 및 치료 여부, 장애 원인, 장애로 인한 휴가/병가 등 사용 계획, 정신질환 여부, 음주 및 약물복용 여부 등
  - **단,** 장애와 간접적으로 관련된 질문 (예, 근무 조건에 맞출 수 있는지, 출퇴근 시간 준수 가능한지 등)은 할 수 있고, 눈에 보이는 장애에 대해서 근무 조건 준수 가능 여부 질문 가능

면접 후 고려해야할 사항들은 다음과 같다.

- **신원조회 및 학력조회** 가 별도로 필요할지, 레퍼런스 체크를 할 것인지?
  - 레퍼런스 체크는 지원자의 주변인물 및 이전 직장 연락처를 받아 연락하는 방식
  - 레퍼런스 체크 서류는 문서화 하여 기록하도록 한다 (법률 대응용)
  - 학력 조회는 지원자의 사전 동의가 필요함
- 내부 협의 및 채용 평가 결과를 문서화 하여 남기도록 한다. (법률 대응용)
- 추가 정보가 필요할 경우 지원자에게 지체없이 연락하여 요청하도록 한다.

채용 제안 Offer

채용을 결정한 경우 조건을 협의하고 문서화 할 수 있다. 다만, 미국의 경우 한국과는 달리 고용계약서를 쓰지 않는 경우도 많고, 이것이 문제가 되지는 않는다. 고용주들은 상황에 따라 **구두로 채용을 제안하거나, 간단한 채용 제안서** Offer Letter **를 쓰거나, 정식 채용 계약서를 체결**한다. 각자 장단점이 있는데, 채용 조건에 대한 합의가 중요하고 회사에서 중요한 인력일수록 문서를 통한 채용을 하는 경우가 많다. 반대로 문서로 작성 시 **임의 고용** At-will 조건에 대한 오해가 있을 수 있어 위해 구두로 채용하거나 구두로 재계약하는 경우도 많다. 다만 **독립 계약직** Independent Contractor 에 대해서는 계약이 필요한 주도 있다.

여기서는 가장 일반적인 경우로, **채용 제안서** Offer Letter **를** 쓰는 경우 어떤 내용이 들어가는지 예문을 통해 보도록 하겠다. 고용 계약 관련 문서 및 해고와 관련된 사항은 3.10장을 참고하면 된다.

[예문] Offer Letter (출처: https://resources.workable.com/job-offer-email-template)

Dear [Candidate_name],

We were all very excited to get to know you over the past few days. We have been impressed with your background and would like to formally offer you the position of **[Job_title]**. This is a **[full/part]** time position **[mention working days and hours]**. You will be reporting to the head of the **[Department_name]** department. Please note that **[Company_name]** is an at-will employer. 임의 고용 형태임을 명시하는 경우, 계약 기간 설정 등 상충되는 조항을 피한다. That means that either you or **[Company_name]** are free to end the employment relationship at any time, with or without notice or cause.

We will be offering you an annual gross salary of **[$X]** and **[mention bonus programs, if applicable.]** 급여 및 보너스에 대해서는 기록하지 않아도 되고, 협의가 완료된 후 따로 구두 합의 할 수도 있다. You will also have **[mention benefits as per company policy, like health and insurance plan, corporate mobile or travel expenses]** and **[X]** days of paid time off per year.

Your expected starting date is [date.] As a condition to the employment, you will be asked to sign [mention agreements, like arbitration, confidentiality, nondisclosure and noncompete] at the beginning of your employment. Please also be informed that we will ask you I-9 for the check of your status and employment is conditioned at our verification of your status. 고용 직전 각종 계약 및 서류를 수령해야 하면 여기서 문제가 발생할 경우 고용이 취소될 수 있음을 명시하는 것이 좋다.

We would like to have your response by [date.] In the meantime, please feel free to contact me or [Manager_name] via email or phone on [provide contact details], should you have any questions.

We are all looking forward to having you on our team.
Best regards,
[your name]
[Signature]

개인자료 수집

일단 선발된 인원에 대해서는 시스템에 등록하고 연방 및 주정부에 보고하기 위한 다음 기본 정보를 수령해야 한다.

1. Tax Form

해당 내용은 이미 여러 번 설명한 W-4와 관련된 내용이다. 기본적으로 고용주는 다음 세 가지 형식을 연방국세청 IRS 및 주정부 국세청에 신고해야 한다. 단, 이 모든 작업은 **급여지급대행사** Payroll Service 를 사용하면 대행 신청해 준다.
- **W-4**: 개인 납세자의 **원천징수 방식, 공제 선 적용 금액, 면세 금액** 등의 보고
- **W-2**: 납세자의 연말 최종 원천징수액을 1.5장의 원천징수 항목별로 분류해 보고
- **주정부 W-4**: 개인 납세자의 원천징수에 대한 **주정부 요청 정보**의 보고
- **Form 941**: 고용주는 분기별로 원천징수 항목의 납부 내역을 신고

2. Immigration Form

고용주는 직원이 **이민법상 고용 가능** Eligibility to Work 상태인지 확인해야 할 의무가 있다. 고용 3일 내에 고용주는 I-9 형식을 직원에게 수령해야 하고, 해당 문서에 적법하게 요구할 수 있는 서류를 아래 표에서 요청해야 한다.

LISTS OF ACCEPTABLE DOCUMENTS
All documents must be UNEXPIRED

Employees may present one selection from List A
or a combination of one selection from List B and one selection from List C.

LIST A Documents that Establish Both Identity and Employment Authorization		LIST B Documents that Establish Identity		LIST C Documents that Establish Employment Authorization
1. U.S. Passport or U.S. Passport Card	**OR**	1. Driver's license or ID card issued by a State or outlying possession of the United States provided it contains a photograph or information such as name, date of birth, gender, height, eye color, and address	**AND**	1. A Social Security Account Number card, unless the card includes one of the following restrictions: (1) NOT VALID FOR EMPLOYMENT (2) VALID FOR WORK ONLY WITH INS AUTHORIZATION (3) VALID FOR WORK ONLY WITH DHS AUTHORIZATION
2. Permanent Resident Card or Alien Registration Receipt Card (Form I-551)				
3. Foreign passport that contains a temporary I-551 stamp or temporary I-551 printed notation on a machine-readable immigrant visa		2. ID card issued by federal, state or local government agencies or entities, provided it contains a photograph or information such as name, date of birth, gender, height, eye color, and address		2. Certification of report of birth issued by the Department of State (Forms DS-1350, FS-545, FS-240)
4. Employment Authorization Document that contains a photograph (Form I-766)		3. School ID card with a photograph		3. Original or certified copy of birth certificate issued by a State, county, municipal authority, or territory of the United States bearing an official seal
5. For a nonimmigrant alien authorized to work for a specific employer because of his or her status: a. Foreign passport; and b. Form I-94 or Form I-94A that has the following: (1) The same name as the passport; and (2) An endorsement of the alien's nonimmigrant status as long as that period of endorsement has not yet expired and the proposed employment is not in conflict with any restrictions or limitations identified on the form.		4. Voter's registration card		
		5. U.S. Military card or draft record		4. Native American tribal document
		6. Military dependent's ID card		5. U.S. Citizen ID Card (Form I-197)
		7. U.S. Coast Guard Merchant Mariner Card		6. Identification Card for Use of Resident Citizen in the United States (Form I-179)
		8. Native American tribal document		
		9. Driver's license issued by a Canadian government authority		7. Employment authorization document issued by the Department of Homeland Security
6. Passport from the Federated States of Micronesia (FSM) or the Republic of the Marshall Islands (RMI) with Form I-94 or Form I-94A indicating nonimmigrant admission under the Compact of Free Association Between the United States and the FSM or RMI		**For persons under age 18 who are unable to present a document listed above:** 10. School record or report card 11. Clinic, doctor, or hospital record 12. Day-care or nursery school record		

그림 24. I-9 에 첨부된 고용 가능 확인을 위한 개인 정보

추가로 **E-Verify 시스템**이 있는데, 이것은 I-9 정보를 바탕으로 **이민법상 고용 가능** Eligibility to Work 상태를 확인해 주는 사이트로 이민국에 직접 불법 이민자가 신고되는 시스템이다. 따라서, 각 주별로 정치적 성향에 따라 적용 의무 여부가 다름에 유의해야 한다.

3. New Hire Reporting

각 주정부는 고용주가 신규 인력을 고용할 경우 의무적으로 신고하도록 제도화 하고 있다. 이는 아동 양육 수당 관련 임금 채권 등이 있는 자에 대한 처리를 위한 것이다. 일반적으로는 **급여지급대행사** Payroll Service 시스템에서 자동으로 등록해 준다.

4. Workers' Compensation

고용주는 의무적으로 모든 직원을 대상으로 **산재보험** Workers' Compensation 에 가입해야 한다. 이 부분은 2.9장에서 자세히 보도록 하겠다.

개인정보 등록

이 모든 정보는 **급여지급대행사** Payroll Service 시스템에 등록해야 급여 지급 및 원천징수가 가능하다. 자세한 내용은 2.2항을 참고하기 바란다.

[참고] 직원 개인 정보 보관 Recordkeeping 리스트 (보안을 위해 별도 보관 필요)

- **직원 개인 정보:** 이름, 주소, 전화 번호, 이메일 주소, 계좌 입금 정보, 비상 연락처 정보, 생년월일, 직업, 사회 보장 번호 SSN 및 복지 플랜 가입 정보 (ADP 등 형식 사용)
- **고용 정보:** 고용제안서, 고용 자격 데이터, 풀타임 또는 파트타임 상태, 신원조회, 추천인, 회사 정책 확인서 서명본, 평가 및 해고 관련 서류
- **근무상황:** 정규 근무 시간, 초과 근무 시간 및 1일 근무 시간, 근무 주 및 급여 기간 등
- **급여 정보:** 급여 수준 (시간요율), 근무 주 시작 및 종료 날짜, 총 근무 시간, 계약 또는 직원의 급여 기준 (예: 시급, 급여, 커미션 지급 등), 직원의 분류 (예: 면제 또는 비면제)
- **세금 문서:** W-4, 원천징수 증명서, 주정부 세금 원천징수 증명서, 연방, 주 및 지방 세금 양식 및 세금 신고서 사본
- **공제 정보:** 공제 혜택 (자녀 등), 임금 압류 명령, 조합비 및 이연 공제 정보 등
- **유급 및 무급 휴가 기록:** 유급 휴가(PTO), 휴가 시간 잔액 및 기존 지불 금액 (회계), 가족보건휴가법 FLMA, 주정부 유급 휴가 프로그램 및 유급 병가 등 기록
- **환급 신청서:** 출장 경비, 사무용품 등의 경비 지출결의서 Cash Disbursement Voucher 등
- **급여 기록:** 급여 결제 서류 및 급여 시작 및 종료 날짜, 지급 날짜, 급여 지급 유형 (예: 정규, 초과 근무, 팁 크레딧, 보너스, 커미션, 유급 휴가 등)과 같은 급여 세부 정보가 포함된 문서

2.8. 마케팅 | 직인, CI, Letter Mark, 기념품

미국 회사는 직인이나 인감이 필요없다. 하지만 아직도 **직인** Corporate Seal 을 사용하는 경우가 있는데, 특히 공공기관이나 정부에서 사용하는 경우가 많다. 대신 미국 사기업에서 발달한 방법은 서명인데, 법률적으로는 이 서명의 진위를 위해 서명란 밑에 **증인** Witness 이나 **증명** Attestation (서명자의 서명의도 및 서명·문서 진위 확인) 서명하는 절차를 거친다. 이 때 1.4장에 언급한 **Secretary** 가 서명하는 경우가 많아 이들의 역할이 중요하다. 만약 **직인** Corporate Seal 을 만드는 경우, 이것은 최초 이사회에서 사용을 승인하며 회사의 공식문서에 사용하도록 할 수 있다. **직인** Corporate Seal 에는 **회사이름, 설립년도, 설립주가** 들어가고 CI 나 로고가 들어가기도 한다. Secretary 는 이것을 보관하며, 필요한 문서에 찍는다.

회사의 CI 나 로고를 만드는 것은 필수적인데 이는 각종 디자인, 명함, 그룹웨어 및 공문서에 삽입하기 때문이다. CI 나 로고는 외부에서 제작하거나 한국 회사 것을 사용하던지 최대한 빨리 제작할 필요가 있다. 한 가지 이와 병행해야 하는 것이 회사명인데, 법인명이 겹치거나 사용 가능한지를 확인할 필요가 있다. 각 주마다 법인을 검색하는 사이트가 있으므로 확인 가능하다. 또한, **상호명** Trade Name or Doing-Business-As, DBA 을 사용할 수 있는데, 법인 등록 시 함께 등록해야 한다. **법인명, 상호명, CI 및 로고는 불필요한 소송 방지를 위해 상표권이 등록되어있는지 확인해 볼 필요도 있다.**

마케팅 및 홍보의 경우, ADP 등 HR 시스템에서 제공하는 서비스를 사용하여 Google Ad 나 마케팅 툴을 사용할 수 있다. 회사에 따라 마케팅의 필요는 다를 수 있어 깊이 다루지는 않겠다. 회사의 기념품 등 외부 홍보를 관리하는 부분은, 초기 법인이 정착된 이후에나 가능할 경우가 많다. 특히 홍보 물품은 어느 정도 안정적인 운영법인이라는 사실의 방증이기 때문에 준비하는 경우가 많다. **다만, 미국에 거주하고 있음에도 불구하고 한국의 청탁금지법의 적용을 받는 사람 및 회사들이 있기 때문에 금액과 지급 방식 등에 주의를 해야한다.** (참고: https://www.cjfoodville.co.kr/pdf/Anti-Solicitation_law_guide(Kor).pdf) 미국에서 한국산 전통 기념품을 준비하기는 어렵기 때문에, 스토리를 담은기념품 (예, 이벤트를 상징하는 모형, 지역의 유명인 작품 모형) 을 준비할 수 있다. 그러나 한국처럼 손톱깎이, 우산, 넥타이 등을 잘 선물하지 않으므로 유의한다.

2.9. 보험 | 의무보험 종류 및 가입

미국에서의 보험 가입 방법은 한국과는 사뭇 다르다. 먼저 미국은 서비스 제공사와 소비자 사이에 다양한 상품/서비스와 법률상 제재가 있기 때문에 전문가를 통해 상품/서비스가 구매되는 경우가 많다. 이는 상품/서비스 가격을 높일 수도 있지만, 시장이 넓고 선택 폭이 넓다보니 전문가를 사용하는 편이 이득인 경우가 많다. 보험의 경우 보험회사들은 **독립 계약자** Independent Contractor 들이 **보험회사의 에이전트**로서 활동하게 하고, 소비자 입장에서 다양한 상품을 골라 협상하고 최적의 가격을 받아내는 일은 **브로커** Brokerage 가 담당한다. **따라서, 보험을 가입하기 위해서는 해당 보험사나 에이전트를 접촉하기 보다 브로커를 통해 상품에 접촉하는 것이 좋고 대부분의 보험사 및 에이전트들도 브로커들과 일을 한다.** 물론 최근 한국처럼 인터넷 직접 보험을 드는 경우도 있지만, 아직 대부분 보험은 브로커를 통해 가입 및 관리된다.

의무보험

일반적으로 주정부에서 고용주에게 의무적으로 요구하는 보험은 아래 세 가지 이다.

- **산재보험 (Workers' Compensation)**

> → 사보험 시장에서 가입하며 주로 회사 자동차, 재산 보험 등과 함께 일괄 가입
> → 일반적으로 브로커를 통해서, 아니면 **급여지급대행사** Payroll Service 를 통해 소개
> → 산재 보험 부보 대상은 고용 과정에서 과실로 부상 (negligently injured) 을 입은 직원이며, 직장 상해로 직원들이 민사소송을 청구하는 것으로부터 일차적으로 고용주를 보호
> → 산재보험은 직원 업무 코드를 명확히 분류하는 것이 핵심, 위험이 큰 직무는 보험료가 비쌈

- **실업보험 (Unemployment Insurance)**

> → 실업보험은 사실상 세금으로 볼 수 있으며, 급여에서 보험료가 일괄 청구
> → 연방/주 모두에서 청구되며, 표 11에서 이미 다뤘듯이 고용주만 지급하는 금액
> → 지급조건은, **(i) 퇴직에 자기 과실 없음, (ii) 일할 의지 있음, (iii) 직장 기지급 보험료 있음**

- **장애보험 (State Disability Insrance)**

> → 일반적이지는 않으나, 캘리포니아, 뉴욕, 뉴저지 주등에서 의무화 됨
> → 업무 이외의 사유로 인한 장애에 대한 지원. 주 마다 지원 방식을 다르나 주로 고용주 가입

사보험

· 책임보험 (Commercial General Liability Insurance)

→ 책임보험의 가입 여부는 경영상의 결정, 회사 운영과 관련하여 발생하는 과실에 대한 보상
→ 주로 타인에 서비스를 제공하는 회사가 가입하며, 서비스를 제공할 시 제출을 요구 받음
→ 부보 범위는 서비스 중 과실로 인한 재물 손괴 및 신체 손상, 광고 등으로 인한 명예훼손, 사업장 내 제 3자 방문 중 신체 손상 등의 치료비 보상 등

· 재산보험 (Commercial Property and Casualty Insurance)

→ 재산보험은 회사의 재산 상의 손해 및 타인의 신체 및 재산 상의 손해를 포함
→ 일반적으로 사무실을 렌트하는 경우, 건물 소유주가 금액과 범위를 정하여 들도록 요구
→ 최근에는 Business Owner's Policy 라는 이름으로 책임보험/재산보험 통합 가입 가능

· 경영진보험 (Directors and Officers Insurance)

→ 경영진 보험은 경영상의 결정으로 인해 소송을 당했을 경우 경영진 개인 손실 보상
→ 경영진은 채권자, 직원, 주주, 거래처 등으로 부터 소송 (노무, 신의성실의무 Fiduciary Duty 의무 위반, 경영상의 과실, 정부 감사로 인한 손실, 주주 소송 등) 의 책임을 보상
→ 최근 경영 환경이 복잡해지고, 예기치 않은 대상으로 부터 소송이 증가함에 따라 가입 증가

· 자동차보험 (Business Auto Insurance)

→ 일반적인 자동차 보험과 같이 처리되나 차량 사용자의 신상과 운전이력을 모두 입력
→ 한국 전출자의 경우 운전 면허 발급까지 시간이 소요되므로 국제면허증 가능 보험 가입
→ 미국 면허 등록, 운전자 변경, 차량 변경, 가격 비교 등 복잡한 업무 브로커와 상의 필요

· 의료보험 (Health Insurance)

→ 미국 의료보험 시장은 복잡하고 매우 큰 시장이므로 사전에 충분한 연구와 이해가 필요 (의료보험에 대한 자세한 내용은, 3.13 장에 설명)
→ 회사는 그룹 보험을 가입하는 경우가 많고, 이 경우 그룹 성격에 따라 브로커가 보험사와 협상할 여지가 있음. 보험은 매년 갱신하며 요율이 높아질 가능성이 있어 브로커의 협상력 중요.

위 보험들을 가입 할 때 브로커를 접촉하는 것이 유리한 이유는, 우선 상품 비교 뿐만 아니라 가입과 가입 후 관리를 모두 대행해 주기 때문에 보험 담당자를 한 명 고용한 것과 같은 효과가 있고, 브로커 비용이 **보험료** Premium 에 포함되고 공개되기 때문에 투명하게 사용할 수 있기 때문이다. 단, 브로커는 한 곳을 선정해서 사용해야 한다.

2.10. 예산 확정 및 사용 | Budget Items & Bookkeeping

법인 설립 과정에서 예산의 승인은 중요한 부분이다. 우선 주주에게는 투자 회사의 운영에 관하여 가장 큰 권한을 행사할 수 있는 부분이 투자금의 사용이다. 따라서, 주주 의사결정 사항으로 **사업 계획서** Business Plan 와 함께 **예산의 승인** Budget Approval 을 정해놓은 회사가 많다. 특히 예산에 관하여는, 법인 설립 과정에서 최초 주총에서 진행되기도 하기 때문에 사전에 예산을 준비하는 것이 중요하다. 작은 기업의 경우 이 정도 무게감은 아닐지라도 예산의 사전 배정은 매우 중요한 일이다. 물론 사업을 새로 시작한다면 어떤 일들이 일어날지 알 수 없기 때문에 충분한 예산을 사전에 짜기 힘들 수도 있으나, **최초 운영 기간동안의 전용 (그리고 전용의 승인 절차 마련) 및 분기별 예산 사용 내역 확인, 그리고 최종 예산 사용 결과 확인을 통해 내년도 예산의 적절한 배정 후 승인 신청을 한다면 적절한 예산 수립이 가능할 것이다.**

법인의 성격에 따라 예산의 내역이 다르겠지만, 일반적으로 시작하는 회사의 예산에는 다음 내역이 포함된다.

구분	예산내역	예산과목
손익예산	인건비	–
	복리후생비	정착지원, 의료보험, 임차료, 복지비
	세금	법인세, 소득세 법인지급분
	주정부 및 공무	법인등록, 라이센스
	여비	출장비, 전근여비
	유틸리티	전기, 수도, 인터넷, 우편, 전화
	차량	차량구매, 보험, 유지정비, 통행료, 주차 및 유류
	임차 및 시스템	사무실 임차, 재무 / 노무 / 포털 시스템, 기기 렌탈, 소프트 웨어 및 보안
	소모품	비품, 컴퓨터 및 복합기, 기타
	홍보협력비	–
	용역 수수료	법률, 회계, 감사, 기술자문 등
	잡비 및 예비비	
자본예산	사업투자자산	–
	IT 설비	컴퓨터, 복합기, 카메라, 화상회의 설비, 프로젝터, 전화기, 컨퍼런스 콜 장비
	업무용 설비 및 기타설비	사무용 책상, 의자, 테이블, 소파, 캐비닛, 책장, 파티션), 기타 설비 (커피머신, 전자레인지, 탕비실 설비, 정수기 등)

2.11. 구매 및 계약 | Procurement & Contracting

업무 흐름

법인의 구매 행위는 회계와 밀접한 관련이 있고, 신설 법인은 그 규모가 작을 가능성이 높아 구매 부서와 회계팀과의 긴밀한 협조가 필요하다. 특히 중소규모 기업이 운영하는 Quickbook 과 같은 회계 시스템은 각 부서에서 전표를 끊는 시스템이 아니기 때문에, 별도의 승인 과정이 필요하고 승인 이후 장부 기입은 회계 부서에 해당 문서가 전달되는 과정이 필요하다. 이와 관련된 체크리스트는 이미 1.5장에서 다룬바 있다. 여기서는 일반적으로 구매가 일어나는 과정을 살펴본다.

표 16. 법인 구매·조달 방식 분류

직접 조달	간접 조달	서비스 조달
제조 목적을 위한 상품, 재료 및/또는 서비스의 취득	법인 운영용 자재, 상품 또는 서비스 소싱 및 구매	비정규직 및 컨설팅 서비스 조달 및 관리
예: 원자재, 기계류, 재판매품	예: 유틸리티, 시설 관리	예: 전문 서비스, 소프트웨어
· 사업을 위한 구매 행위 · 생산용 재고 재료 또는 부품 · 장기적인 공급 협력 관계	· 일상 업무를 처리 · 소모품 및 식음료 등 구입 · 공급처 단기 거래 관계	· 사업상 전문성 필요에 사용 · 외부 서비스 및 직원 공급 · 일회성 계약 관계 가능

(출처: https://kissflow.com/procurement/procurement-process/)

먼저 법인의 조달 행위는 위 표의 세가지로 나뉜다. 모든 조달 행위는 구매부서에서 **구매요청서** Purchase Requisition 를 발행하는 행위에서 시작된다. 법인의 규모에 따라서 다르나 일반적으로 구매부서가 있는 경우, **구매요청서** Purchase Requisition 는 구매부서에 전달되면서 승인 절차가 진행된다. **그러나 대부분의 신규 법인은 소규모로 시작되기 때문에 구매요청자가 구매 요청서를 발행하고 회계담당자/법률담당자와 상호검증을 통해 상위자의 승인을 통해 진행되는 경우도 있다.** 우선 구매 부서가 있는 경우로 전제하여 절차를 설명하면 다음과 같다.

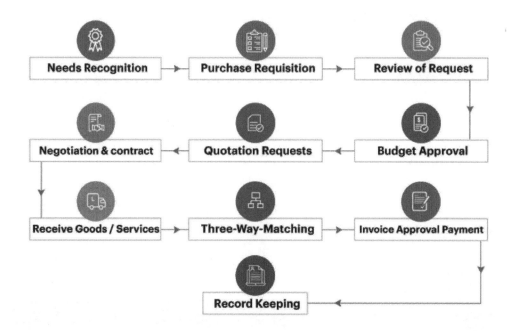

그림 25. 일반적인 구매 절차 (출처: https://kissflow.com)

회사에 따라 다르지만, 일반적으로 구매는 **금액별 승인권자 및 공급자 선정권한**에 따라 절차가 달라진다. 우선 개별 부서가 사용할 수 있는 금액 권한 내에서는 내부 규정에 따라 공급자를 직접 선정하여 진행할 수 있다. 그러나 이 경우도 계약에 대한 법률 및 리스크 관리 부서의 승인을 받고 진행된다. 소액인 경우 및 이미 계약이 있는 공급자에 소액지출 할 경우 **지출결의서** Cash Disbursement Voucher **및 증빙** 등을 통해 지출에 관한 문서가 만들어지고 회계 부서에 전달 될 수 있다.

그러나, 일반적으로 어느 정도 규모가 있는 계약은 **구매요청서** Purchase Requisition를 통해 구매 요청부서가 구매 부서에 계약을 요청한다. 이 경우도 구매 요청부서에서 선정 절차까지 이행하는 경우가 있고, 구매부서에 선정 절차를 진행하도록 **구매요청서** Purchase Requisition 와 함께 **제안요청서** Request for Proposal, RFP 를 제공하는 경우가 있다. 우선 선정 절차는 회사의 정책에 따라 진행되는데 이 경우도 **수의계약** Sole Source, **경쟁입찰** Competitive Bidding, **제한경쟁입찰** Invited Bidding 등을 구분한다. 특히, 수의계약에 민감한 법인인 경우 **수의계약 사유서** Sole Source Justification Form 를 첨부하는 경우도 있다. 그러나 미국 사기업들은 네트워크를 통해 신뢰를 형성하는 것을 중시하기 때문에 계속적인 서비스의 경우 수의계약이 진행되는 경우도 많고, 수많은 기업들을 경쟁 시키기에는 시간과 돈이 많이 드는 특성상, 제한된 분야의 큰 금액이 아닌 이상 가까운 회사들 간의 경쟁일 경우가 많다.

Purchasing Thresholds, Requirements, and Approvals
for Procurement or Lease of Goods and Services
(Covers procurements not identified in specific provisions for certain goods and services)

Term of Agreement and Aggregate Amount			Method of Purchase	Contract Review and Approvals required whenever a written contract accompanies the purchase							PeopleSoft PO Approval Workflow		
Contract Duration	Lower Dollar Threshold	Not to exceed Threshold	Applicable Procedure/Considerations	Purchasing Services	General Counsel	Risk Management	Controller	VP Finance & Admin	President	Board of Trustees	Purchasing Services	Controller	VP Finance & Admin
Goods and Services other than consulting or professional services													
≤ 5 Years	$0	$2,500	PurCard	X	*X	*X							
≤ 5 Years	$2,501	$25,000	Purchase Requisition	X	*X	*X					X		
≤ 5 Years	$25,001	$50,000	Quotation Evaluation Form, or Sole Source Justification Form with Requisition	X	*X	*X					X		
≤ 5 Years	$50,001	$100,000	Quotation Evaluation Form, or Sole Source Justification Form with Requisition	X	*X	*X	X				X	X	
≤ 5 Years	$100,001	$250,000	Request for Proposal (RFP) or Sole Source Justification Form with Requisition.	X	*X	*X	X				X	X	
≤ 5 Years	$250,001	$500,000	Request for Proposal (RFP) or Sole Source Justification Form with Requisition.	X	X	*X	X	X			X	X	X
≤ 5 Years	$500,001	$1,000,000	Request for Proposal (RFP) or Sole Source Justification Form with Requisition.	X	X	*X	X	X	X		X	X	X
Any term	$1,000,001	N/A	Request for Proposal (RFP) or Sole Source Justification Form with Requisition.	X	X	*X	X	X	X	X	X	X	X
>5 years	$0	Any Amount	Request for Proposal (RFP) or Sole Source Justification Form with Requisition.	X	X	X	X	X	X	X	X	X	X
Consulting and Professional Services													
Any term	$0	$250,000		See requirements above based on dollar thresholds									
Any term	$250,001	Any Amount	Request for Proposal (RFP) or Sole Source Justification Form with Requisition	X	X	X	X	X	X	X	X	X	X

그림 26. 교육기관의 구매 권한표 예시 (출처: https://www.uvm.edu/)

제안요청서 Request for Proposal, RFP 를 받은 부서는 해당 지출의 예산 내역과 현황, 그리고 지출 필요성 등을 검토해 승인을 내린다. 그리고 외부 공개 서류는 법률 및 리스크 관리 부서의 검토를 거친 후 입찰 기한을 두어 입찰 대상자에 공개하게 된다. **제안요청서** Request for Proposal, RFP 에는 일반적으로 **입찰 배경, 내용, 기한, 평가방식 (아래 그림 27 참고), 금액 제안방식, 제안 승인 조건** 등이 담기게 된다. 입찰 내용에 따라 공급담당자의 면접이나 서비스 계획을 발표하는 시간을 갖기도 한다. 또한, 해당 기간 동안 **계약의 기본 조건** Head of Terms 이 협의되는 경우도 있으므로 이 경우 법률 부서의 지원이 필요하다. 기한 내에 제출된 **제안서** Proposal 는 이미 공지된 평가방식에 따라 각 평가 요소 (그림 27 의 성과평가, 자격요소, 가격 등) 의 가중치 또는 비율 등을 고려하여 최종 결정을 내린다. 선정된 상품 및 서비스 공급자와는 추가적인 계약 협상이 필요할 수 있다. 계약이 마무리되면, 공급자에게 **구매주문** Purchase Order 이 발행되게 되고, 해당 주문과 함께 계약이 체결되게 된다. 최종적으로 발행된 인보이스나 주문서는 장부에 기록하기 위해 회계 부서에 전달되게 된다.

예산의 사용에 있어 신규 공급처가 생성되는 경우는 일단 **구매요청서** Purchase Requisition 를 발급하여 처리하는데, 수의 계약일 경우에도 마찬가지다. 또한, 계약이 이미 체결된 공급자에게 반복적으로 주문이 들어가는 경우, **구매주문** Purchase Order 만을 발행하게 되는데 만약 추가적인 공급이 예산의 범위를 넘어서거나 예산이 부족하여 전용하는 등의 변동이 생길 경우에도 **구매요청서** Purchase Requisition 를 발행해서 예산을 수정하도록 한다. 이 모든 과정에서 가장 중요한 부분은 이미 1.5장에서 설명한 **내부 통제** Internal Control 관리이다. 권한에 맞게 절차에 따라 승인을 하고, 내부 문서가 지출 내역과 일치하게 처리되는 일련의 과정이 **회계 감사** Financial Audit 에서 중요하게 검토된다.

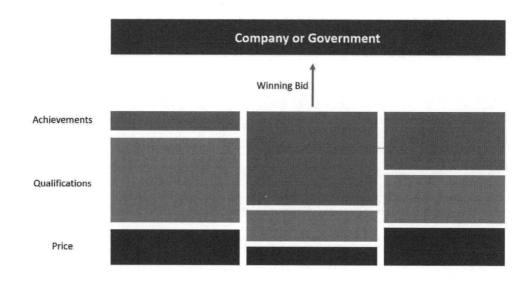

그림 27. 경쟁 입찰 평가 방식 (출처: https://corporatefinanceinstitute.com)

구매 및 계약 규정

구매 및 계약에 관한 규정을 법인 초기에 완벽히 준비하는 것은 힘들다. 다만, 위에 설명한 구매 절차를 지켜서 진행할 경우 회계·법률 상 문제를 최소화 할 수 있다. 법인 운영이 정상 궤도에 오르게 되면 구매 및 계약에 관한 규정을 정확한 절차에 맞게 작성하는 것이 중요하다. 일반적인 구매 및 계약 규정은 지금까지 설명한 내용을 차례대로 나열한 경우가 많다. 구매 금액 및 항목에 따른 승인권자 설정 (Authority Matrix), 구매 및 계약 절차 (Procurement and Contracting), 계약 규정 (Contracting Policy), 법률 및 리스크 등 각 부서의 역할 및 책임 (Teams Responsibilities) 등이다. 특히, 각 부서가 계약서를 다룰 경우 다음과 같은 체크리스트를 규정화하여 사용하는데, 계약 체결 전 리스크 검토를 위해 각 부서에서 다음을 확인하게 하는 것이 필요하다.

표 17. 계약 체결 전 체크리스트

Basic Contract Information	Yes	No
1	I have read the entire Contract, including all attachments, exhibits and/or appendices.		
2	Are all documents incorporated by reference in the Contract, including attachments, exhibits and/or appendices included with the Contract?		
3	Is the correct name of each party included? Note that Company name should be the party and not an individual employee or department only.		
4	Does each signing party have their name typed above or below their signature at the end?		
Length of Contract	**Yes**	**No**
5	Does the Contract have a start date? (either a specific date or when the Contract is signed)		
6	Does the Contract have an end date? (there should be an expiration date, even if there is a provision for renewal)		
7	Does the Contract only renew when agreed upon by the parties? (i.e. does not automatically renew or automatic renewal is agreed)		
Other Contract Terms	**Yes**	**No**
8	Do the terms and conditions of the Contract accurately reflect the final agreements, understandings and negotiations of the parties?		
9	No other agreements – verbal, written or otherwise – were made that are not included in the Contract.		
10	Are the service/goods/obligations accurately and thoroughly defined?		
11	Is the Company able to fulfill the obligations set forth in the Contract?		
12	Does the Contract contain the correct point of contact for any notices?		
13	Does the Company department or individual have the authority to enter into a Contract?		
Payment (if applicable)	**Yes**	**No**
14	Is the total dollar amount the Company will receive or pay specifically stated and accurate?		
15	Is the method and timing of payment accurately described?		

[참고] 구매 요청서 예시 Purchase Requisition Sample

일반적으로 **구매 요청서** Purchase Requisition 는 각 회사의 절차에 맞게 간단한 방식을 쓰는 경우가 많다. 아래 예시는 한 대학교의 형식으로 공급처를 여러개 제안하게 하고, 수의 계약의 경우 사유서를 첨부하게 되어 있는 정식 폼에 해당한다.

BILL TO: Division for Student Success SUB 174 P.O. Box 174220 Bozeman, MT 59717		**NOTE: THIS IS NOT AN ORDER**		
		SHIP TO: Division for Student Success SUB 174 P.O. Box 174220 Bozeman, MT 59717		
ATTN: Jen Joyce	TEL.#: 406-994-2828	ATTN: Jen Joyce		TEL.#: 406-994-2828

1	Please choose one (1) of the following options:	X **New** Purchase of Goods or Services	☐ **Renewal** of Purchase Order (PO) or Contract PO or Contract Number:	☐ **Extension** of Purchase Order (PO) or Contract PO or Contract Number:

2 GOODS/SERVICES BEING REQUESTED:

CAPITAL Yes/No	ITEM NO.	DESCRIPTION, SIZE AND FULL DETAIL (Attach additional pages as needed for requirements)	MFG. & CAT. NO.	QTY	UNIT OF MEASURE	UNIT COST	TOTAL
No		MSU Alert Text Message Service as Software		1		9450	9450

PD-14 Brand and Sole Source Justification If you have specified a BRAND NAME, complete Questions 1-3 on PD-14. If there is only ONE SUPPLIER for the product or service, complete the entire PD-14 form.	Requisition Date: 9/1/2012	Estimated initial purchase price	9450
	Required Delivery Date: 9/15/2012	Estimated Total Contract Value (for potential entire term)	9450

3 SUPPORTING DOCUMENTATION: Check all that apply. Please send an electronic version of paperwork to purchase@montana.edu

☐PD-14 Brand Justification ☐PD-14 Sole Source Justification ☐DPES- Computer Equip. ☐BOR- Approval ($>50,000). ☐PARR – Trade-In

4 FUNDING SOURCE: (this information will be used to encumber funds to be used for payment of the Purchase Order or Contract)

Index Number 4s1141	Org Number 441141	Acct Code 62802	Split % or $ 9450	Federal Funds Yes No X	Fiscal Year 2013
Index Number	Org Number	Acct Code	Split % or $	Federal Funds Yes No	Fiscal Year

5 SUGGESTED SUPPLIER(S): (List three if possible. If Sole Source **and** PD-14 has been completed list the sole source supplier)

1. NAME: Inspironlogistics			ATTN: Dana Fleck
ADDRESS: 1 South Main Street			
CITY: Akron	STATE: OH	ZIP CODE: 44308	
TELEPHONE #: 866-998-9367	FAX #: 330-922-4750	EMAIL: dfleck@inspironlogistics.com	
2. NAME:			ATTN:
ADDRESS:			
CITY:	STATE	ZIP CODE:	
TELEPHONE #:	FAX #:	EMAIL:	
3. NAME:			ATTN:
ADDRESS:			
CITY:	STATE:	ZIP CODE:	
TELEPHONE #:	FAX #:	EMAIL:	

5 FUNDING APPROVAL:
I hereby certify that the items specified on this Requisition were absolutely necessary; that there is proper authority of law and sufficient balance in the index indicated above for this purchase; and this purchase will not result in any request for additional funds.

Required Signatures:	Printed Name:	Signature:	Date:
Requestor/PI	Erika M. Swanson		
Department Head			
College Dean/Director			
OSP Administration (OSP Funded *Only*)			
Vice President	Dr. James Rimpau		

(출처: https://www.montana.edu)

2.12. 안전 | COVID & health and safety, emergency

미국 모든 회사의 안전관련 규정은 **산업안전보건법** Occupational Safety and Health Administration, OSHA 에 의해 관리된다. 해당 법에 의하면 직원들은 고용주의 안전 규정 위반에 대한 신고를 할 수 있고, **산업안전보건청** Occupational Safety and Health Administration, OSHA 에서는 위반사항에 대한 감사를 시행하고 **범칙금통보서** Citation 를 부과할 수 있는 권한이 있다. 따라서 **산업안전보건청** Occupational Safety and Health Administration, OSHA 에서 제공하는 다음 체크리스트를 확인하는 것이 필요하다. 단, 아래 자료는 일반 사무실의 경우로 주요 부분만 편집했고, 전체 핸드북이나 건설 및 의료 분야는 별도의 체크리스트를 사용해야 한다. (체크리스트: https://www.osha.gov/complianceassistance/quickstarts)

표 18. 일반 사업체 안전·보건 체크리스트

	Safety and Health Programs	Yes	No
1	**A safety and health program** is in place to help proactively manage safety and health in the workplace		
2	Safety and health is a **top priority**		
3	Safety and health is a **part of daily conversations** with workers .		
4	**A procedure is in place** for workers to report injuries, illnesses, incidents (including near misses/close calls), hazards, and safety and health concerns .		
5	**Workers are trained** how to identify and control hazards .		
6	**Workplace inspections** are conducted with workers		
7	Workers are asked for ideas on **hazard control**		
8	Workers are assigned the task of choosing, implementing, and evaluating **hazard controls** they come up with .		
9	Foreseeable **emergency scenarios** are identified and instructions are developed on what to do in each case .		
10	Workers are **consulted before significant changes** are made to the workplace, work organization, equipment, or materials in order to identify potential safety or health issues .		
11	**Time is set aside to discuss safety and health issues**, with the goal of identifying ways to improve the safety and health program .		
	General Work Environment and Housekeeping	Yes	No
12	The workplace is **clean, orderly, and sanitary**.		

13	**Workplace floors** are maintained in a dry condition .		
14	Where wet processes are used, drainage is maintained and false floors, platforms, mats, or other **dry standing places are provided,** where practicable, or **workers use appropriate footwear**		
15	Enclosed workplaces are maintained to **prevent the entrance or harborage of rodents, insects, and other vermin;** and a continuing and effective extermination program is instituted where their presence is detected		
16	Workers do not eat or drink in any areas where **hazardous substances are present.**		
17	**Combustible scrap, debris, and waste** are stored properly and promptly removed from the workplace		
18	**Covered metal waste cans** are used for rags soaked in oil, flammable/combustible liquid, paint, etc		
21	**General dilution or local exhaust ventilation systems** are used to control dusts, vapors, gases, fumes, smoke, solvents, or mists generated in the workplace, where possible .		
22	**Clear space is maintained in front of electrical panels;** minimum 3 feet in front, and at least the width of the panel, but not less than 2 ½ feet		
23	Appropriate precautions are taken to **maintain exits, and protect workers during construction, renovation, and repair operations .**		
Posting of Required Safety and Health Information		Yes	No
24	The required **OSHA Job Safety and Health Poster** (or state plan equivalent) is posted in a prominent location in the workplace		
25	The annual **Summary of Work-Related Injuries and Illnesses** (OSHA Form 300A) is posted during the months of February, March, and April.		
26	**Any citations resulting from OSHA workplace inspections are posted** until the violation has been abated, or for three working days, whichever is later		
27	**Emergency telephone numbers** are posted where they can be readily found in case of emergency		
Recordkeeping and Reporting		Yes	No

		Yes	No
28	Occupational injuries or illnesses, except minor injuries requiring only first aid, are **recorded on OSHA Form 300** (Log of Work-Related Injuries and Illnesses) . NOTE: Employers are partially exempt from OSHA's injury and illness recordkeeping requirements if 1) they had 10 or fewer workers during all of the last calendar year (see 29 CFR 1904 .1), or 2) they are in certain low-hazard industries (see 29 CFR Part 1904, Subpart B, Appendix A) . All employers, regardless of size or industry, must report work-related fatalities, in-patient hospitalizations, amputations, and loss of an eye to OSHA.		
29	A supplementary record of each recordable occupational injury and illness is prepared for recordable cases on **OSHA Form 301** (Injury and Illness Incident Report) . Employers can use equivalent forms that provide all the information on the OSHA Form 301		
30	An annual summary is prepared at the end of each calendar year using **OSHA Form 300A** (Summary of Work-Related Injuries and Illnesses)		
31	**You must electronically submit information from your Form 300A Summary to OSHA annually** (by March 2 of the year after the calendar year covered by the form) if: • You have an establishment with 250 or more workers that is currently required to keep OSHA injury and illness records, or • You have an establishment with 20249 workers that is classified in certain industries with historically high rates of occupational injuries and illnesses		
32	Injury and illness records (OSHA 300, 300A, and 301) are kept at the worksite for at least **five years** .		
33	Worker **medical and exposure records** are retained for the time period required for each specific type of record .		
34	Worker **training records** are kept and accessible for review by workers, as required by OSHA standards		
35	**All work-related fatalities are reported to OSHA within 8 hours . All work-related in-patient hospitalizations, amputations, and loss of an eye are reported to OSHA within 24 hours.**		
	Doors	Yes	No
36	Doors that are required to **serve as exits** are designed and constructed so that the path of exit travel is obvious and direct		
37	Exit doors and doors in the required path to the exit are **not locked, blocked, or otherwise obstructed** .		

		Yes	No
38	Exit doors can be opened from the direction of exit travel **without the use of a key, tool, or any special knowledge or effort** when the building is occupied		
39	**Exit doors are side-hinged and swing .**		
40	Where exit doors open directly onto a street, alley, or other area where vehicles may be operated, **adequate barriers and warnings** are provided to prevent workers from stepping into the path of traffic		
41	Glass doors, glass panels in doors, windows, etc., that are subject to human impact, are made of **safety glass** that meets the requirements for human impact		
	Emergency Action Plans	Yes	No
42	An **emergency action plan** is in place to guide employer and worker actions during workplace emergencies .		
43	The plan considers **all potential natural or man-made emergencies** that could disrupt the workplace		
44	The plan considers all potential **internal sources of emergencies** that could disrupt the workplace		
45	The plan considers the impact of these internal and external emergencies **on workplace operations** and the response is tailored to the workplace		
46	The plan contains a list of **key personnel with contact information** as well as contact information for local emergency responders, agencies, and contractors		
47	The plan contains **the names, titles, departments, and telephone numbers of individuals to contact for additional information** or an explanation of duties and responsibilities under the plan		
48	The plan addresses how **medical assistance** will be provided		
49	The plan identifies **how or where personal information on workers can be obtained in an emergency**		
50	The plan identifies the **conditions** under which an **evacuation** would be **necessary**		
51	The plan identifies a clear **chain of command** and designates a person **authorized to order an evacuation** or shutdown of operations		
52	The plan addresses the **types of actions expected of different workers** for the various types of potential emergencies		
53	The plan designates **who, if anyone, will stay to shut down** critical operations during an evacuation		

54	The plan outlines **specific evacuation routes** and exits which are posted in the workplace where they are easily accessible to workers		
55	The plan address **procedures for assisting people during evacuations**, particularly those with disabilities or who do not speak English .		
56	The plan identifies **one or more assembly areas** (as necessary for different types of emergencies) where workers will gather and a method for accounting for all workers		
57	The plan addresses **how visitors will be assisted** in evacuation and accounted for .		
58	The plan identifies a **preferred method for reporting fires** and other emergencies		
59	The plan describes the **method to be used to alert workers,** including disabled workers, to evacuate or take other action		
	Exits, Exit Paths (Means of Egress)	Yes	No
60	There are **sufficient exits** to permit prompt escape in case of emergency		
61	The **number of exits** from each floor or level, and the number of exits from the building itself, are **appropriate for the occupant load**		
62	**At least two means of egress** are provided from elevated platforms, pits, and rooms where the absence of a second exit would increase the risk of injury from hot, poisonous, corrosive, suffocating, flammable, or explosive substances		
63	**Routes (means of egress) to exits**, when not immediately apparent, are marked with visible exit signs		
64	All exits are **marked with exit signs** that are illuminated either internally or by a reliable light source		
65	Exit signs are labeled with the word "EXIT" in lettering at least 6 inches (15 .2 centimeters) high and the stroke of the lettering at least 3/4 inch (1 .9 centimeters) wide		
66	Doors, passageways and stairways that are neither exits nor access to exits, but could be mistaken for exits, are appropriately marked **"NOT AN EXIT," "TO BASEMENT," "STOREROOM," etc**		
67	**Emergency lighting,** where provided, is tested for 30 seconds each month, and annually for 90 minutes		
68	**Ramps** that are used as part of required exiting from a building have a slope limited to **1 foot (0 .3048 meter) vertical and 12 feet (3 .6576 meters) horizontal**		

실제 이 체크리스트를 바탕으로 각 주와 시는 안전 기준을 마련하고 있으며, 특히 시에서 라이선스 및 인허가 등을 받을 때 확인을 하는 경우가 있으므로 준수하는 것이 좋다. 특히 시에서 소방 인허가를 받을 때 위 내용을 그대로 적용한다. 많은 회사가 **비상행동계획** Emergency Action Plan 및 **안전 및 보건 지침**을 제정하여 지키고 있고, 실제 건물 내·외부에서 생각지 못한 사고 (시위, 총격사건, 화재 등) 가 발생하기 때문에 이러한 지침이 있는 경우 법적인 문제 (예: 보험으로 처리 안될 경우 직원 또는 제 3자의 소송) 를 방어할 수 있다. 1.7장에 이미 공유한 지도에서 보듯 OSHA 의 승인을 받은 안전 및 보건 계획을 운영하고 있는 주들은 민간 사업장에도 안전 및 보건 의무를 강제하는 조항들이 있음을 유의해야 한다.

코로나

코로나로 인해 **산업안전보건청** Occupational Safety and Health Administration, **OSHA** 에서는 다음 두 가지 OSHA 법률을 근거로 기업 가이드라인을 배포하였다.

- Personal Protective Equipment (PPE) standards (개인보호장구 기준)
- General Duty Clause (사망 및 심각한 건강상 위해 환경 방지 조항)

해당 가이드라인은 고용주에게 다음을 의무화 하고 있다.

- **(백신 권고)** Facilitate employees getting vaccinated
- **(접촉 및 감염자 재택근무)** Instruct any workers who are infected, unvaccinated workers who have had close contact with someone who tested positive for SARS-CoV-2, and all workers with COVID-19 symptoms to stay home from work to prevent or reduce the risk of transmission of the virus that causes COVID-19.
- **(거리두기 유지)** Implement physical distancing in all communal work areas for unvaccinated and otherwise at-risk workers.
- **(보호장비 제공)** Provide workers with face coverings or surgical masks, as appropriate, unless their work task requires a respirator or other PPE.
- **(코로나 정책 교육)** Educate and train workers on your COVID-19 policies and procedures using accessible formats and in languages they understand.
- **(방문자 마스크 정책 시행)** Suggest or require that unvaccinated customers, visitors, or guests wear face coverings in public-facing workplaces such as retail establishments, and that all customers, visitors, or guests wear face coverings in public, indoor settings in areas of substantial or high transmission.
- **(환기 시스템 유지)** Maintain Ventilation Systems.
- **(청결 유지)** Perform routine cleaning and disinfection.
- **(확진·사망자 보고)** Record and report COVID-19 infections and deaths
- **(감염자 개인정보 관련 피해방지)** Implement protections from retaliation and set up anonymous process to voice concerns about COVID-19-related hazards
- **(OSHA 기준 이행)** Follow other applicable mandatory OSHA standards

또한, 코로나와 같은 비상상황에는 각 주에서 **주지사령** Executive Order 을 통해 각 사업장에서 의무화 해야하는 지침이 내려지기 때문에, **각 주정부 홈페이지 및 연방/주정부 질병관리청의 가이드라인을 따라야 한다**. 따라서 고용주는 코로나와 같은 비상상황이 발생할 경우 연방 및 주정부 가이드라인을 바탕으로 내부 정책을 신속히 마련해야 하고 이를 직원들에게 전파 및 교육할 의무가 있다.

안전관련 지침

일반적으로 사규에는 다음과 같은 안전 및 보건 관련 규정을 넣는 것이 필요하다. 더불어 코로나와 같은 비상상황이 발생하면 추가적인 규정을 아래와 같이 넣을 수 있다.

Safety and Accident Rules

Safety is an important part at Company. Company provides a clean, hazard free, healthy, safe environment in which to work in accordance with the Occupational Safety and Health Act of 1970. As an employee, you are expected to take an active part in maintaining this environment. You should observe all posted safety rules, adhere to all safety instructions provided by your supervisor and use safety equipment where required. Your work place should be kept neat, clean and orderly.

It is your responsibility to learn the location of all safety and emergency equipment, as well as the appropriate safety contact phone numbers. A copy of the Emergency Procedures will be kept in each work area on top of the supervisor's desk.

All safety equipment (e.g., masks, safety jackets etc.) will be provided by Company, and employees will be responsible for the reasonable upkeep of this equipment. Any problems with or defects in, equipment should be reported immediately to management.

As an employee, you have a duty to comply with the safety rules of Company, assist in maintaining the hazard free environment, to report any accidents or injuries – including any breaches of safety – and to report any unsafe equipment, working condition, process or procedure, at once to a supervisor.

Employees may report safety violations or injuries anonymously to the Supervisor or CEO, if they are not the injured or violating party. NO EMPLOYEE WILL BE PUNISHED OR REPRIMANDED FOR REPORTING SAFETY VIOLATIONS OR HAZARDS. However, any deliberate or ongoing safety violation, or creation of hazard, by an employee will be dealt with through disciplinary action by Company, up to and including termination.

Worker's Compensation Insurance pursuant to the laws of the States in which we operate covers all work related accidents.

COVID-19 Policy

As the COVID-19 (coronavirus) pandemic and the response by federal, state, and local
governments evolve rapidly, Company continues to implement the following key measures to ensure business continuity and support the health of employees and those we work with.

Generally

We are working closely with all employees to ensure that any employee who is ill or believes that they have been exposed to COVID-19 stay at home and follow directions from healthcare professionals.

- We have implemented stringent preventative measures, including expanded office cleaning, hygiene protocols, and temperature control.
- We have acquired cleaning supplies, hygiene supplies, and personal protective equipment such as gloves, which are made available to employees in the office.
- We are actively monitoring developments in the COVID-19 pandemic and government responses and keeping all employees up-to-date, specifically prevention and containment measures to maintain business operations.
- We have been expanding and implementing our response plan to the COVID-19 pandemic in order to establish a clear protocol for various COVID-19 scenarios.
- We have significantly increased communications and posted signage in the office about cleaning and hygiene requirements, best practices, and important resources for employees and visitors to the office.
- We have prohibited all company travel unless approved by the CEO.
- We have asked all employees to report travel, both domestically and internationally, to any affected region so we can closely monitor and take any necessary steps to ensure the health and safety of all employees.

Contagion Protocol

If an employee tests positive for COVID-19 or can be reasonably presumed to have the disease based on their symptoms, the following actions may be taken:

- The office will temporarily close for deep cleaning. After the deep cleaning of the office, employees who have not had close contact with the affected employee may return to the office upon approval from the CEO.
- The affected employee will be interviewed in order to trace back their movements over the past 14 days.
- Employees who might have had close contact with the affected employee will be asked to self-quarantine and monitor their symptoms.

- All employees and business partners will be notified of a confirmed or likely case and possible exposure while maintaining the privacy of the affected employee when possible.
- The affected employee will be asked to follow directions from their healthcare provider and public health officials if they were notified.

Hygiene Protocol

All employees are required to maintain a clean and healthy work environment during the workday and are encouraged to do the following actions:

- When you arrive at the office, clean your hands with hand sanitizer. For your convenience, hand sanitizer will be made available at the entrance of the office.
- Wear a mask or facial covering during your move in the office and building.
- Get your body temperature checked and recorded by 10 AM. Body temperature check will be done by a designated employee.
- Practice social distancing by maintaining a distance of at least six feet or two meters between you and others.
- Minimize touching of shared office equipment. To avoid direct contact, consider wearing gloves or using a tool.
- When you cough or sneeze, cover your nose and mouth with either a tissue or your arm.
- Do not share personal items with others.
- Do not shake hands with others.
- Avoid congregating in common or shared areas of the office.

Office Cleaning Checklist

All employees are required to maintain a clean and healthy work environment during the workday and are encouraged to do the following actions:

- Regularly clean the surface of your desk with a disinfecting wipe or spray.
- Regularly sanitize your office phone with a disinfecting wipe or spray.
- After touching shared office equipment (e.g. copier), a door handle, or any shared surface directly with your hands, sanitize it with a disinfecting wipe or spray.
- Before leaving the office at the end of your day, clear your desk. This will allow the cleaning service to thoroughly clean the surface of your desk.

Management and leadership at Company take the COVID-19 threat seriously, and we are taking all reasonable measures to mitigate the risk of COVID-19 to our team members and those we work with. We will provide additional updates as the situation warrants.

2.13. 사업장 법률 의무 | License, Permit, Training

사무실을 열고나면 한참 후에 알게 될 정도로 미국 회사들이 의무적으로 이행해야 하는 것들은 누구도 알려주지 않는다. 만약 ADP 같은 **급여지급대행사** Payroll Service 를 사용하면 정기적인 이메일로 통보를 해 주지만 이것마저 놓칠 수 있기에 간단히 정리해 보겠다.

포스팅 의무

이미 1.7장에서 여러 번 언급했지만, 미국은 연방 및 주 법률로 직원들의 법적인 권리를 의무적으로 게시하고 공지하도록 하고 있다. 만약, 이 내용을 공지할 수 없는 재택근무자들이 있다면 이들에게도 이메일이나 서신 등으로 이 내용을 공지해야 한다. 특히, 이 부분은 구인을 하는 경우에 중요한데, 직원의 권리에 대한 언급 (예, "You have rights under Federal Employment Law") 및 관련 권리를 명시해서 보여주는 것이 필요하다. 또한, 정기적으로 법률의 변경을 확인해서 업데이트하는 것이 중요한데, 일반적으로 이러한 업데이트는 **급여지급대행사** Payroll Service 에서 해 주는 경우가 많고 외부 노동법 자문사를 통해 받을 수도 있다.

자격 License 및 허가 Permit

이미 1.4장에서 언급했지만, 법인을 시작하고 한참 후에 인지할 수도 있는 부분이 시에서 **영업 허가증** Business License 을 발급해야 한다는 점이다. 미국은 누가 미리 알려주지 않기 때문에 적극적으로 필요한 부분을 찾아서 준비해야 한다. 시에서 발급하는 영업 허가증은 주로 소방 허가와 함께 진행되는 경우가 많은데, 안전 관련 검사를 득한 후에야 영업 허가증을 받을 수 있다. 이 영업 허가증은 필히 잘 보이는 곳에 비치해 두어야 하고 매년 갱신해야 한다. 특히 사무실 내부 구조 변경이나 외부 광고판 설치 등을 할 때 영업 허가증이 없으면 당연히 허가도 나오지 않기 때문에 사전에 챙겨야 한다.

허가의 경우도 각 사업별로 다양하기 때문에 사전에 시에서 제공하는 상담 서비스를 사용해서 필요한 허가를 모두 받아야 한다.

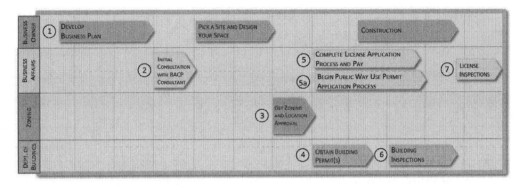

그림 28. 시카고시의 식당 개업 전 인허가 단계표 (출처: https://www.chicago.gov/)

시카고 시에서 식당을 개업하는 경우를 보면, 공용로 사용 허가, **용도** Zoning **및 위치** Location **허가, 건축 및 사용 허가** Building Permit 등을 받아야 한다. 각 인허가 별로 적용 대상인지 파악하는 것이 중요한데, 예를들어 **건축 및 사용 허가** Building Permit 는 구조를 변경하거나 법률에서 정한 수준 이상의 건축을 하는 경우 (부엌을 설치하거나 수도를 끌어오는 경우까지도 해당) 반드시 신고를 해야한다. 중요한 점은 이러한 인허가를 받지 못하면 **영업 허가증** Business License 이 나오지 않는다는 점이다.

필수교육

주 별로 주정부가 **의무로 요구하는 교육** Mandatory Training 이 있다. 아래는 뉴욕주의 고용주가 의무로 제공해야 하는 교육의 리스트이다. 단, 각 교육별로 해당하는 업종과 대상자가 다를 수 있음에 유의해야 한다. 교육은 인터넷 교육 업체와 계약해서 제공하거나 세미나를 진행하는 등 별도의 과정을 만들어야 한다.

- Sexual Harassment
- SUNY Mandatory Child Sexual Abuse Reporting & Prevention Policy
- Internal Controls
- Public Employer Workplace Violence Prevention
- Alcohol and Controlled Substances
- Cyber Security Training
- Project Sunlight
- You have a Right to Know
- Ethics Training

2.14. 파견자 관리 | On Boarding & Off Boarding

국내에서 법인에 파견되는 인력들은 짧은 시간 내 미국에 정착해야 하지만, 한국과 다른 문화에 적응하기까지 시간이 꽤 걸린다. 무엇보다 공무원들이 한국처럼 빨리 일해주지 않고, 예약 문화이며, 에이전트나 브로커 등을 써야하는 문화 때문에 실수를 하기도 한다. 다음은 일반적으로 정착에 필요한 업무의 기간과 내용을 요약한 내용이다.

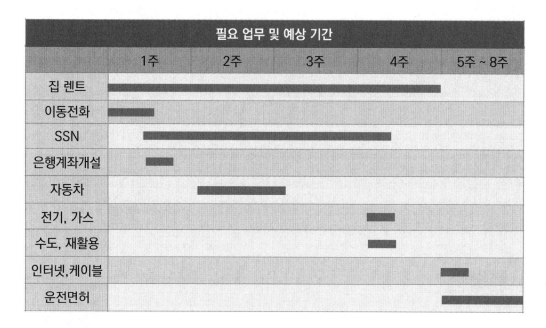

필요 업무 및 예상 기간					
	1주	2주	3주	4주	5주 ~ 8주
집 렌트	███████████████████████				
이동전화	██				
SSN		████████████████			
은행계좌개설	█				
자동차		███████			
전기, 가스				█	
수도, 재활용				█	
인터넷,케이블					█
운전면허					███████

전출 시

집 구하기 (예상 소요기간: 30일 이하)

1. **부동산 에이전트 접촉** (한국처럼 여러명 접촉하지 않음)
2. **투어 예약** (원하는 집 형태 (싱글하우스, 타운하우스, 아파트) 및 가격 수준 공유)
3. **원하는 횟수 만큼 투어**
4. **집 선택 및 렌트 Lease Contract 계약**
5. **유틸리티 및 청소 등 서비스 계약** (상황에 따라 서비스나 유틸리티는 주인 또는 하우스 관리회사가 부담하기도 함)
   - 전기, 가스 (지역 유틸리티 회사, 예:ComEd, Nicor)
   - 수도, 정화, 쓰레기, 재활용 (주로 시티에서 담당)
   - 인터넷, 케이블 (별도 회사 중 선택)
6. **렌트 재산보험 가입** (요구되는 경우, 요청하여 가입하지 않을 수 있음)
7. **보증금 지급** (1~2개월치 납입, 아파트의 경우 등록비 등 별도 비용 있음)

이동전화 가입 (예상 소요기간: 1일)

1. **필요 서류 준비**
   - 개인 정보 (임시 주소 기입 가능, SSN 없을 경우 선불폰 Prepaid 개시 가능)
   - 지불 방식 (등록가능 지불수단 없을 시 선불폰 Prepaid 으로 가입 후 변경 가능)
2. **폰 구입** (미국은 자급제 폰 구매도 선택지가 매우 넓음)
3. **서비스 매장 방문** (T-mobile, AT&T 등 대형 서비스 외에도 다수의 알뜰폰 가능)

사회보장번호 SSN 신청 (예상 소요기간: 약 1개월)

1. **필요 서류 준비**
   - I-94 (**세관국경보호국** US Customs and Border Protection 에서 출력, 인터넷에 i94 검색)
   - Passport & Visa (SSN 신청이 가능한 비자인지 확인)
   - SS-5 신청서 (Application for a Social Security Card) 작성
2. **지역 Social Security Administration 사무실 연락 및 예약**
3. **예약일에 방문하여 담당자에게 서류 제출**
4. **우편으로 SSN 카드 수령** (1~2주 소요)

은행계좌개설 (예상 소요기간: 1일)

1. **필요 서류 준비**
   - 미국 주소 증빙 (렌트 계약서)
   - I-94, 여권, 최초 입금용 현금 (은행마다 요구조건 다름)
2. **은행 뱅커 예약**
   - 미국은 창구에서 계좌를 만들어 주지 않고 뱅커가 별도 창구에서 개설
   - 각종 서류 작성 후 계좌 개설 가능 (체크는 별도 주문)
   - 신용 카드 개설 지속적인 거래를 통한 신용 적립 필요함 (우선, **담보신용카드** Secured Credit Card 로 보증금 납입 후 보증금 한도로 사용하며 신용 적립 필요)

자동차 구입 (예상 소요기간: 2~5일)

1. **필요 서류 준비**
   - 여권, 국제면허증, 체크 (딜러샵은 현금 직접 수령을 꺼리므로 은행에서 현금 지급 후 지급보증수표 Cashier's Check 발행 후 지급, 기 발급한 체크가 있는 경우 사용)
   - 자동차 보험 (구입 전 증빙 필요, 국제면허증의 경우 보험료가 매우 높음)
2. **자동차 딜러샵 방문** (테스트 드라이브 및 자동차 선택)
3. **구매** (구매 방법에 대해서는 다음 장 참고)

전기 서비스 (예상 소요기간: 1~2일)

1. **SSN 수령 완료 후 가입 시:** 지역 전력회사 홈페이지에서 정보 작성 및 개통 신청
2. **SSN 수령 미완료 시 (전력회사 별로 절차 상이, 아래는 일리노이 시카고의 예)**
   - 여권과 지불 수단 준비
   - 지역 전력회사 에이전트 방문
   - 여권과 신청서 기록 후 등록증 발급
   - 지역 전력회사 연락 후 정보 제공 (이름, 전화번호, 주소, 이메일, 서비스 개시일)
3. **전력 회사 Account 번호 수령**

가스 서비스 (예상 소요기간: 1~2일)

1. **SSN 수령 완료 후 가입 시:** 지역 가스회사 홈페이지에서 정보 작성 및 개통 신청
2. **SSN 수령 미완료 시 (가스 회사별로 절차 상이, 아래는 일리노이 시카고의 예)**
   - 홈페이지에서 SSN 없이 등록 정보 작성 및 개통 신청
   - ID 확인을 위한 지시사항 수령
   - 전화를 통해 본인 확인 및 이메일로 증빙 자료 전송

수도, 정화조 및 쓰레기 서비스 (예상 소요기간: 1~2일)

1. **City 정부 서비스 담당자 연락**
2. **서비스 등록 및 Account 번호 수령**
- 미국 행정 구역은 주 State 〉 카운티 County 〉 시 City 의 순서로 되어 있고, 많은 시에서 별도의 서비스를 운영한다. 따라서 각 시의 정책을 따라야 한다. 타운하우스나 아파트의 경우 이 서비스가 이미 등록되어 있다. 해당 비용이 관리비에 포함되어 있는지 확인한다.

렌트 재산보험 가입 (예상 소요기간: 1일)

1. **일반적으로 아파트나 타운하우스의 경우 책임 전가를 막기 위해 가입 의무화**
2. **가입 방법: Package (기존 자동차 보험에 추가 가입), 인터넷 가입 (추천: https://www.lemonade.com/)**

인터넷 (예상 소요기간: 1일~3일)

1. **지역 인터넷 서비스 가게 방문** (또는 홈페이지 방문 - 단, 공유기 배송 시간 소요)
2. **주요 정보 제공** (이름, 전화번호, 주소, 이메일, 서비스 게시일, 가입 서비스 등)
3. **공유기 수령** (케이블 설치 안된 가구 또는 공유기 설치 요청 시, 설치 기사 예약)

운전면허

1. **필요 서류 준비**
   - 여권, I-94, SSN, 보험증서, 거주지 증빙 (유틸리티 청구서, 공문서 등)
   - 발급비용 $30
2. **지역 DMV 방문**
3. **필기시험 (사전 준비 필요) 및 실기 시험 (DMV 주변 운전)**
4. **임시 면허증 발급 (15일 내 면허증 우편 송부)**

법인 준비 사항

1. **신규 직원 작성 서류 제출 (2.7 장 참고)**
2. **법인 컴퓨터, 이메일, 전화번호 및 시스템 로그인 생성 및 보안 교육 실시**
3. **PTO 기록지 생성 및 잔여 연차 확인**
4. **법인 차량 운전자 신규 인원 등록**
5. **법인 사무실 사용 관련 열쇠, 비밀번호, 기타 정보 전달**
6. **개인 명함 주문 및 주정부 의무 교육 프로그램 등록**

개인 신변 처리

해외의 일정한 지역에 계속하여 90일 초과 거주하거나 체류 의사를 가지고 그지역에 체류하는 대한민국 국민은 재외국민등록 대상이다. 따라서 외국 영주권자는 가능하지만 대한민국 국적을 상실한 외국 시민권자는 등록 대상이 아니다. 재외국민등록법 제2조에 따라 대상자라면 재외국민등록을 의무적으로 해야한다.

재외국민등록 만으로는 주민등록법상 재외국민으로 분류되지 않으며 등록을 한 사람은 외교부 재외국민등록부에 등록된다. 이는 해외 사건사고 및 재난 발생시 실질적 국민 보호 목적으로 이용되며 자녀의 국내학교 편입학 및 재외국민 특별전형 응시, 국내 부동산 매매 등에 있어 해외 체류 사실을 증빙하는 자료로 사용 가능하다.

재외국민등록은 체류지 관할공관 (대사관, 총영사관) 에 직접 방문하거나 우편 혹은 팩스로 신청가능하다. 위의 방법이 불가능할 경우 영사민원24나 외교부 홈페이지를 통해 온라인 신청도 가능하다. 이때 필요한 서류는 다음와 같다.

➡ 여권, 기본증명서, 체류자격을 확인할 수 있는 비자, 영주권 등, 체류국 (국외) 최초 입국스탬프

재외국민등록자가 귀국하여 국내에 계속 90일 초과 체류 시 귀국 신고가 필요하다. 귀국 전 신고 시 체류지 관할공관에 하며, 귀국 후 신고하게 될 경우에는 외교부 아포스티유팀에 신고가 필요하다.

복귀 시

퇴거 준비 (예상 소요기간: 60일 이상)

1. **집 주인 또는 자산 관리인 (Property Association) 접촉**
2. **계약 상 통보일자 내 퇴거 통보** (보통 2달 ~ 1달 전 까지로 명시)
3. **퇴거 준비**
   - 유틸리티 해지 신청 (각 서비스 홈페이지 또는 전화)
   - 요금 정산 및 **자동결제** Autopay 해지 (정산이 안 될 경우, 2-3 개월 후 까지 결재)
   - 인터넷 공유기 반납 (지역 서비스 센터)
4. **각종 보험 해지 및 자동결제** Autopay 해지 (자동차는 귀국 직전 에이전트에 해지 요청)
5. 은행 계좌 유지 또는 **계좌해지** Close Out 결정 및 시행
6. 이동전화 해지 또는 일시 유지 선택 및 시행
7. 집 보증금 반환 합의 (보통 청소 및 수리비 등으로 일부 차감)
8. 이사 서비스 계약 (한국식 포장 이사 가능)

자동차 처분 (예상 소요기간: 1일 또는 2개월 이상)

1. **귀국차량운송 시: 운송 업체 접촉 후 계약 (보험, 계약서, 운송 및 부대 비용 확인)**
   - 국내산 차량은 관세 없음. 단, 관세청 통관 차량 가액으로 자동차 세 계산
   - 이사화물로 처리할 경우 1대 가능. 통관, 차량 검사, 번호판 설치까지 시간 소요.
2. **차량 처분 시:** 미국은 차량 처분이 간단함. CarMax 나 딜러샵에서 "차량 검사 → 가격 제시 (Offer) → 합의" 전 과정 2시간 정도 소요.

2.15. 법인차량 구매 | Company Vehicle

법인 차량을 구매하는 것은 일반 차량 구매와 같이 어렵지 않은 작업이지만, 추가로 고려해야할 사항들이 있다. 또한, 미국에서 차량을 구입하는 방법이 한국과 다른 점이 있기 때문에 이 부분도 고려해야 한다. 일반적인 법인 차량 구매 방법을 정리해 보았다.

구매절차

1. 차량 선택

법인에서 사용하는 차량은 용도에 따라서 건설 현장이나 장거리 운행을 주로 하게 될지, 임원 지원 차량이 될지 등을 고려하여 선택하게 될 것이다. 다만, 미국은 전세계 모든 차량이 모여있기 때문에 세밀하게 비교 선택하는 과정이 필요할 것이다. 미국은 신발처럼 차를 구매 하기 때문에, 여러가지 비교 검색 사이트가 완벽하게 구성되어 있고 어렵지 않게 선택할 수 있을 것이다.

2. 구매 방식 선택

두 번째로 결정해야하는 것이 구매 방식이다. 일단 미국은 판매 직영 매장을 운영하지 않기 때문에 모든 매장을 딜러샵으로 보면 된다. 따라서, 각 딜러샵이 판매 예측을 통해 차량 옵션까지 조합하여 미리 주문을 하고, 소비자가 방문하여 해당 차량을 바로 인수하는 구조로 되어 있다. 딜러샵을 통한 구매를 시행할 경우 선택할 가장 큰 카테고리로 **'구매 또는 리스를 할 것인지'** 가 있을 것이고, 두 번째로 구매를 한다면 **'할부를 적용할 것인지'** 가 있다. 당연히, 금융을 끼고 진행할 경우 딜러나 샵에 더 많은 커미션이 나오기 때문에 이들은 금융을 추천한다. **하지만 신규 법인의 경우 신용이 전혀 없기 때문에 이를 진행하기에 어려움이 있을 수 있다.** 이 경우 타인의 신용으로 보증하는 방법도 있으나, 법인이 이를 사용하려면 책임과 보상의 문제를 고려하지 않을 수 없으므로 복잡해진다. 만약 금융이 가능할 경우 **리베이트** Rebate 가 나오는데, 이 금액이 이자 금액 또는 비용을 넘어서지 않는 선에서 하길 권한다. 참고로, 메이커 별로 자체 금융 상품이 있어서 신용이 없는 경우에 진행하기도 하나, 이 경우 10% 넘는 이자율이 나올 수 있음에 유의해야 한다.

리스의 경우 한국에서와 같이 회계상 비용 처리의 문제로 더 선호되기는 한다. **그러나 구매나 리스 모두 공제 한도가 있음에 유의해야 한다. 결과적으로 둘 다 공제 처리는 가능하기 때문에 큰 차이는 없다.** 다만, 구매의 경우 한꺼번에 현금이 묶이기 대문에 현금흐름상으로만 볼 때 리스 처리가 낫다. 구매의 경우 매년 마일리지를 확인하여 비용 처리를 해야함에 유의해야 한다.

3. 구매 절차

구매할 차량을 선택했으면, 집 근처 딜러샵 홈페이지를 검색해서 내가 선택한 차량에 원하는 옵션을 구비한 차량이 있는지 살펴봐야 한다. 해당 차량이 있는 경우, 다음으로 KBB 등과 같은 홈페이지에서 차량의 가격이 합리적인지 살펴봐야 한다. 홈페이지에서 **차량 연식, 2륜 또는 4륜 구동, 색깔, 파워트레인, 패키지, 옵션 및 특별할인** Special Offer 등 모든 선택지를 고르면 기준 가격 범위가 나오고 이를 딜러샵 가격과 비교하면 된다.

그림 29. KBB 에서 Palisade 옵션 선택 후 나온 가격

여기서 중요한 개념이 **권장 소비자 가격** MSRP, Manufacturer's suggested retail price 인데 제조사가 제시하는 기준 가격이다. 보통 딜러는 차량의 수요와 전시 기간 등에 따라 협상력을 가지기 때문에 MSRP 이하로 가격을 깎는 노력이 필요하다. 최신 인기차종은 오히려 MSRP 이상으로 판매되기도 한다. 딜러들은 차를 판매하고 받는 **리베이트** Rebate와 금융사로 부터의 **리베이트** Rebate 를 받고 추가로 차량을 인수할 때까지의 서비스비 및 추가 보험 판매 등을 통해 수익을 얻는다. 따라서, 협상은 MSRP 기준이 아닌 여기에 더해지는 각종 비용을 더한 최종 금액 (보통 OTD, Out the Door 가격이라고 부름) 을 기준으로 협상해야 한다. OTD 는 다음을 합산한 가격이다.

- MSRP
- **주정부 세금** State Tax
- **차량 등록비** Titile Registration and License Fee
- **서비스비** Documentation Fee

보통 MSRP는 스티커 가격이라고 해서 차량에 스티커로 붙어있고, 주정부 세금 및 차량 등록비는 고정비로 모두에게 공개되어 있다. 따라서, **서비스비가 얼마인지 그리고 혹시 추가로 보험이나 서비스에 허락없이 가입시킨 것이 있는지만 파악하면 된다. (일반적인 서비스비는 약 $300 선)** 차량 구매자가 준비할 자동차 보험 외에 다른 보험이나 서비스는 가입할 필요가 없는 경우가 많으니 유의해야 한다. 한 딜러샵 내에는 보통 여러 딜러들이 있고, 각자 고객을 대하는 태도나 샵 메니져와 협상하는 능력이 다르기 때문에 여러 딜러들을 접촉해 보는 것이 좋다. 최근 현대나 기아 딜러샵에는 한국계 직원들이 많이 일하고 있으니 도움을 받을 수도 있다. 미국은 신뢰 기반의 국가이지만 차량을 5대 이상 구매해 보면서 딜러샵에서 속고 속이는 일은 어떤 나라나 동일하다는 인상을 받았다.

3. 법인 운영

3.1. 운영전반 | 법인 운영 주요 업무

법인 운영이 어느 정도 무르익으면, 일정하게 반복되는 업무와 함께 중요한 운영상의 이슈들이 떠오르게 된다. 반복되는 업무의 경우 많은 부분 모회사나 계열사의 투자 법인 관리 지침이나 파견 및 전출 인력 관리 지침들을 따르게 되고, 이는 별도 모-자회사 간 계약, 자회사 사규 제정, 주총 및 이사회 등의 다양한 형태로 자회사의 경영에 반영되게 된다. 그러나 현지 법률과 사정에 따라 다양한 변수가 생기기에 어느 정도는 현지 사정에 맞게 운영 되기도 한다. 따라서 어떠한 법인의 전체 업무를 일률적으로 정의하기는 어렵다. 다만, 일반적인 중소기업을 미국에 설립 했을 경우 법인 운영에 있어 반복되는 업무를 정리해 보면 다음과 같다. 이번 3장 에서는 아래 내용 중 중요한 이슈들을 뽑아서 정리해 보겠다.

표 19. 법인운영 연간 업무내역

분야	업무내용
급여관리	□ 급여지급 시스템 관리 (신규직원등록, 퇴직직원삭제, 급여입력, 원천징수 관리, 정기 세금신고 확인, 세액공제 관리, ADP 시스템 문제해결) □ 현지직원 급여 책정 및 상담 (급여상승 요청 협의, 물가상승률 반영) □ 급여 연말정산 (임금상승률 반영, 기본급조정, 본사 급여 기준 반영) □ 교육비 정산 (전출자 미국 교육비 정산, 현지인력 복지 교육비 정산) □ 퇴직금 정산 (국민연금, 본사 연계 퇴직금, 현지 401(k) 및 연금 복지 정산) □ 급여 내부결제 및 지급 시 ADP 시스템 관리 □ 개인소득세 전체 진행 관리 (미국 회계사 – 한국 세무사 협업, 전체 공지) □ 개인소득세 관리 (미국 소득세 신고서 작성, 한국 소득세 신고서 작성, 신고 진행, 주정부 세무 이슈 진행 – ITIN 등록 관리)
법인운영	□ 법인 주정부 등록 (관련 주정부, LLC/주식회사: 주마다 다름), 변경사항 등록 □ 법인 문서 관리 (정부등록문서, 주요 계약서, 주식장부, 본사 관련 문서 등) □ 사규관리 (공문, 사규, 노동법 검토, 현지직원 확인서 서명, 권한 정리 및 게시) □ 산재/재산/자동차 보험 관리 (매년 갱신, 자동차보험 등록자 수시변경) □ 주정부 의무교육 관리 (성적괴롭힘 방지 교육 등– 매년 교육 용역 갱신)
세무관리	□ 법인소득세 신고 (각 주정부 및 연방정부 국세청) □ 법인 세액공제 (연구 및 개발세액 공제 등 가능한 공제 발굴 및 관리)

분 야	업 무 내 용
노무관리	□ 근태관리 (연차휴가, 중간귀국 휴가, 출산휴가, 출장, 재택근무 등 → 회계반영) □ 전출직원 정착관리 (임대차 계약 체결/정착금 지급/차량대부금/SSN/면허 등) □ 전출직원 비자관리 (비자현황, 연장, 신분관련 문제 등) □ 본사 개인 평가 / 현지 인력 연간 개인 평가 □ 복지관리 (통신비, 체력단련비, 복지카드, 피복지원 등 내부 정책에 따름) □ 구인관리 (광고, 면접, 수습기간, 최종결정공문, 시스템입력, 주정부보고, 계약 등) □ 의료보험 관리 (인원변경관리, 매년 갱신관리, 직원 지원금 및 지원 비율 관리) □ 연 1회 건강 검진 관리 (건강검진 주간 검진 독려 및 현황 관리)
회계관리	□ 법인 회계 감사 관리 □ 내부 통제 시스템 점검
자금관리	□ 사무실 전출자 렌트비 관리 (계약관리, 인보이스 관리 (관리비), 지출결의서 사인) □ 지출 절차 모니터링, PR/PO/지출결의 등 주요 지출 기록 및 회계 연동 현황 확인 □ 은행/법인카드/체크사용 관리 (내부통제 확인 및 관련 사규 관리) □ 학자금/ 교육비 관리 (증빙수합, 공문처리, 지불신청 – 교육비는 전 사원 적용) □ 소모품 구입 보고 및 대금 지급 (PR/PO/지출결의서 결재, 대금지급 결재) □ 사무실 용품관리 및 구매 (문구, 컴퓨터, 프린터, 소프트웨어, 모니터, 서버 등) □ 매월 utility 요금 지급 (렌트, 인터넷, 전기, 폰)
주주관리	□ 주총 및 이사회, 주간업무보고/본사업무보고/비정기 보고 수합 및 관리 □ 본사 연락업무 및 공지사항 관리 □ 본사 방문 관리 (방문자 일정, 기념품, 숙소, 식사 등)
안전보건	□ 코로나 현황관리 (코로나 현황 관리, 위생용품관리) □ 사무실 보안관리 (퇴근 전 전원끄기, 전등 끄기, 시건장치 관리 등) □ 시티 License (소방/안전점검 – 매년 갱신, 사무실 구조변경 시 보고) □ 안전장구 안전화 및 공사현장방문 안전 관리
총무업무	□ 법인 전화기 및 팩스 관리 □ 행사관리 (외부행사, 가족행사, 체육행사 등) □ 법인 자료 보관 및 관리 (법인 서버, 보안 점검 및 방화벽 관리) □ IT 기기관리 (PC 업그레이드, 법인 인터넷 및 보안 관리 (외부용역)) □ 대외기관 관리 (영사관, 코트라, 계열사 등) □ 회사 홍보용품 (기념품 등) 및 이미지 관리 (지역 홍보) □ 법인차량 관리 (스티커 등록 – 연1회, 고장관리, 세차 등) □ 문서관리 시스템 계약 관리 및 포털 서비스 업체 연락 관리

3.2. 투자 | 자본금 납입 및 증자 실무

자본 시장에 상장되어 있지 않은 이상, 그리고 법인의 주식 증서를 주권으로 발행하지 않은 경우 자본금 관리에 있어 가장 중요한 행위는 **주식 장부** Stock Transfer Ledger 를 기록하는 일일 것이다. 한국에서 투자하는 대부분의 투자자들은 소규모 회사를 설립할 것이기 때문에 대부분의 투자자들은 주식 장부를 기록하게 된다. 그리고 잊지 않아야 하는 부분은 자본금 증자 내역을 **주정부 연간 보고** Annual Report 를 통해 별도로 보고해야 하는 주가 많다는 점이다.

또한, 주식 장부에 포함된 주주들은 **주주명부** Shareholder List 에도 기록되어야 하는데 해당 서류에는 주주의 이름, 주소와 같은 개인정보와 각 주주가 보유한 주식의 수가 나열된다. 증자 시에 주주의 회사 소유권을 나타내는 물리적 증서가 발행되는데 이것을 **주권** Stock Certificate 이라 부른다. 여기에는 보유 주식수, 매입 날짜, 식별 번호, 법인 인감, 서명 등의 정보가 포함된다. 이외에도 법인이 스스로를 규제하기 위해 제정한 규칙이나 법률의 집합인 **정관** Bylaws 에 증자에 관한 사항을 규정해야 하고, 증자에 대해 이사회가 논의하고 공식적으로 결의한 회의를 기록한 **이사회 회의록** Minutes 이 필요하다.

LLC (유한책임회사) 설립 시, 명칭은 다르지만 위 내용을 대체하는 법률 서류들이 존재한다. LLC 의 **소유주 구성원** Owners/Members 회의를 기록한 **LLC 멤버 회의록** Minute 과 구성원의 권리와 책임에 대해 세부 사항을 명시하는 법적 문서인 **운영계약서** Operating Agreement, **주식 증서** Membership Certificate, **주식 장부** Membership Ledger 가 있다.

추가로 매년, 자본금 증자 내역이 있을 경우 증자에 대한 주주의 승인이 필요하다. 일반적으로 미국 내 투자를 위한 회사는 주식회사일 경우가 많기 때문에, 주주총회를 통해 증자를 요청한다. **정관** Bylaw 에 명기되어 있다면 증자 요청을 위한 이사회가 필요할 수도 있다. 증자를 요청하기 위해서는 최초 투자에 대한 승인 서류, 사업 계획, 사업 예산, 결산 또는 감사 보고서, 증자 사유 등이 필요하다. 증자가 일어나게 되면, 회사의 업무는 단순히 통장에 돈이 들어오는 것으로 끝나지 않는다. 받은 돈에 대한 영수증으로 **주권** Stock Certificate 을 발행해야 하는데, 이미 1.4장에 언급했듯이 최근에는 주권을 발행하지 않는 경우가 많다. 이 경우 주권을 **미발행** Uncertification 한다고 한다. 이 경우 중요한 것이 **주식 장부** Stock Transfer Ledger 이다.

Stock Issuance/Transfer Ledger for ABC Inc.										
								Authorized Shares of the ABC INC. (as of 2022-12-20): x,xxx,xxx ($xx par value)		
Name of Shareholder	Place of Residence	Time Became Owner	Uncertified Shares Issued			From Whom Shares were Registered	Ammount Paid Thereon	Date of Transfer of Shares	To Whom Shares are transferred	Certificates Surrendered	
			No.	No. of Shares	Date Issued					Certif. No.	No. Shares
										-	-
										-	-
										-	-
										-	-
		Total Number of Shares		-		Total Paid-in Capital	$ -				
CPA:			Secretary:				CFO/Treasurer:		Title: CEO Name: Signature: Date of Signature:		

그림 30. 주식 장부 Stock Transfer Ledger 예시

위 그림과 같이 주식 장부에는 **미발행 주식 수와 금액, 납입일자, 납입주주** 등을 명기한 후 **내부 절차에 따른 서명과 외부인의 서명**을 받을 수 있다. 이렇게 법인 내부에서 공식화된 문서는 주주가 요청할 경우 언제든지 공개해야 한다.

특별히 증자가 있을 경우 한 가지 확인해야 하는 점은 **주정부 연간 보고** Annual Report 를 통해 해당 사항이 별도로 보고되는 주가 있다는 점이다. 이를 통해 **법인 운영세** Franchise Tax 에 영향이 있을 수 있다. 법인운영세란 일부 주에서 주정부로 부터 운영권을 부여 받는 특권에 대해 납부하는 세금이다. 예를 들어, 일리노이 주는 **발행 주식** Outstanding Share 의 가격, 즉 납입자본금을 기초로 세금을 납부하고, 미시간과 오하이오주는 **수권주식수** Authorized Share 에 대해 법인운영세가 계산되며, 델라웨어주는 **수권주식수** Authorized Share 또는 **주당 액면가** Par Value 와 **자산의 규모**로 세금이 계산 및 납부된다. 발행가능한 총 주식수가 클수록 납부해야 하는 법인운영세가 높아지지만 너무 적을 경우 추후 투자자에 대한 주식 발생에 제약이 발생하거나 기업 가치가 올라갈 때 한 주당의 가치가 지나치게 커져 거래가 어려워지는 문제가 발생할 수 있으니 발행가능한 총 주식수를 설정할 때 주의를 기울여야 한다.

3.3. 법률 | 주총 및 이사회 관리

일반적으로 법인의 가장 큰 정책을 관리하는 단위는 주주총회와 이사회이다. 이러한 법인 전반적인 존속을 관리하는 것을 House Keeping 이라고 한다. 이중 가장 중요한 일은 회사의 주요 **미팅 및 결정사항을 공식적**으로 기록·관리하는 것과 회사를 **주 법상 온전한 법인** Good Standing 으로 행정적인 관리를 하는 것 두 가지 이다. 이 중 회사의 주총 및 이사회를 관리하는 방법에 대해서 설명하고자 한다.

주총 이사회 횟수

일반적으로 주정부 법은 최초 주총 및 이사회를 의무화 하고 있고, 최소한 연 1회의 미팅을 의무화하는 경우가 많다. 그러나 구체적인 절차나 방식은 대부분의 법률이 각 회사의 **정관** Bylaw 를 통해 규정하도록 하고 있다. 중소기업의 경우 주총을 정기적으로 열지 않을 수도 있으나, 이것을 주정부가 규제하거나 관리하지는 않는다. 다만, 법정에 서거나 행정기관과의 문제가 발생할 경우 이러한 House Keeping 절차가 무시된 경우 **법인의 온전성** Good Standing 에 의심을 받게되고 법인의 존립이 인정되지 않고 개인에게 책임이 전가 될 수도 있다. 일반적으로 이사회는 분기별로 가지는 것이 좋고, 주총은 특별한 결의를 하는 주총 외에는 일년에 1회~2회 가지는 것이 좋다. **주안점은 주총과 이사회가 오히려 행정적인 부담이 되지 않도록 초기에 정관** Bylaw **을 통해 주총 및 이사회 결정 사항 및 회의 횟수를 명확히 하고, 안건을 사전에 관리하여 긴급한 회의가 발생하지 않도록 하는 것이다.**

스케줄 관리

정해진 주총 및 이사회 기한이 다가오면, 사전에 참석자들과 커뮤니케이션 하는 것이 중요하다. 우선 미팅 일정은 적어도 1년 전에 예상 가능하게 공지되어야 하고, 10일 전에는 공식적인 통보외에도 전화를 통해 중요한 회의 안건 및 회사의 이슈를 공유하도록 해야한다. **회의 자료** Package 는 적어도 회의 전에 전달되어 하루 이상의 검토 시간을 주어야 한다. 회사의 현 상황을 있는 그대로 전달하도록 하는 것이 좋으며, **정관** Bylaw 상의 결정사항 외에도 투자자들의 조언을 구할 수 있는 중요한 이슈를 전달한다.

안건 관리

주총 및 이사회 결정사항은 **정관** Bylaw 에 명시하지만 안건의 범위는 경영진의 해석사항일 경우가 많다. 따라서 각 분야별로 주요 이슈를 관리하고, 안건 사항을 미리 정리해 두는 것이 필요하다. 중요한 관리 분야는 다음과 같다.

- 재무 (분기별 결산 결과, 다음 분기 및 연간 실적 예상, 주요 회계 이슈, 자금현황)
- 운영 (이사의 변경, 주요 경영진의 변경, 연간경영계획, 사규 관리, 소송 현황)
- 경영 (판매 및 마케팅 전략, 주요 투자 및 계약, 생산 및 개발 현황, 시장 경쟁 구도)
- HR (조직 구성도, 경영진 구성, 신규 인력 고용 계획, **복지** Benefit 계획 등)

다만 실제 회의에서의 안건은 위 안건 중 중요하고 긴급한 것들 위주로 1-2개 분야를 다루는 것이 중요하다. 회의에서 모든 안건을 다 다루는 것은 중요한 결정들을 모두 미루게 만들거나, 명확한 해결책을 제시하지 못하게 만든다.

회의관리

회의는 중요한 안건을 다루되 2시간 ~2시간 반 정도를 예상하고 타이트하게 진행해야 한다. 이것이 반복되면 주주 및 이사들은 의사 결정을 위한 스케줄 관리나 중요 안건 위주의 발언을 준비할 수 있다. 만약, 정해진 안건을 다 다룰 수 없다면, 서면이나 향후 회의에 다룰 수 있도록 주요 안건 위주로 진행한다. 또한, 회의에는 경영진 외에 실무자나 관리자들이 참석해서 실무 현황을 공유할 수 있도록 할 수 있다. 이 경우 안건을 이해하고 경영 환경을 이해한 상태에서 결정할 수 있어 회사에 큰 시너지가 된다. 특히, 회의 중에 주주나 이사가 관심을 가지고 질문하는 부분들은 내부적인 의사소통을 거쳐 다음 회의 때 추가 정보를 제공하도록 한다. 또한, 회의 전날 저녁 만찬을 준비하면 회사와 주주 및 이사와의 유대감을 형성하고 이들이 경영 환경을 이해하고 지원하는데 도움이 된다.

3.4. 법률 | LLC 의 특징

L LC는 한국법 상 회사의 명칭으로 하자면 유한책임회사가 되겠다. 근래에 미국에서
사업을 시작하는 대부분의 사업자들은 LLC 형태로 법인을 구성한다. 그러나 LLC는
전통적인 주식회사와 그 법률적 지위가 다르고, 미국의 경우 특수한 목적을 위해 LLC를 사
용하는 경우가 많기 때문에 미국에서 사업을 영위하기 전에 그 특징들을 이해하는 것이 매
우 중요하다. 그 특징을 아래에 차례로 기술해 보겠다.

1. 주주가 없다.

LLC는 주주가 없다. 주주는 영어로 Shareholder 인데, 소유 (hold) 할 주식(share) 이
없기 때문이다. 즉, LLC에는 소유권을 확보할 주식이 없다. 대신 LLC의 소유권은 Interest
라고 표현한다. 이는 LLC의 특징에 기인하는데, LLC는 주식의 수로 소유권을 표현하지 않고
비율로 표현하며 자본금 투입 비율과 소유 비율은 다를 수 있다. 결과적으로 합의된 비율은
주주협약 Shareholder's Agreement 에 해당하는 **운영 계약 Operating Agreement** 에 별도 합의
한다. 그리고, 주권의 경우도 각자 합의한 소유권을 명시하는 **소유권확인서 Certificate for
Membership Interest** 를 써서 대체한다. 주식회사의 주주대신 소유권자를 Member 라고 부
른다.

2. 자본금을 안 내도 Member 가 될 수 있다.

주식회사에도 물론 현물출자의 개념이 있다. 그러나 LLC 는 그보다 더 광범위하게 출자
를 인정해 준다. 일반적으로 소규모 사업을 위해 시작된 회사의 개념이기 때문에 노무를 출
자할 수도 있다. 즉, 나는 회사를 위해 노동을 제공하니 20%의 지분을 인정해 달라고 요구할
수 있다. 더한 경우는 자본금 제공에 대한 신용을 제공한 후 지분을 인정 받을 수도 있다. 이
경우, 회사에는 자본금이 들어오지 않았지만 해당 멤버는 합의된 지분에 대한 모든 권리 및
의무를 이행할 수 있다. **이를 통해 멤버 간 합의 기반의 수익금 배분 (즉, 배당, 세액공제, 세
금공제, 손금, 익금 분배) 을 합의하기 때문이다.** 예를들면, 자본금은 넣지 않았지만 계약상
합의에 의해 일정 %의 지분에 대한 권리를 인정해 주면서, 수익금 배분에 대한 비율도 지분
과 다르게 합의할 수 있다.

3. 세금을 안 낸다.

LLC는 국세청에서 파트너쉽 (2인 이상) 또는 Disregarded Entity (1인) 라고 부른다. 그러나 세금을 안 내는 것은 아니고 상위의 소유자 및 주식회사 등에게 세금을 합의된 비율대로 올려서 내게 한다. 이렇게 LLC 법인이 세금신고 시 세액 배정을 정리하는 서류를 Schedule K-1이라고 한다. **위에 언급한데로, Member 들은 손익 및 공제액을 포함한 수익을 별도로 배당 받을 수 있기 때문에, LLC는 각 참여자가 이익을 극대화 할 수 있는 방법으로 독특하게 구조화 되게 된다.** 즉, 자본금 납입 (또는 납입 약속) 비율과 Member의 세제 이익 배분 비율이 다를 수 있기 때문에 세액 공제, 세금 공제 및 손금을 한 멤버에게 우선 배분하고 초기 수익은 투자자별 별도 비율로 가져가는 독특한 구조도 만들 수 있다.

4. 출자 이상의 책임(Limited Liability)을 지지 않는다.

LLC의 최대 장점이다. 이는 법적, 재무적 책임을 통괄하는 내용이다. 즉, LLC 가 대출을 했다가 파산하는 경우 (LLC Member 또는 상위 소유주가 별도의 담보나 보증을 제공하지 않은 경우) 그 소유주에게는 별도의 책임을 묻지 않는다. 동일하게, LLC 의 법적인 책임에 대해서도 (일반적으로 금전적인 손해 배상) 에 대해서 예외가 인정되지 않는 한 Member 에게 책임을 묻지 않는다. 즉, 정리하면 LLC는 주식회사와 동일한 형태로 책임이 제한되면서도 세금을 소유주에게 전가할 수 있다. 다만 이러한 책임 제한이 사라지는 **책임제한예외** Piercing the Corporate Veil 의 경우가 있는데, 주로 LLC를 개인 호주머니처럼 구분없이 사용하거나, 충분한 자본금을 넣지 않거나, 범죄의 도구로 사용한 경우 소유주가 책임을 질 수도 있다.

5. 이사 (Board Member)가 없다.

또 다른 특징으로 LLC 에는 이사가 없다. 그러나, 필요한 경우 이사 역할의 Manager 를 두고 회사를 별도로 관리하게 하거나, 규모가 큰 경우 지분 비율로 Manager 들이 중요한 결정을 하게 할 수도 있다. 이는 주식회사의 이사회 개념처럼 보이지만, 대부분의 **협의체** Manager's Committee 는 보다 간단한 조직으로 구성되는 경우가 많다. 이는 LLC 가 보다 가벼운 회사로 운영되기 위한 태생적인 성격 때문이다.

6. 구조화가 용이하다.

LLC는 주식회사에서 홀딩 회사의 지분을 파는 것과 같이 LLC 중층구조 (LLC-LLC-LLC 로 연결되는 소유구조) 로 구성할 경우 추가 투자 및 지분의 매매가 간단하다. 또한, LLC 중층 구조에서 각 LLC 단에서 별도의 금융을 일으킬 수 있기 때문에 (이 경우 자연스러운 순위 조정이 되거나 필요할 경우 대주 간 채권 우선권 조정 협의 가능) 전통적인 회사에서 2-3가지의 대출을 일으키는 것보다 훨씬 간단하게 금융을 진행할 수 있다. 이 외에도, LLC 간의 투자 및 지분인수의 경우 일반적인 지분인수로 처리할 수 있으면서도, 서로의 이익이 맞을 경우 파트너쉽의 신규 출자로 인수 구조를 변경 시킬 수도 있기 때문에 투자 및 세무적인 용이성이 있다. 더불어 주정부 등록 등 행정 처리가 간편하며, 판매 시 단일 소유자에게 넘기면 세제 혜택도 있다 (자산매각 처럼 취급).

그러나 무조건 장점만 있는 것은 아니다. LLC의 가장 큰 단점은 회사 기본 행정을 유지하는데 어려움이 있고 (기본적으로 한 사업에 여러 개가 있음), 부대 비용이 들고 (복수 LLC 운영비), 주식회사와 다른 다양한 변수에 대한 사전 검토 (예, 합의에 의해 자본금을 추후 적립하기로 한 경우, 회계상 인식은 세무상 합의 비율과 다를 수 있음) 가 필요하다는 점이 있다.

3.5. 법률 | 영문 계약서 작성법

미국에서 영문 계약서는 피할 수 없는 존재이다. 기본적인 행정 문서들도 모두 법률적인 의미를 가지고 쓰여진 경우가 많다. 때문에, 영문 계약서 안에 숨겨진 규칙들을 파악하고 있으면 업무에 매우 도움이 된다. 아래 그 내용을 정리해 보겠다.

계약에 대한 기본 사항

1. 계약이란?

◉ 계약이란 어떠한 특정한 의무를 이행 (또는 미이행) 하기로 하는 의무를 생성하는 계약 당사자간의 합의이다. 미국 법상 법적으로 강제할 수 있는 계약은 다음 사항을 포함해야 한다.
  ‣ **(1) 제안** Offer, **(2) 수락** Acceptance, **(3) 약인** Consideration

2. 의사의 합치 Meeting of the Minds

◉ 법적 효력이 있는 **제안** Offer 과 **수락** Acceptance 은 계약 당사자간 '의사의 합치' 또는 상호간의 동의를 일으킨다.
◉ '의사의 합치'는 다음 사항을 전제로 한다.
  ‣ 계약을 맺으려는 당사자간의 의도가 있어야 한다.
  ‣ **제안** Offer 은 명확하고 분명해야 한다.
  ‣ **수락** Acceptance 은 명확히 전달 되어야 한다.

3. 계약문구의 명확성 (definiteness of the terms)

◉ 문구가 법적으로 유효하기 위해서는 **합리적인 일반인** Reasonable Person 이 그 문구를 이해할 수 있어야 한다.
◉ 최소한의 명확성이 보장되어야 하는 구절은 다음과 같다.
  ‣ 계약 당사자
  ‣ 이행 시기 (기간 또는 용역 계획 등)
  ‣ 가격
  ‣ 용역의 범위 또는 세부 내용

○ 재미있는이야기: 1995년 콜라 회사 펩시는 마케팅 전략의 일환으로 펩시콜라에 포인트를 부여하여 경품을 제공하는 행사를 한다. 이 때 광고의 효과를 높이기 위해 펩시는 700만 포인트를 모으면 해리어 전투기를 제공한다는 내용의 광고를 방영한다. 시애틀의 경영대에 재학하던 한 대학생은 해당 광고를 보고 70만 달러면 3천 3백만 달러에 달하는 해리어 전투기를 살 수 있다는 계산으로 해당 금액을 펩시에 보내고 해리어 전투기를 요구했다. 과연 법원은 이 상황을 계약으로 보고 해리어 전투기를 지급하라고 결정했을까?

○ 결론: 법원은 계약이 형성되지 않았다고 보았다. 물론 TV를 통해 전 국민에게 약속을 한 상황이 되었지만, 해당 행사의 카탈로그에는 해리어 전투기를 넣지 않았고, 따라서 법원은 해당 광고가 제안(offer)을 구성하지 않는다고 보았다. 또한 어떠한 합리적인 일반인 (reasonable person)도 해당 광고를 통해 계약을 맺으려고 의도하였다고 보지 않으리라고 판단했다.

계약 조항

1. 공통적인 계약조항 및 조항의 순서 (아래 순서대로 작성함)

◉ **전문** Preamble: 계약서의 이름, 날짜 및 계약 당사자들
  ‣ 계약서에 명기된 계약 당사자의 이름이 정확한지 확인 (철자 및 특수문자에 유의)
  ‣ 해당 당사자가 아닌 계약자로 기록되어 있을 시 실 계약자와의 계약 무효 가능성
  ‣ 계약에 명기된 계약 당사자가 아닌 제 3자는 계약에 대한 어떠한 의무도 지지 않음(예, 약속 조항 Covenant 에 제 3자의 의무 사항을 기록한 경우 무효)

**THIS GENERAL SERVICE AGREEMENT (the "Agreement") is dated this _____ day of
_____, _____.**

CLIENT	**CONTRACTOR**
_____	_____
_____	_____
(the "Client")	(the "Contractor")

◉ **상설** Recitals: 계약 당사자들이 왜 계약을 맺는지에 대한 설명

  ‣ 계약의 배경을 설명하는 구절로 계약상의 효과는 없다

  ‣ 법적 책임이 있는 문장은 넣지 않는다 (예, 진술 및 보증, 약속, 의무 등)

BACKGROUND

A. The Client is of the opinion that the Contractor has the necessary qualifications, experience and abilities to provide services to the Client.

B. The Contractor is agreeable to providing such services to the Client on the terms and conditions set out in this Agreement.

◉ **계약 동의 진술** Words of Agreement: 계약 조항에 동의한다는 진술

IN CONSIDERATION OF the matters described above and of the mutual benefits and obligations set forth in this Agreement, the receipt and sufficiency of which consideration is hereby acknowledged, the Client and the Contractor (individually the "Party" and collectively the "Parties" to this Agreement) agree as follows:

◉ **정의** Definitions: 계약에 사용되는 용어의 주요한 정의

‣ **정의에는 통화 및 도량형 등을 꼭 기록해 준다.**
  · "ABC INC. shall pay $200 when the payment date is due according to Article 1"
  · 위와 같은 합의가 있다면 정의에는 다음 구절을 꼭 넣어야 함
  · "Dollar" or "$" means the lawful currency of the US.

‣ **정의에는 법적 책임이 있는 문장은 넣지 않는다. 정의는 선언 Declaration 일 뿐이다.**
  · "Intellectual Property" means trademarks, service marks, patents, designs, design rights, trade and business marks, copyright, trade secrects, know how or any other intellectual property rights **which is unencumbered (담보설정 되지 않은) at the time of closing.**
  · 위 문장은 정의에 조건을 단 문장으로 해당 조건은 유효하지 않다. 즉, 선언 Declaration 은 위반할 수 없다

"Laws": means any law, statute, rule, regulation, requirement, instruction, direction, consent, authorization, rule of law, order, ordinance, specified standards, other legislative or administrative act of a Competent Authority, a decree, judgment or order of a court, which is or becomes legally binding including but not limited to any precedents or judgments of competent courts.

◉ **주요 조항** Action Sections and Other Substantive Business Provisions: 해당 계약 내용을 수행하겠다는 약속 및 금전 관련 조항

- 효력일 및 계약 기간, 계약의 내용, 가격, 이행 기준, 보증 및 진술
- 종료 조항 (Endgame provisions): 계약의 종료와 관련된 구절
- 일반 조항 (General provisions): 관할법, 분쟁 해결, 보상, 책임, 세금, 비밀 유지 의무 등
- 서명란 (Signature lines)

---

1. Services. Consultant agrees to perform the following services (the "Services") in a timely, expeditious and professional manner: **Consulting Services** in accordance with all applicable provisions of the Consultant's Proposal dated _____, which is attached hereto as Exhibit "A" and incorporated herein by this reference. In the event of any conflicts between the Agreement and any of the terms of the attached exhibits, the terms of this Agreement shall prevail.

---

2. Compensation. For satisfactory performance of the Services hereunder, County shall pay Consultant for the performance of the services detailed in this Agreement, **$**_____. Payment will not be made on a salary or hourly rate. County shall have no obligation to make any payments until such time as County accepts Consultant's performance as satisfactory. All payments under this contract shall be to the trade or business name of the Consultant. No payments will be personally made to an individual under this contract.

---

3. Term.   The term of this Agreement shall be from _____ to _____. The Agreement may be terminated earlier by final completion of the Services by the Consultant and acceptance of the services by the County or through the termination provisions provided herein.

---

4. Termination. Consultant may terminate this Agreement at any time by giving the County written notice of not less than sixty (60) days. County may terminate this Agreement at any time in the event that Consultant violates the terms of this Agreement or fails to produce a result that meets the specifications of this Agreement. In the event of termination, payments will be made to Consultant for all work performed up to the date of termination.

---

12.   Third Parties. This Agreement does not and shall not be deemed to confer upon any third party any right to claim damages to bring suit, or other proceeding against either the County or Consultant because of any term contained in this Agreement.

13.   Assignment. This Agreement is for personal services predicated upon Consultant's special abilities or knowledge, and Consultant shall not assign this Agreement in whole or in part without prior written consent of the County.

14.   Entire Agreement. This Agreement constitutes the entire agreement and understanding between the parties and supersedes any prior agreement or understanding relating to the subject matter of this Agreement.

15.   Modification. This Agreement may be modified or amended only by a duly authorized written instrument executed by the parties hereto.

[계약 조항 주요 문법]

1. 보증 및 진술 (Representation and Warranties): 보통 be 동사를 사용

- 보증 및 진술은 '사실의 진술'과 '사실에 대한 보증' 이라는 차이가 있음
- 보증 및 진술은 체결 현재의 사실에 대한 보증 및 진술을 기록하는 것 (미래 어느 시점도 가능)
  - ❖ Company will receive all permits required at the Second Permit Request Date → 이 경우 will 이 아닌 shall 을 사용하여 약속 Covenant 이 되도록 함
- 보증 및 진술에서는 **위험의 배분** Allocation of Risk 또한 중요
  - ❖ Company is a duly incorporated in South Korea and has complied with all applicable laws. Company is not in default under any agreement. → 문장에서 materially complied 및 material agreement 와 같이 material을 씀으로써 중요하지 않은 법 및 계약의 위반까지 포함시키지 않도록 조절가능

2. 약속 (Covenant): 보통 shall 동사를 사용

- 약속은 동사 shall을 사용하며 계약 당사자 간 의무에 대한 조항으로 계약에 중요한 동사
- 제 3자는 약속의 대상이 될 수 없음
  - ❖ The arbitrators shall resolve any dispute arising under Article3.4. → 중재인은 계약 당사자가 아니므로 해당 계약의 의무를 지지 않으며 수정이 필요한 문구임
- 제 3자, 사람이 아닌 물건 등에 shall 동사를 쓰지 않는다

3. 조건 (Conditions): 보통 must 동사나 조건문을 사용

- 조건에는 shall을 쓰지 않고 must 를 쓰거나, 조건임을 명시하는 구절을 넣어준다.
  - ❖ Conversion of Preferred Stock. To convert its preferred stock to common stock, a preferred stock holder shall submit the Required Documents to the Corporation no later than May 15, 2013. → shall 을 must로 바꿔 준다.
- **조건** Condition 의 경우 조건이 만족되지 않을 시 의무가 이행되지 않으면 되지만, **약속** Covenant 이 될 경우 해당 상황은 의무 위반으로 손해를 배상해야 한다.
- 조금 더 명확히 하기 위해서 위 문장은 'IF …., THEN …' 으로 바꾸거나, 'it is condition to a preferred stockholders' conversion of the stock to common stock that …' 으로 바꿀 수 있다.

2. 위험의 배분 Allocation of Risk

◉ **삽입구를 통해 위험을 사전 방지:** 계약서 문장은 적절한 수식어 수정 등을 통해 법률적 위험 부담을 줄일 수 있다. 주로 변호사들이 이러한 수정을 하지만, 실무적인 차원에서도 이해하고 적용할 필요가 있다. 아래 예는 소송을 인지하는 사람의 범위를 줄임으로서 추후 문제의 소지를 줄인 예이다.

> 예문 1: except as set forth on Schedule 3.14, no litigation is pending or, to the Company's knowledge, threatened against the Target.
>
> 예문 2: except as set forth on Schedule 3.14, no litigation is pending or, to the knowledge of any of the Comapny's officers, threatened against the Target.

3. 계약 주요조항 Action Sections 에 꼭 포함되어야 할 내용

◉ **계약 이행의 객관적인 기준 Standard of Conduct 제시:** 계약 이행의 구체적인 수준을 수치 및 국제적인 기준을 통해 제시

◉ **분쟁 해결의 방법 제시:** 법원으로 갈 것인지, 중재로 해결 할 것인지, 또한 어느 지역의 법이 계약을 관할하게 할 것인지 등을 제시

◉ **비용 상환 및 보상에 관한 내용:** 피해 발생시 어떠한 방법으로 보상할 것인지, 구체적인 피해 내용과 그에 상응하는 보증금 또는 벌금 등을 기록

◉ **지불일정:** 구체적인 표 또는 구절을 통해 해당 상환, 보상 또는 지불 등의 기일 및 방법 등을 기록

◉ **용역범위:** 용역의 경우 어디까지 어떠한 기준으로 행할 것인지 기록

◉ **계약기간:** 계약 기간은 구체적으로 기록하되 상황의 변화에 따라서 어떻게 연장 내지 조기 해지 되는지도 기록

4. 리스크 관리를 위해 주의하여 작성해야 할 내용

◉ **책임의 정의 및 제한 Liability & Limitation of Liability :** 계약상의 책임을 미리 정하고, 해당 책임의 범위 (예, 계약 금액의 100%)를 정한 후, 그 외에는 별도의 책임 (예, 민사상의 소송)을 지지 않음을 명시

◉ **기밀내용 Confidentiality :** 기밀 내용의 범위, 기밀 유지 기간, 기밀 제외 내용 등을 기록

◉ **확정적 손해배상 Liquidated Damages :** 한 쪽 당사자의 **계약 불이행 사안 Event of Default** 에 대해 합리적으로 예견되는 피해액을 미리 산정함으로써 피해 시 즉각적인 구제 시행 (피해 보상의 예정액)

- **보험** Insurance : **양허 계약** Concession Agreement, **운영 및 유지보수 계약** O&M Agreement 또는 **종합설계시공 계약** EPC Agreement 등에 계약 불이행 사항이나 불가항력 등 발생하였을 때 양 당사자의 피해를 최소화하기 위한 보험 요구 사항을 기록
- **진술 및 보증** Representations and Warranty : 진술 및 보증이 거짓 또는 허위 진술일 경우 배상금을 지불 할 수 있으므로 주의하여 기록
- **보상** Compensation and Draw Down : 확정적 손해배상 외에 **건설 보증금** Construction Security 및 **이행 보증금** Performance Security 등을 통한 벌금 항목의 인출, 또는 계약에 지정한 특수한 상황 발생시 피해에 대한 보상
- **제3자 배상** Indemnity : 해당 계약으로 인해 계약 당사자 이외의 타인에 대한 배상 문제가 발생할 시 타방 당사자에 의한 문제임에도 해당 당사자가 보상을 할 경우 타방 당사자에 대해 배상을 청구할 권리 범위를 명확히 기록
- **분쟁 해결** Dispute Resolution : 주로 중재에 의해 해결하며 국제 상사 중재 위원회의 중재 규칙 및 절차를 주로 사용. 계약 당사자들은 제 3 국에서의 중재를 선호하며, 중재가 불리하다고 판단할 경우 직접 재판 관할지를 지정하기도 함.

5. 계약서의 문법 (출처: Drafting Contracts, Tina Stark)

	의미	목적	법적 구제
진술 Representation	계약 체결 시점 (또는 합의한 일정 시점) 의 사실에 대한 진술	의존 관계 형성, 책임의 기준 설정, 위험의 배분	• 중요한, 선의 또는 과실에 의한 부실 표시 (material, innocent or negligent misrepresentation)에 대해 계약 거부 및 원상회복 배상. • 악의적인 부실 표시(fraudulent misrepresentation)에 대해 계약 거부 및 원상회복 배상, 또는 손해 배상 (차액, out-of-pocket 또는 기대이익, benefit of the bargain) 및 징벌적 손해 배상 (punitive damages)
보증 Warranty	어떠한 진술이 사실이 라는 약속	진술이 사실이 아닐 경우 배상, 위험의 배분	• 손해 배상 • 예시: Company is not in default under any Material Agreement, except for any default that does not materially adversely affect ABC. (주요한 계약을 불이행 하고 있었을 경우 보증 위반)

약속 Covenant	무엇인가 하거나 또는 하지 않기로 하는 약속. 계약은 이행 책임 (obligation to perform) 이라고도 불리는 의무를 형성	행동을 요구 또는 금지, 책임의 기준 설정, 위험의 배분	손해 배상 및 가능하다면, 특정 이행 (가처분, specific performance). 만약 위반이 중대하여 치유할 수 없는 전체 계약의 위반이 된다면, 한 당사자는 다른 구제 뿐만 아니라 계약을 취소할 권리도 있다.
권리 Right	한 계약 당사자의 다른 계약 당사자의 계약 이행에 대한 권리. 권리는 약속의 이면	행동을 요구 또는 금지, 책임의 기준 설정, 위험의 배분	• 약속 Covenant 부분과 같다 • 예시: The Seller is entitled to be paid $200,000 at Closing.
의무 이행 전 조건 Condition to an Obligation	한 당사자의 의무적인 이행 전에 존재해야 할 사실의 진술.	언제 한 당사자가 약속을 이행할 의무가 발생하는지 설정, 위험의 배분	• 의무 이행 전 조건은 위반 될 수 없다. 조건의 미 발생은 약속 이행 의무가 발생하지 않았음을 의미한다. 만약 조건 미 발생시 한 당사자가 의무 이행 여부를 결정하게 되어 있다면, 해당 조건은 취소 조건이 되며 계약 취소 권리를 부여 한다. • 예시: it is a condition to Company's obligation to close the deal that Company must have received test result before Closing Date.
재량권 Discretionary Authority	어떠한 행동을 취할지를 선택할 권리, 행동의 허가	선택 또는 허가를 제공하기 위해, 위험의 배분	• 적용 안됨 • 예시: Either Party may terminate this Agreement by written notice if the transactions it contemplates are not consummated on or before December 31, 2013.
재량권 이행 전 조건 Condition to Discretionary Authority	한 계약 당사자가 재량권을 행사하기 전에 발생해야 할 사실	재량권이 행사될 때를 설정, 위험의 배분	• 적용 안됨 • 예시: If an Event of Default occurs and is continuing, then the Bank may accelerate the Loan.
선언 Declaration	당사자들이 동의하는 사실의 진술	정의 및 정책의 설정	• 적용 안됨 • 예시: "Purchase Price" means $200,000
선언 전 조건 Condition to a Declaration	선언이 구체적인 결과를 낳기 전에 존재해야 할 사실	언제 선언이 적용 가능한지 설정	• 적용 안됨 • 예시: If any party assigns this agreement in violation of this agreement, that assignment is void.

다시 말하자면, 계약서를 보는데 가장 중요한 것은 **계약서의 구조와 계약서의 문법**이다. 계약서의 구조는 위 계약 조항에서 설명하였듯이 **전문** Preamble, **상설** Recitals, **계약동의진술** Words of Agreement, **정의** Definition, **주요조항** Action Section (효력일 및 계약 기간, 용역의 내용, 가격, 이행 기준, 보증 및 진술, 종료 조항 (계약의 종료와 관련된 구절), **일반 조항** General Provisions (관할법, 분쟁 해결, 보상 및 책임, 세금, 비밀 유지 의무 등), **서명란** Signature Line 으로 구성된다. 이러한 계약서의 구조와 별개로 계약서의 모든 내용은 계약서의 문법에 맞는 조항들로 구성된다. 모든 계약 문장은 정해진 문법에 따라 작성되므로 계약서 문법을 숙지하면 된다. 계약서 문법은 **진술, 보증, 약속, 권리, 의무 이행전 조건, 재량권, 재량 이행 전 조건, 선언, 선언 전 조건**으로 구성된다.

○ <u>재미있는이야기</u>: 영국의 광고 에이전트 회사 H 는 큰 주문을 넣은 E 회사의 신용도를 알아보고 싶었다. H 는 자신이 고객인 국영 은행을 통해 E 회사의 주거래 은행 H&P 에 E 회사에 대한 보고서를 요청했다. H&P는 편지로 "일상적인 사업을 하기에 좋은 상대" 임을 확인하여 주었으며, 해당 편지에는 "본 은행은 어떠한 책임도 없음"을 명시하였다. 이를 근거로 계약을 맺은 H 는 회사에 1만 7천 파운드의 손해를 끼쳤다. 회사는 과실에 의한 부실표시 (negligent misrepresentation)로 은행을 고소했다.

○ <u>결론</u>: 법원은 과실에 의한 부실표시요건을 충족하지 못한다고 보았다. 과실에 의한 부실표시의 경우 기본적으로 해당 사항을 표시한 당사자의 주의 의무 (duty of care)가 발생한다. 즉, 법원은 특별한 기술을 가진 자가 다른 이가 그러한 기술을 의지할 것을 알고 해당 기술을 사용할 시 주의 의무 (duty of care)가 발생하는 것과 마찬가지로, 그러한 기술이 언어로 표현될 때도 해당 기술을 가진 자는 주의 의무를 다해야 한다고 보았다. 따라서 H&P 은행이 E 은행에 대한 전문적인 식견을 가지고 "좋은 상대" 라고 표현하였을 시, 해당 식견을 의지한 제3자에 피해가 생겼을 경우 과실에 의한 부실표시(negligent misrepresentation)이 인정되어 피해 보상을 해야 한다. 하지만 위 사건의 경우 H&P은행이 "어떠한 책임도 없음"을 명시하였기에 은행은 책임을 면할 수 있었다.

3.6. 법률 | M&A, Startup, 주주, 노무, 운영 간 분쟁 처리

미국 사업을 시작할 때 아무것도 없는 맨 바닥에서 시작하려면 문화를 이해하고 법을 이해하는 데 시간이 많이 걸린다. 따라서, 이미 진행된 사업을 인수하는 경우도 많아지고 있다. 또한 최근에는 미국에서 스타트업을 시작하는 경우도 보게된다. 어떠한 경우 초기에 법률 상 고려해야할 사항들이 있고, 이러한 부분이 고려되지 않았을 경우 분쟁에 휩싸이게 되는 경우를 심심치 않게 본다. 이번 장에서는 전반적인 M&A, Startup 시작 시 고려해야할 부분과 법인 운영 간 발생하는 분쟁의 처리에 대한 내용을 다뤄보겠다.

M&A

미국에서 M&A 를 하는 경우는 크게 **기존 사업체를 인수하는 경우와 신규 프로젝트**를 인수하는 경우로 나눌 수 있다. **인수 방식에도 자산인수와 주식인수의 방법이 있다. 자산 인수의 경우** 필요한 자산만 골라서 인수할 수 있지만, 해당 자산을 적절한 가격으로 평가하고 자산으로 인식하는 과정에 전문가의 손길이 필요하다. **주식인수의 경우**도 주식의 가치를 평가하는 과정이 필요하고 추가로 인수 후 세무적인 문제가 없는지 검토하는 것이 중요하다. 더불어 기존 경영 상의 부담이 그대로 전가되기 때문에, 기존의 부채나 법적인 문제들이 큰 부담으로 작용하지 않는지를 살피는 것이 중요하다. 이를 위해 주식인수의 경우도 전문가를 고용해 인수 대상 법인을 **실사** Due Diligence 하는 과정이 매우 중요하다. 다만, 전문가를 통한 실사라고 하더라도 결과적으로 인수하고자 하는 사업을 가장 잘 아는 것은 **구매자** Buyer 이므로 전문가를 전적으로 의지하기 보다 중점적으로 살펴보기 원하는 부분을 요청하는 것이 좋다. 실사는 주로 회계, 법률, 기술 및 전문 컨설팅 회사가 동원되는 경우가 많고 회계, 법인 설립 문서, 주주구성, 기존 계약 관계, 세무 현황, 소송 현황, 자산 소유권, 인허가, 사업상 이해관계 등을 종합적으로 분석하게 된다. **위험 신호** Red Flag 가 발생한 이슈는 계약서에 문제 해결을 위한 충분한 조치를 취한다. 추가로 회사 운영에 대해서도 기존 회사를 완전히 인수하여 **기존 주주가 제거**되는 방식이 있고, **기존 주주와 동업**을 하는 경우가 있다. 기존 주주와 동업하는 경우 세무상 문제를 잘 합의해야 한다. 전체적으로 정리하면 사업의 인수와 주주 간 협의를 하는 과정에서 많은 법적 이슈가 생긴다. 이를 정리해 보면 다음과 같다.

주요 이슈		해결 방법
인수 계약	인수 후 자산, 인허가 및 경영현황 문제 발생	· **진술 및 보증** Representation & Warranty 조항을 통해 인수 당시 사실에 거짓이 발견될 경우 배상하도록 명시 · 계약 전에 문제가 되는 부분 향후 배상 조항 설정
	인수 전 문제 발생	· **인수 선결 조건** Condition to Closing 을 달아, 해당 조건이 불이행 될 경우 인수를 취소할 수 있도록 함
	세무 문제	· **진술 및 보증** Representation & Warranty 조항으로 인수 당시 사실에 거짓이 있을 경우 배상, · 예상치 못한 국세청 세금 부과에 대한 **손해보상 조항** Indemnification 마련
동업 방식	동업	· 상대방의 **현물출자** In-kind 를 인정할 것인지 결정 (평가방식, 인정금액, 지분영향 등 고려) · 인수 방식 결정 (기존 주주 과세 이연을 위해 인수가 아닌 신규 투자 방식도 가능) · 만약 LLC 일 경우, 수익 및 손실의 분배 비율, 세무상 손익 분배 비율 설정
	기존 주주 제외	· 기존 주주의 결정으로 인한 영향에 대한 보상책 마련 · 계약 완료 후 인수 전까지 기존 주주의 법인 관리 기준설정
주주 협약	지분매각	· 지분 취득 후 **매각 금지** Lock-in 기간 및 매각 대상 제한 · 매각 시 우선매수권 (ROFR, ROFO) 설정 · 매각 시 동반매각권 (Tag Along, Drag Along) 설정
	계약 불이행	· 주요한 계약 불이행 시 처분 방식 결정 · 일부 당사자에 대한 계약 해지 시 지분 인수 방식 결정
	자본금 투하	· 자본금 내역 및 투자 방식 (순차적, 또는 일회적 결정) · 자본금 및 추가 자본금 요청 방식 (주주대여, 납입 주주 보상, 차입 방식 등) · 자본금 투하에 대한 주주 보증 요구 여부 · 자본금 출자 한도 설정
	의결권	· 주주 간 의사 결정 요건 (만장일치, 다수결 등) 설정 · 주식 형태별 의사 결정권 (우선주, 보통주) 설정

Start Up

스타트업의 경우 초기 지분 비율 및 관계 설정에 어려움이 있다. 보통 누가 핵심 이익을 발생시키는 위치에 있는지, 누가 **지적재산권** Intellectual Property 의 키를 쥐고 있는지 (핵심 기술 개발자, **특허** Patent 보유자, **저작권** Copyrights 및 **상표권** Trademarks 보유자), 설립자들이 얼마나 많은 시간, 노력 및 자산을 투자했는지, 핵심 노동의 제공자가 누구인지, 초기 사업에 희생한 정도 등을 종합적으로 고려해야 한다. 이 모든 것을 고려하여 지분을 구성했을지라도 분쟁의 여지는 늘 남아있다.

신생 회사의 주식은 또한 초기 **지분부여계약** Equity Award Agreement, 연방 또는 주 **증권법** Securities Laws , 회사 **정관** Bylaw 또는 보유자가 당사자인 **주주 계약** Shareholder Agreement 에 의한 양도 제한의 대상이 된다. 일반적으로 주식 이전을 제한하는 이유는 적대적 주주 참여 방지, 신규 주주의 경영 정보 접근 방지, 공개 시장 외에서의 자본 거래 금지, 초기 사업의 방향성 유지 등이 있다.

EQUITY AWARD TERMS AND CONDITIONS AGREEMENT [Executive Officers – U.S.]			
GRANTED TO: <NAME> <XXX-XX-XXXX>	NUMBER OF SHARES OF THE HOME DEPOT, INC. COMMON STOCK:	VESTING SCHEDULES:	GRANT DATE: <DATE>
NONQUALIFIED STOCK OPTION AWARD	<XX,XXX>	<25% on 2nd, 3rd, 4th and 5th Grant Date Anniversaries>	OPTION PRICE PER SHARE: <$AMOUNT> EXPIRATION DATE: <DATE>
PERFORMANCE-BASED RESTRICTED STOCK AWARD	<X,XXX>	<50% on 30th Month Anniversary of Grant Date, and 50% on 60th Month Anniversary of Grant Date>	
PERFORMANCE SHARE AWARD	Target Award: <X,XXX> Threshold Award: <X,XXX> Maximum Award: <XX,XXX>	Performance Period of 3 Fiscal Years beginning with [YEAR]	PERFORMANCE PERIOD [YEAR-YEAR]

그림 31. Equity Award 계약 주요 조건 예시

주주 간 분쟁

주주 및 멤버를 구성할 경우 주주 간 분쟁의 소지는 상존한다. 이 부분을 줄이기 위해 가장 중요한 부분은 이사회, 주주, 멤버 간의 **신의 성실** Fiduciary Duty 을 지키는 부분일 것이다. **신의 성실** Fiduciary Duty 의무는 일반적으로 공정하고 공개적으로 법인의 업무를 처리할 의무이며, 자신의 이익뿐 아니라 상대방의 이익도 고려해야 한다는 뜻이다. 대부분의 주에서 주주와 파트너쉽 간의 관계를 특별하게 규정하고 있고, 이들 사이에 **선의** Good Faith 와 **공정 거래** Fair Dealing 를 기본 원칙으로 한다. 따라서, 주주 및 파트너 간 합의 사항을 열거 하기 전에 사실 상 경영과 관련된 모든 일에 대한 투명한 공개와 합의가 매우 중요하다.

다음으로 기본적인 의무가 지켜진다면, 부분의 주주 및 파트너들은 정해진 절차에 따라 의사를 교환하고 경영상의 결정을 내릴 것이다. 이 상황에 중요한 것은 각 이슈별로 의사 결정을 할 수 있는 의사 정족수와 의결 정족수에 합당하게 경영상의 결정을 하는 것이다. 이 상황에서 **교착 상태** Deadlock 가 발생할 수 있다. 이러한 상황을 미리 예방하기 위해서는 **주주 협약** Shareholder's Agreement 또는 **운영계약서** Operating Agreement 에 교착 상태의 해결책을 명시하는 것이 좋다. 주식회사의 경우 일상적인 경영상 결정을 이사회에 위임하고 주주별로 다른 수의 이사를 임명하여 이사 간 의사 결정을 하도록 할 수 있으며, 파트너쉽의 경우 법인 운영의 원활함을 위해 일방의 결정을 우선 시 하도록 정할 수도 있다. 그럼에도 불구하고 언제든 회사의 이익에 반하는 결정에 대한 소송이 있을 수 있음을 인지해야 한다.

중재 계약

법인 운영 시 노무 문제이든, 주주 간의 문제이든 소송으로 가지 않기 위한 조정, 중재, 및 합의의 방법은 다양하게 존재한다. 그러나 많은 변호사들이 가장 권장하는 방식은 중재인데 이는 높은 소송 비용이나, 긴 소송 시간을 고려할 때 이해할만 하다. 따라서, 고용계약이나 주주 간 계약에 중재 조항을 넣는 것이 필요하다.

고용 상의 중재 계약은 고용 관련 분쟁을 법원이 아닌 구속력 있는 중재를 통해 해결하도록 사전에 합의하는 데 사용된다. 법원은 일반적으로 잘 작성된 상호 중재 계약을 인정하지만 모든 경우에 적용되지는 않는다. 주 별로 중재 계약의 효력을 인정하지 않는 문제도 있기 때문에 이 부분은 노동법 전문가와 사전에 협의해야 한다. 기본적으로 중재 계약은 고용 관련 소송이나 단체 행동을 사전에 예방할 수 있다는 장점이 있다. 주주 간에도 중재 계약이 많이 사용되는데, 가장 큰 장점은 기밀이 유지된다는 점과 빠르다는 점이다. 그러나, 결정에 승복해야 하고 일반적으로 중재 결정이 최종적이라는 점이다.

[예문] Arbitration Agreement

THIS ARBITRATION AGREEMENT (this "**Agreement**") is made on this ___ day of _____, 20xx by and between:

(1)　　**ABC INC.** company established under the laws of Illinois with its head office at _____(the "**Company**").

(2)　　　**ABC,** an employee of the Company with _____ (the "**Employee**") (hereinafter, Company and Employee are collectively referred to as "**Parties,**" and individually a "**Party**").

NOW, THEREFORE, in consideration of the Employee's employment with and continued employment with the Company, the Company and the Employee mutually agree as follows:

1.　　The undersigned Employee hereby agrees to submit any Arbitrable Claim (as defined below in the Clause 2) against the Company, and all of their parents, subsidiaries, affiliates, partners, officers, directors, employees, shareholders, servants, agents, officials and attorneys, in their official and individual capacities, together with their predecessors, successors and assigns, both jointly and severally to final and binding arbitration rather than resorting to any administrative and/or judicial bodies. This Agreement is entered into pursuant to the Federal Arbitration Act and/or Illinois Uniform Arbitration Act, as applicable. It is the Parties understanding that, if an Arbitrable Claim arises, the procedures to be followed, in scheduling and conducting the arbitration, except as modified by this Agreement, shall be those followed by the dispute resolution service that the Company and the Employee agrees to employee, which will initiate selection of arbitrator and rules for the arbitral proceeding.

2.　　For the purposes of this Agreement, an "Arbitrable Claim" is any claim by the Employee of an alleged unlawful act or wrongful act by the Company of any kind, including any claim relating to or arising out of the Employee's hire, employment and/or termination of employment with the Company

3.   This Agreement is not, and shall not be construed to create, a contract of employment for a certain term, express or implied. The employee's employment with the Company is at-will and may be terminated by either the Company or the employee at any time, with or without cause and with or without prior notice.

4.   The terms and provisions of this Agreement shall be construed, interpreted and governed by the laws of the State in which the Employee that is a Party to this Agreement is employed.

IN WITNESS WHEREOF, the Company and the Employee have caused this Agreement to be executed as of the date first written above by duly authorized signatories.

ABC   ABC INC.

By _____   By _____
Name: Name:
Title: Title: CEO

3.7. 법률 | 상법 상 배당 제한 및 목적 외 사업

법인을 운영하면서 발생하는 이익금의 경우 법인이 어떻게 사용할 수 있을까 고민하는 시점이 온다. 또한 이익금을 배당할지, 유보할지, 또는 재투자 할지 고민하면서 법인의 정관상 사업 목적에 위배되는 사업 운영이 가능한지? 사업 목적 외 예산 (또는 수익금) 사용이 가능한지? 가능하다면 그 절차는 무엇인지? 가능하지 않다면 취해야할 절차는 무엇인지? 등을 고민하게 된다.

우선 이익 잉여금의 처리에 대해서 한국에서는 주총의 보통결의에 의해 시행하도록 되어 있다. **그러나 일반적으로 미국법은 주주의 이익을 해하지 않는 범위 내에서 법인의 자치를 허용하나 (이사회를 통해), 주주가 이익금 또는 예산의 사용을 제약하고자 하는 경우에는 이에 따라야 한다.** 따라서, 한국 회사의 경우 일반적으로 정관을 통해 이사회 및 주총의 결의를 요구하기 때문에 이를 통해 배당을 시행해야 한다. **그런데, 한 가지 더 고려할 부분은 어떤 나라든 채권자의 이익을 보호하기 위해 배당가능이익의 제한을 법으로 정해 놓았다는 점이다. 다만 전반적으로 미국은 한국과 같은 엄격한 배당가능이익의 제한을 두지 않는다. 주정부 법률의 제한만 없으면 배당에 큰 제한이 없다.**

방 식	州
MBCA	Alabama, Connecticut, Idaho, Nebraska, South Dakota, Texas, Utah, West Virginia
Balance Sheet Surplus	Colorado, District of Columbia, Missouri, New York, Ohio, Puerto Rico
Nimble Dividends	Arizona, Delaware, Kansas, Louisiana, Maine, Nevada, New Hampshire, Oklahoma, Rhode Island, Vermont
RMBCA	Arkansas, Florida, Georgia, Hawaii, Illinois, Indiana, Kentucky, Maryland, Michigan, Mississippi, Montana, New Jersey, New Mexico, North Carolina, Oregon, Pennsylvania, South Carolina, Tennessee, Virginia, Washington, Wisconsin, Wyoming
Equitable Insolvency	Massachusetts, Minnesota, North Dakota
Financial Ratio	Alaska, California

그림 32. 각 주별 배당 제한 정책 (출처: 배당규제와 경제원리, 김정호, 박양균 – 자유기업원)

주정부의 법률은 다양한 기준을 제시하고 있으나, 주류는 법정 자본금을 규정하고 있지 않고 채무 변제가 가능하다면 배당을 허용하는 방식이다. 가장 많이 사용되는 RMBCA 방식은 다음과 같은 배당 정책을 적용한다. 회사가 배당을 하지 못하는 경우는 다음 두 가지 중 하나가 적용될 때이다. **채무 만기 도래 시 변제를 할수 없거나, 또는 총자산이 총부채와 청산 시 배당보다 우선권을 가진 채권의 합보다 적을 경우.** 따라서, 많은 회사들은 배당의 제한으로 인한 어려움을 겪지 않는다. 이는 누적결손금이 있더라도 동일하게 적용된다.

다음으로 법인의 **목적외 운영** Ultra Vires 의 문제다. 한국의 경우 사업목적은 정관에 의무적으로 기재해야하며 변경이나 추가를 위해서 주총의 특별결의를 해야한다. 그러나 한국법과 달리, 미국법은 일반적으로 사업 목적을 특정하지 않으며, 따라서 사업 목적의 위반을 심각하게 다루지 않는다. 다만, 법인 정관, 주정부 등록 및 연간 보고 문서에는 영위 사업을 명시하며 이를 바탕으로 미국 회사의 주주들은 경영자의 자의적 사업행위에 제한을 걸 수 있다. 그럼에도 불구하고 외부적으로는 법인의 사업 영역이 정관 상의 목적과 달라도 모든 행위에 법적인 책임이 따른다는 점을 인식해야 한다.

하지만 현재도 **목적외 운영** Ultra Vires 이론은 회사의 기부 및 정치행위, 채무의 보증, 이사 및 경영진에 대한 보상 목적의 대출, 직원에 대한 보너스나 연금 등 복지 결정, 다른 회사의 인수, 새로운 사업 관계 형성 등의 행위에는 적용될 수 있으므로 법인의 운영 주체 (주주, 이사, 경영진) 들은 항시 회사의 정관과 주주의 요구사항을 고려하여 경영 행위를 해야 한다.

3.8. 법률 | Employee's Handbook 개정

이미 2.6장 잘 정리했듯이 **복무규정** Employee Handbook 은 법적으로 요구되지는 않지만, 직원에 대한 노동법 상의 요구사항을 이행하였음을 증빙하기 위한 최상의 문서이다. 일반적으로 모든 회사는 **복무규정** Employee Handbook 을 정기적으로 개정하여 직원들에게 제공하고 확인서를 받는다. 이 절차를 통해 회사는 대단히 많은 법적인 책임들을 한번에 해결할 수 있다. **복무규정** Employee Handbook 을 제정 및 개정함에 있어서 중요하게 확인해야 할 내용은 다음과 같다.

· 변호사가 복무규정 Employee Handbook 및 확인서 Acknowledgement 를 검토 했는가?

· 관리자들에게 노무 정책을 설명하고, 해석하는 시간을 가졌는가?

· 신규 직원의 On-boarding 절차에 복무규정 Employee Handbook 검토가 있는지?

· 복무규정 Employee Handbook 개정 시 직원들의 의견을 듣는지?

· 직원이 개정된 복무규정 Employee Handbook 을 검토하고 확인서 Acknowledgement 에 사인하는지? 사인된 확인서 Acknowledgement 를 업무 화일에 잘 보관하는지?

· 복무규정 Employee Handbook 의 적용 현황을 수시로 점검 하는지?

· 모둔 규정을 공정하고 지속적으로 적용하려 노력하는지?

· 복무규정 Employee Handbook 개정은 고용 관련 법률과 회사의 현황을 잘 반영하는지?

복무규정 Employee Handbook 의 개정은 매년 할 수도 있고, 주 마다 노동법이 개정되는 시점 (일리노이 주는 7월 1일) 으로 부터 법률 검토 후 개정할 수도 있다. 다만, 내부적인 노무 정책이 변경될 경우 가장 문제가 없이 진행하려면 **복무규정** Employee Handbook 을 개정하고 직원들의 **확인서** Acknowledgement 를 받는 것이 좋다. 또한 ADP 와 같은 **급여지급 대행사** Payroll Service 를 사용하는 경우 이메일을 통해 정기적으로 **복무규정** Employee Handbook 이 업데이트 되었는지 확인해 준다. 물론, ADP가 그렇게 하는 이유는 **복무규정** Employee Handbook 을 업데이트 해 주는 서비스가 있기 때문이다. 필요하다면 해당 서비스를 구독하는 것도 추천한다. 아래 표는 **복무규정** Employee Handbook 에 꼭 들어가는 내용들을 참고로 적었다.

[참고] 복무규정 Employee's Handbook **체크리스트 (출처: ADP, Illlinois 주)**

정 책	내 용
Introduction	
Handbook Disclaimer	핸드북 보다 고용 계약이 해석 우위에 있음
Welcome Message	인사말
Changes in Policy	법인은 핸드북 수정 권한이 회사에 있음을 명시
General Employment	
At-Will Employment	임의 고용 관계임을 명시
Equal Employment Opportunity	고용 평등법 준수 및 차별금지 명시
Employee Grievances	불법 및 금지 행위 발생 시 신고 및 내부처리
Internal Communication	중요한 정보 공유 및 커뮤니케이션 방법 공지
Outside Employment	외부 고용 행위 허가 여부
Anti-Retaliation and Whistleblower	내부 고발 및 보복 금지 준수
Employment Status & Recordkeeping	
Employment Classifications	면제 및 비면제 구분, 정규직 및 임시직 구분
Personnel Data Changes	개인 정보 변경 시 보고 의무
Expense Reimbursement	경비 지원 및 증빙 방식
Termination of Employment	해고 및 퇴직 방법 및 기록
Working Conditions & Hours	
Company Hours	근로 시간
Emergency Closing	천재지변으로 인한 휴업 통보 방식
Parking	주차 지원
Workplace Safety	법률에 의한 안전 관련 신고 및 보복 금지
Security	시건 방법 및 주요 물품 보관 방식
Meal & Break Periods	식사 및 휴게시간
Break Time for Nursing Mothers	모유 수유 관련 시설 지원
Employee Benefits	
Holidays	지정 공휴일
Paid Time Off (PTO)	유급휴가 지급 방식 및 사용 방법
Bereavement Leave	경조사 휴가

Military Leave	군복무 시 재 입사 관련 법률 준수
Jury Duty	배심원 의무 휴가 및 신청 방법
Workers' Compensation	산재보험 처리 방법
Emergency Response Leave (Illinois Employees)	일리노이 주법에 의한 의무 휴가
Witness Duty Leave (Illinois Employees)	일리노이 주법에 의한 의무 휴가
Voting Leave (Illinois Employees)	일리노이 주법에 의한 의무 휴가
School Visitation Leave (Illinois Employees)	일리노이 주법에 의한 의무 휴가
Domestic Violence Leave (Illinois Employees)	일리노이 주법에 의한 의무 휴가
Employee Conduct	
Standards of Conduct	행동강령 (기본 행동 규칙)
Disciplinary Action	위반행위 별 징계 수준 및 범위
Confidentiality	회사 업무 정보 보안 요구
Personal Appearance	업무 복장
Workplace Violence	근무중 (언어 포함) 폭력 행위 금지
Drug & Alcohol Use	근무 중 마약 및 음주로 인한 영향 제한
Sexual & Other Unlawful Harassment	성적 괴롭힘 및 괴롭힘 행위 금지
Telephone Usage	사적통화 제한
Personal Property	사유재산 개인 관리 원칙
Use of Company Property	회사 물품 사적 사용 금지
Computer, Email & Internet Usage	회사 지적 재산권 및 저작권 보호, 인터넷 사용 원칙 및 모니터링 관련 프라이버시 침해 가능 알림
Company Supplies	회사 자산 및 소모품 구매 방법 및 권한
Timekeeping & Payroll	
Attendance & Punctuality	출퇴근 시간 기록 및 출근, 휴가 관련 통지 방법
Timekeeping	비면제 사원 출퇴근 기록 시스템 사용
Paydays	급여 지급일 및 지급 방식
Payroll Deductions	법에서 허용된 급여 차감만 가능

3.9. 법률 | 주정부연간보고 & 법인 운영세 (Franchise Tax)

연간 법인운영 보고 (Annual Report)

일단 법인을 설립하면 매년 법인의 운영 내역을 보고해야 한다. 주 마다 보고 내용이 다른데 주된 복적은 등록비 및 법인 운영세를 거둬들이기 위해서이다. 아래 표에서 보듯, 각 주별로 그리고 회사의 종류별로 보고 기한과 보고 내역이 다르다. 주로 **법인 운영세** Frnachise Tax 를 걷는 주가 보고 내용을 구체적으로 받는 경향이 있다.

구　분	미시건	일리노이
보고 기한	LLC: 2월 15일 주식회사: 5월 15일	법인 등록일 전달 마지막일 까지
연간 등록비	$25	$75
보고 내용	회사명 에이전트 주소 사업내용 이사, 경영진 주소	이름, 주소 설립 주 및 등록일 이사 및 경영진 이름 수권자본, 투하자본 현황 자산 및 거래현황 재산 및 사업 현황
보고 방법	주정부 홈페이지	우편 (법인 운영세 납부용 체크 포함)

법인 운영세 (Franchise Tax)

미국의 **법인 운영세** Franchise Tax 는 미국의 **법인소득세** Corporate Income Tax 보다 오래되었다. 이 세금은 주정부가 운영권을 부여한 것에 대한 댓가로 지불한다. 이를 아직까지 유지하고 있는 주는 아래 지도에서처럼 14개 주이지만 그마저도 **점진적인 철폐** Phase Out 과정에 있다. 그중 가장 보수적인 규정을 가진 일리노이 주도 2019년도에 법인 운영세를 점차적으로 폐지하는 법안을 만들었지만, 코로나 이후 세수가 줄어든 상황에서 2021년도에 다시 해당 법안을 취소하였다. 이 세금은 언뜻 이해하기 어려운 세금인데 아래 지도를 자세히 보면 알 수 있다. 대부분의 주에서는 법인 운영세를 '**발행주식수 또는 주식액면가** Par Value' 에 세율을 곱해 계산하거나 '**장부상 자산가치**'에 세율을 곱하지만, 일리노이 주만은 '**납입자본**

금 Paid-in Capital' 에 세율을 곱한다. 그리고 다른 주에는 일반적으로 최고 세액이 정해져 있지만, 일리노이 주에는 이 부분이 명확하지 않다. 한 번 일리노이 주의 **법인 운영세** Franchise Tax 에 대해서 알아보도록 하자.

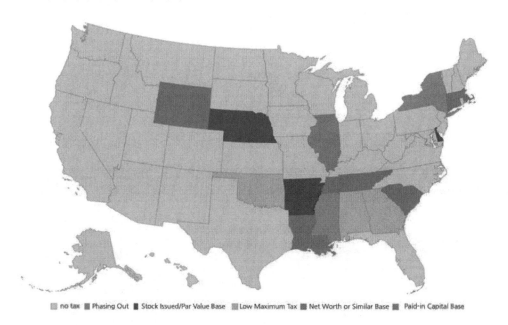

그림 33. 법인 운영세 Franchise Tax 부과 주 (출처: www.illinoistax.org)

일리노이 주의 투자자들은 초기에 법인 운영세를 이해하지 못하고 사업을 시작하고, 중간에 어쩔 수 없이 자본금을 조정하거나 계산식을 변경하는 방식으로 절세를 하는데 아래 표에서 보듯이 대형 회사가 많은 일리노이 주에서 단 7개의 사업체 만이 2백만불의 최대 세액을 냈음을 알 수 있다. 그만큼 주에서도 각 사업체의 신고 사항을 받아들이는 편이고 불합리한 세금이라 생각하고 있지

TABLE 1. FRANCHISE TAX COLLECTIONS (CALENDAR YEAR 2018)		
Annual Franchise Tax (0.10% of Paid-in Capital)		**% of Total**
Total Returns Filed	346,358	100%
Total Tax Paid	*$145,492,280*	*100%*
Returns Paying $25 Minimum Tax*	246,288	71%
*Revenue From Minimum Tax Payers**	*$6,157,207*	*4%*
Returns Paying $2 million Maximum	7	0.002%
Revenue From Maximum Tax Payers	*$14,000,000*	*10%*
Initial Franchise Tax (0.10% of Pain-in Capital)		
Total Returns Filed	35,963	
Total Tax Paid	*$4,607,873*	
Additional Franchise Tax (0.15% of Paid-in Capital)		
Total Returns Filed	4,939	
Total Tax Paid	*$28,773,904*	
TOTAL FRANCHISE TAXES COLLECTED		**$178,874,057**
*Estimated		
Source: Illinois Secretary of State		

그림 34. 일리노이 주 법인 운영세 납부 현황 (출처: 상동)

만, 신고 과정에서 어쩔수 없이 많은 금액을 내게 되는 사례도 있어 정리해 보고자 한다.

우선 법인 운영세는 다음과 같은 절차로 납부된다.

1. 법인 설립년도

자산배분율 Allocation Factor 설정을 위해 첫 법인 신고와 함께 아래 내용을 적게 된다

10. (a) Give an estimate of the total value of all the property* of the corporation for the following year: $ _____

(b) Give an estimate of the total value of all the property* of the corporation for the following year that will be located in Illinois: $ _____

(c) State the estimated total business of the corporation to be transacted by it everywhere for the following year: $ _____

(d) State the estimated annual business of the corporation to be transacted by it at or from places of business in the State of Illinois: $ _____

2. 2차 년도 연간 보고서 / 자본금 증액 신고서 / 법인 운영세 신고서 제출

다음해에 연간 보고서와 함께 생각지도 못하게 두 가지를 해야하는데, 하나는 1년 동안 증액된 자본금에 대한 법인 운영세를 내야한다. (BCA 14.30 형식) 이 때, **자산배분률** Allocation Factor 개념을 처음 알게 되는데, 계산의 기반이 위의 1번 내용이 된다. 즉, 초년도 법인에서 예상한 주 내의 자산증가분 및 수입 증가분 (해석 및 지침이 없음) 을 기반으로 아래 표에 넣어서 **자산배분률** Allocation Factor 이 결정되고 자동 통보된다. 결국, **'초년도 예상 자산배분률 x 자본금 실 증가액 x 세율 (0.15%)'** 을 내게 된다.

Value of property (gross assets):

(a) owned by the corporation, wherever located: ....

(b) of the corporation located within the State of Illinois: ....

Gross amount of business transacted by the corporation:

(c) everywhere for the above period: ....

(d) at or from places of business in Illinois for the above period: ....

$$\text{ALLOCATION FACTOR} = \frac{b+d}{a+c} = \frac{\blacksquare}{\text{6 decimal places}}$$

그림 35. 일리노이 주 자산배분률 Allocation Factor 계산식 (BCA 14.30)

두 번째로 2차 년도 **자산배분률** Allocation Factor 을 재계산해서 연간 법인 운영 신고서에 신고하게 된다. (BCA 14.05 형식) 신고일은 보통 설립신고일로 1년 되는 달 바로 전달 말일 까지 인데, 보통 자산 배분률 조정 기간은 작년 4월1일~ 올해 3월 31일 까지이다. 이 부분도

참 애매하다. 따라서 자본금 변경이 있는 경우 신규 자산 배분률을 적용해서 법인 운영세를 다시 내게 된다. 이 경우, **'조정 자산배분률 x 자본금 증가액 x 세율 (0.1%)'** 를 낸다. 앞의 세금과 중복되는 세금이나 정부는 개의치 않는다.

3. 자본금 증액이 있으면 위의 내용을 매년 반복하게 된다.

따라서 자본금 증액이 지속되는 프로젝트 기반 사업의 경우 일리노이 주에 자산의 기반이 있는 경우 계속해서 자본금 증액에 대한 중복적인 세금을 내게된다.

위와 같은 불합리한 세금의 성격 때문에 주 내에서 많은 사업자들이 반발하고 있으나, 최근 세수의 감소를 이유로 주정부는 다시 법률 폐지를 취소하였다. 일리노이 주가 사업하기 좋은 주가 아니라는 소문을 실감하게 된다. 많은 사람들이 위 표와 같이 법인 운영세를 회피하고 있는 상황이 이해할 만하다. **다만 다른 주에서는 상황이 조금 다르다. 주로 LLC 의 경우 법인 운영세 Franchise Tax 가 적고 한도가 명확하다. (예, 텔라웨어 $300) 그리고 주식회사의 경우 계산 방식에 따라 다르나 법인 규모에 따라 한도가 정해져 있다. (예, 텔라웨어 중소기업 $200,000 한도로 수권주식수 또는 주당 자산가격을 계산하여 납부)**

3.10. 노무 | 직원 해고 및 퇴사 시 유의사항

미국은 노동 시장의 유연성이 매우 높은 만큼, 회사를 운영하면서 고용과 해고가 빈번하게 일어난다. 대부분의 경우 직원의 자발적인 퇴사이고, 간혹 여러가지 사유로 인한 해고가 발생할 수 있다. 일반적인 퇴사의 경우 확인해야할 사항과 해고의 경우 유의해야할 사항을 정리해 보겠다.

퇴사 시 확인사항

1. 퇴사 전

1. 퇴사 전 최소 통보 기한 준수 여부 확인
   - 일반적으로 **복무규정** Employee Handbook 에 업무 연속성을 위한 최소 통보 기한을 명시하고 있으므로 기한을 준수하도록 권고 필요
2. 비자발적 퇴사일 경우 해당 직원의 해고 사유 (업무 능력, 징계 사유 등)가 명확히 인사 파일에 기록되어 있는지 확인
3. 퇴사일까지의 급여 및 **경비** Per Diem 계산, 퇴사자의 법인카드 최종 결제 내역 확인
4. 의료보험 관련 COBRA 지원 여부, 보험 해지 여부 확인 및 이행
5. 회사와 관련하여 시행된 계약 (예, 대출, 스톡옵션, 복지 등) 의 해지 여부 확인
6. 자발적 퇴사자의 공식적인 공식 퇴직서 수령
7. 퇴사자와 관련된 시스템 로그인, 전화 계정, 서비스 등 취소 및 해지

2. 퇴사 당일

1. 퇴사자 책상 정리 및 자료 정리 요청
2. 열쇠, 주요 자료, 기기 등 회수
3. 주요한 업무상 정보 기록 요청 (연락처, 주요 자료, 업무 루틴, 업무 내역, 아이디/패스워드, 프로젝트 현황)
4. 법인 자동차 보험에서 퇴직 직원 제외
5. 컴퓨터 및 시스템 아이디/패스워드 삭제, 모든 로그인 확인 후 변경 및 삭제
6. 퇴직 관련 문서 정리
   - COBRA (퇴직 직원 보험 지원법) 에 따른 편지 작성
   - 근무 기간 **기밀에 대한 유지 합의서** Non-disclosure Agreement 및 **경쟁 금지 계약** Non-competition Agreement
   - (필요 시) 401(k) 연금 해지 형식 작성

3. 퇴사 이후

1. 미 처리된 경비 및 복지 등 확인
2. 마지막 급여 지급 확인
3. 각종 복지 (의료보험, 연금, 지원) 해지 결과 확인

분쟁 방지를 위한 확인사항

1. 법률적 고려사항

이미 1.7장에서 다뤘듯이 해고 시 가장 문제가 될 수 있는 부분은 **해고의 원인이 다음에 근거하고 있는지 여부**이다. 만약, 해고가 아래 내용과 연관될 것으로 예상되는 경우 변호사와 협의하는 것이 필요하다.

- **차별** Discrimination
- **보복** Retaliation
- **괴롭힘** Harassment
- **연방 및 주정부 법률 상 허가된 휴가의 사용 (FMLA, Military Leave, 장해 휴가, 임신, 상해 휴가 등)**
- **내부 고발** Whistleblowing
- **노조 활동** Union Activity
- **최저 임금 등 임금 관련 법률 이행 요구**
- **그외, 주정부 공공 정책 Public Policy 으로 인한 해고 금지 사유**

무엇보다 법률적인 문제가 발생하지 않기 위해서는, **복무규정** Employee Handbook 의 차별 없는 적용이 중요하다. 2.6장에 명시한 내용을 규정에 꼭 담도록 한다. 규정에 제정된 이후에는 해당 내용을 설명하고 교육한다. 특별히 징계 대상이 되는 행동이 발생했음을 감지한 경우 사안별로 규정을 동일하게 적용하고 기록을 남기는 것이 중요하다. 이미 언급했듯이, 교육이나 **복무규정** Employee Handbook 공람 후에는 직원이 내용을 이해했다는 **확인서** Acknowledgement 를 받는 것이 중요하다. 추가로 일반적인 법인 운영 중에 정기적으로 **직원 평가** Evaluation 을 시행하여 역량에 대한 평가 결과를 기록해 두어야 하며, 해고 등의 징계에 대해서는 노무 관련자의 자의적인 해고가 아닌 경영진의 협의가 있었다는 증빙이 있어야 한다. 더불어, 근태기록, 괴롭힘 피해자 등의 인터뷰, 직원 관련 법인 내부 문제에 대한 기록 등이 중요하다. 또한, 직원의 능력을 평가함에 있어서 너무 관계를 중시한 나머지 직원이 급작

스럽게 해고 당한 것으로 느끼게 해서는 안된다. 해고에 대한 결정은 너무 시간을 끌면 안돼고, 내부적으로 적절한 검토를 해야하며, 검토자들은 각각 법률적인 리스크를 인지한 상태에서 해당 직원을 평가하거나 사건을 감사해야 한다.

2. 해고 절차

미국 영화에서 '너는 해고야!' 라고 소리지르는 경우는 **부당해고** Wrongful Termination 소송을 당하기 쉬운 케이스이다. 해고 절차는 이성적이고 명료해야 한다. 만약 내부적으로 해당 직원에 대한 다분히 개인적인 평가, 감정적인 언어, 과장이나 명료하지 않은 표현 등이 기록으로 남을 경우 소송에서 불리하다. 군이 해고자를 인터뷰할 필요는 없지만, 가능하면 오해의 소지를 줄이기 위해 직원의 부서 담당자와 노무 담당자 등이 해고 사유를 증빙과 함께 검토하고 해고 통지서를 작성해서 전달하는 것이 좋다. 인터뷰를 할 경우 2명 이상의 직원이 동석하는 것이 좋으며 정확하게 사유를 설명하고, 부정적인 반응에 과도하게 반응하지 않도록 노력한다. 담당자는 회사의 대표로서 대화해야 하고, 회사의 이름으로 대응해야 한다. 일반적으로 미국은 한국과 같은 퇴직금 지급이 없으나, 해고 시 보상을 제공하는 경우 **퇴직계약** Severance Agreement 에 **소송 및 분쟁 포기 조항** Waiver and Release of Claims 을 넣도록 한다.

3.11. 노무 | 급여 전반 및 유의점

과세대상 복지 관리 Fringe Benefit

회사를 운영하는데 있어 근로자 급여 지급 시 회사부담분을 간과하기 쉽다. 근로자에게 급여 지급 시는 물론 근로자에게 지급되는 복지혜택에서도 과세되는 부분이 있음을 꼭 기억해야 한다. 기업의 오너로서 적절한 인재를 유치하고 데려온 인재를 유지하는 것이 얼마나 중요한지 잘 알고 있다. 이를 위해 기업은 근로자들에게 부가적인 혜택을 제공하며 이를 **복리후생** Fringe Benefit 이라 한다.

복리후생 Fringe Benefit 은 근로자들이 통상 받는 급여나 임금 외에 보상의 한 형태로 이는 **건강 보험과 퇴직 연금과 같은 큰 혜택은 물론 휴게실의 무료 간식과 음료와 같은 작은 혜택까지 다양할 수 있다.** 근로자들에게 경쟁력 있는 급여와 더불어 더 나은 **복리후생** Fringe Benefit 제도를 제공하면 더 나은 인재를 유치하고 유지하는 데 도움이 될 수 있다. 그러나 직원 복리후생을 늘리기 전에 각 복리후생이 어떻게 과세되는지 이해해야 한다.

우선, 기업은 **전일제** Full-time 및 **시간제** Part-time 직원, 그리고 **독립 계약자** Independent Contractor 및 **소유주** Owners 나 **주주** Shareholders 에게 과세 대상 **복리후생** Fringe Benefit 을 지급할 수 있다. 과세 대상 **복리후생** Fringe Benefit 은 일반적으로 근로자의 급여가 보고되는 방식과 유사하게 보고된다. 이는 수령자의 과세 소득으로 간주되며 연방 (그리고 대부분의 주) 소득세 원천징수, **사회보장세** Social Security Tax 및 **메디케어** Medicare (이 둘을 합쳐 FICA) 세금이 적용된다.

기본적으로, **상여금, 회사 차량의 개인적 이용분, 회사 단체 종신보험 (보상금이 $50,000을 넘는 보험)** 은 과세 대상 **복리후생** Fringe Benefit 으로 간주된다. 미국에 회사를 세우는 기업이라면 한국에서 인재를 데려오는 경우가 많다. 이 경우 우수한 인재를 데려오기 위해 **이사비용** Relocation Cost 을 지원하는 경우 이 부분도 과세 대상이다. 2017 년도 제정된 **감세 및 일자리 법** Tax Cuts and Jobs Act, TCJA 이전에는 기존 직원이 현재 근무 중인 직장을 위해 50 마일 이상 이동할 경우 고용주로부터 지원받은 이사비는 비과세 혜택을 받을 수 있었다. **감세 및 일자리 법** Tax Cuts and Jobs Act, TCJA 은 이사비용에 대한 **복리후생** Fringe Benefit 을 2018년부터 2025년까지 과세대상으로 변경하였다. 50마일 미만의 이사 비용에 대해서는 항상 과세대상이다. 가장 일반적인 과세 대상 **복리후생** Fringe Benefit 중 하나는 회사 차량의 근로자 개인적 사용분이다. 근로자가 개인적 용도를 위하여 회사소유 차량을 이용하는 경우 개인사용비율을 따져 근로자의 과세 소득에 포함시킨다.

고용주가 근로자에게 주는 모든 복리후생에 세금을 내야 한다는 규칙에는 한 가지 큰 예외가 있다. 고용주가 제공하는 비과세에 "적격"한 **복리후생** Fringe Benefit 에 대해 세금을 내지 않는다. 비과세 혜택을 받는 **복리후생** Fringe Benefit 은 연방 및 주 소득세, 사회 보장 및 의료 보험세로부터 완전히 면제된다. 이러한 **복리후생** Fringe Benefit 은 **의료 보험, 의료비 보상, 치과 보험, 장애보험, 운동시설, 사내 식사, 교육 지원 및 입양 지원 등이** 포함된다.

일반적으로 많이 지급되는 비과세 혜택 (2022년 기준 월 $280까지) 은 아래와 같다.

- **근로자의 통근 지원에 대한 지원으로는 적격장소의 주차비용**
- **통근에 관련된 승차권 등의 비용,**
- **고속도로 패스권**

고용주는 연간 $5,250 까지 근로자에게 적격 교육 기관에 대한 교육비 지원을 제공할 수 **있으며, $5,250를 초과하는 경우 근로자의 과세소득으로 포함**되어야 한다. 이는 대학원 과정도 가능하며 교육비 지원에는 학비 뿐만아니라 도서, 장비, 수수료, 용품도 포함가능 하다. 이때 고용주는 근로자의 적격한 서면 계획을 가지고 있어야 한다. 보수가 높더라도 교육비에 대한 지원은 비과세로 받을 수 있다.

고용주가 지원하는 **단체 생명 보험은 최대 $50,000까지 비과세로 공제** 가능하다. $50,000 이상인 부분에 대해선 연방 소득세와 FICA (**사회보장세** Social Security Tax 및 **메디케어** Medicare) 의 적용을 받지만, FUTA (**고용/실업보험** Unemployment Tax) 의 적용을 받지 않는다. (1.5장 참조)

고용주가 근로자에게 **숙박, 숙소** Lodging 를 제공하는 경우 아래 조건을 만족하는 경우 비과세이나 일반적으로는 과세대상으로 근로자의 과세소득으로 포함된다. 비과세가 되는 경우는 **(1) 해당 숙박시설이 사업장에 비치 되어있고, (2) 근로자의 편의를 위해 비치하며, (3) 고용조건으로 근로자가 수용**해야 하는 경우이다. 직원에게 **간식, 식사** 등 제공하는 경우 해당 비용은 너무 적은 가치를 가지고 있어서 이것을 추적하고 기록하여 근로자에게 과세하는 것은 불가능 하므로 해당 내용은 근로자의 소득에서 제외 가능하다. 여기에는 커피, 도넛, 음료 등을 포함하여 근로자가 업무와 관련된 식사 지원 등도 포함된다.

국세청 IRS 은 어떤 항목에 비과세가 결정되는지 'IRS Publication 15-B' 로 발간하였다. 세금 절감혜택은 근로자들이 복리후생에 대하여 매력적인 요소로 작용하고 많은 경우 과세 소득을 포기하고 비과세 혜택을 선택할 수 있음을 알아야 한다. 따라서 기업은 **복리후생** Fringe Benefit 이 무엇인지, 각 혜택이 어떻게 과세되는지 또는 과세되지 않는지 잘 이해하면 과세 시즌 동안 기업과 근로자들의 예기치 못한 세금으로부터 벗어날 수 있다.

급여 수준 정하기

급여 수준을 정하는 것은 회사의 HR 정책의 핵심이라고 할 수 있다. 미국의 경우 명확하게 전문 직종과 일반 사무 및 기술직 사이의 차이가 존재한다. 심지어 엔지니어링 이라는 이름만 붙은 학과를 졸업해도 기대 연봉이 6만불을 넘어선다. 따라서, 일반 행정/사무직과 기술/법률/재무 전문직 사이에 급여 정책을 명확히 세우는 것이 중요하다. 일반적으로 급여 정책을 세우기 위해 외부 자문을 사용하는 경우도 많으나, 자문사를 사용하기 전에 기본적인 그림을 그려야 하기에 이 부분을 다뤄보겠다.

급여의 기준을 정하는 가장 쉬운 접근법은 미국 **노동통계국** US Bureau of Labor Statistics (https://www.bls.gov/oes/current/oes_nat.htm)의 정보를 참고하는 것이다. 노동통계국 홈페이지에 들어가면 각 직업별로 모든 주에서의 작년도 급여 수준을 알 수 있다. 예를 들어 **일반 행정직의 가장 큰 분류** Office and Administrative Support Occupations (Major Group) 로 들어가 보면 아래 표와 같은 연봉 수준이 나오는데, 2021년도 5월 일반 행정직의 중위 수준 연봉은 $38,050 이다. 단, 이 연봉은 연차나 회사의 위치를 고려하지 않은 값이다.

Percentile	10%	25%	50% (Median)	75%	90%
Hourly Wage	$ 13.47	$ 14.51	$ 18.29	$ 23.31	$ 30.01
Annual Wage (2)	$ 28,010	$ 30,180	$ 38,050	$ 48,490	$ 62,420

그럼 내가 일리노이 주에 있다고 가정하고, 재무 장부 정리 및 회계 지원 업무 담당자를 뽑는다고 가정해 보자. 위 홈페이지의 다음 항목을 클릭하면 그 아래처럼 해당 업무 담당자들의 급여 수준을 확인할 수 있다.

| 43-3031 | Bookkeeping, Accounting, and Auditing Clerks | detail | 1,509,370 | 0.6% | 10.713 | $21.90 | $21.70 | $45,140 | 0.2% |

Percentile	10%	25%	50% (Median)	75%	90%
Hourly Wage	$ 14.00	$ 17.67	$ 21.90	$ 23.92	$ 29.80
Annual Wage (2)	$ 29,120	$ 36,750	$ 45,560	$ 49,760	$ 61,980

그러나 여기서도 주의할 점이 있는데, 같은 업무라도 아래와 같이 분야별로 급여 수준이 다르다는 점이다. 아래 그림은 같은 업무에 가장 급여가 높은 분야를 나열한 것이다.

Industry	Employment (1)	Percent of industry employment	Hourly mean wage	Annual mean wage (2)
Postal Service (federal government)	330	0.05	$ 33.82	$ 70,350
Metal Ore Mining	150	0.37	$ 30.97	$ 64,410
Support Activities for Water Transportation	680	0.76	$ 29.35	$ 61,050
Monetary Authorities-Central Bank	460	2.22	$ 28.67	$ 59,630
Electric Power Generation, Transmission and Distribution	2,340	0.62	$ 27.75	$ 57,720

그런 후에 그 밑에 지도에서 일리노이 주에 커서를 대면 아래 사진과 같이 해당 주의 임금 수준이 나온다. 첫 페이지에서 전국 평균 수준보다는 높은 편이다. 그러면 해당 분야의 초임자 임금과 연차별 연봉 상승 정도는 얼마나 될까?

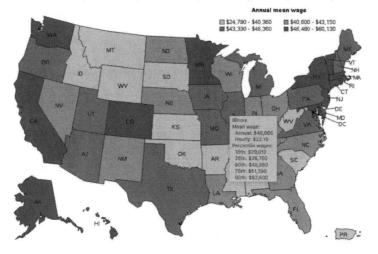

Annual mean wage of bookkeeping, accounting, and auditing clerks, by state, May 2021

그림 36. 일리노이주 임금 수준 검색

이 부분은 Payscale 과 같은 홈페이지에서 검색해 볼 수 있다. 정보를 입력하면 아래 그림과 같이 해당 연차, 분야, 기술에 대한 기대 연봉이 나온다. 그러나 해당 내용을 가지고 급여를 책정하기에는 한계가 있다. 따라서, 이 정도 정보를 가지고 노무 서비스 업체나 리크루팅 업체 등의 자문을 받는 것이 좋다.

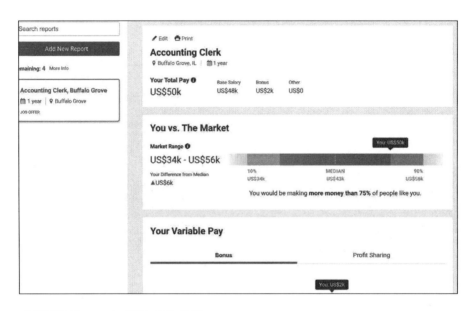

그림 37. Payscale 급여 수준 검색

노무관리 업체를 사용하면, 아래와 같은 연차별 적정 급여 수준을 받을 수 있다. 이를 바탕으로 **노동통계국** US Bureau of Labor Statistics 자료 및 모회사 및 유사 회사 급여 수준을 비교하여 급여 수준을 책정할 수 있다.

YEAR OF DEGREE	Accountant
1	53,910
2	57,145
3	62,859
4	66,631
5	73,294
6	77,691
7	82,353
8	90,588
9	96,023
10	105,626

[참고] W-4 등록

첫 급여지급시 반드시 확인해야하는 서류이다. 이 서류를 통해 원천징수에서 제외되는 공제항목을 개개인이 정할 수 있도록 한다. 주로 자녀공제액을 미리 기입하여 매 급여에서 원천징수액을 줄여주도록 계산한다. 자세한 내용은 2.2장의 '급여 시스템' 에서 다루었다.

[참고] 미국 퇴직금 및 퇴직연금 제도

미국은 법적으로 의무화된 퇴직금 제도가 없다. 따라서 회사의 정책에 따른 퇴직금 제도 Severance Package 가 없는 한 받기 힘들다. 따라서 좋은 회사의 기준은 어떤 퇴직자에게 어떤 복지 Benefit 를 제공하는지에 따른다. 그러나 이 부분도 최근에 잦은 이직에 의해 점차 사라지는 분위기이다. 퇴직금 대신 회사는 연금 Pension 정책을 운영하기도 하고, 연방 정부는 국민연금처럼 급여에서 사회보장세 Social Security Tax 를 차감하여 10년이상 납입한 자에게 67세 이후부터 지급한다. 그 외 한국에도 있는 개인 은퇴연금 계좌 IRA 나 건강저축계좌 Health Savings Accounts 등 개인연금제도가 있다.

[참고] 미국 사회보장연금과 한국 국민연금 연동

2001년 발효된 한미사회보장협정으로 한미 양국합산 10년이상 연금을 납입한 자는 양국에서 연금을 받을 수 있다. 한국에 복귀한 경우, 국민연금공단에 신청해서 미국 연금을 받으면 된다.

[참고] Form 941

회계일반에 언급한 것처럼 Form 941 은 회사가 원천징수를 충실히 하였음을 분기별로 IRS에 보고하는 형식이다. 신고는 급여 지급 대행사 Payroll Service 에서 해주고 해당 서비스 홈페이지에서 다운받을 수 있다. 이 문서는 법인이 원천징수한 급여액 및 의무이행을 확인하기 위한 중요한 문서로 산재보험 Worker's Compensation 정산, 급여기반 법인세 공제 프로그램, 의료보험 신청 등에 증빙으로 사용되기도 한다.

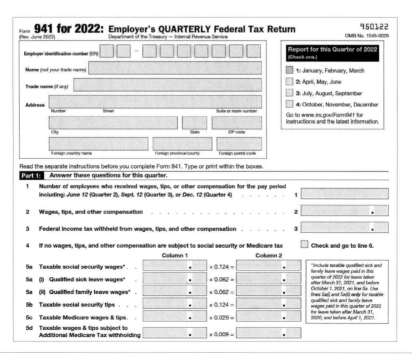

연말 급여 체크리스트

11월

- **급여지급대행사** Payroll Service 시스템에서 회사 정보, 세무 ID, 이메일, 주소 등 주요 정보 확인
- W-2가 배송될 회사 주소지 확인
- 직원 및 **독립 계약자** Independent Contractor 의 주소 및 세무 관련 정보 확인
- 추수감사절과 급여 지급일이 겹치는 경우 차질이 없도록 확인
- 연간 급여 및 원천징수액 확인 후 총 인원 대비 급여/원천징수 오류 유무 확인
- **급여지급대행사** Payroll Service 시스템의 원천징수 신고액 및 현황 확인
- **급여지급대행사** Payroll Service 시스템의 W-2 미리보기 서비스로 사전 확인

12월 – 마지막 급여일 전

- 직원 및 **독립 계약자** Independent Contractor 의 주소 및 세무 관련 정보 최종 확인
- 연간 급여 및 원천징수액 확인 및 원천징수 오류 유무 최종 확인
- 마지막 급여 금액 입력 및 크리스마스 대비 급여일 수정 여부 결정 (마지막 급여 이후 연간 급여액 수정 불가하며 해당 금액으로 세금 신고 됨에 유의)
- **급여지급대행사** Payroll Service 내년도 노무 관련 법률 포스터 수령 및 게시

12월 31일 전

- 연간 미지급 급여, 보너스, 급여 수정분 12월 31일 전 처리 (연간 급여 내역 확인 필요)
- 회사 및 직원 입력정보 오류 재확인 (W-2 와 **세무신고** Return 서류 간 정보불일치 유의)
- 정부 세금 지원 (코로나로 인한 원천징수 이연 등) 적용 시 이연 내역 확인

1월
첫 급여일 전

- W-2 및 1099 문서형식 이 문제없이 발급 되었는지 확인
- 새로운 문서 형식이 발생했는지 확인 (세금 신고 형식, W-4 등)
- 직원 원천징수 변경 내역 (부양가족 변경, 부부합산 신고여부 등) 확인 후 W-4 변경 내역 입력 (연방 및 주정부 모두)
- 주정부 **실업보험** Unemployment Insurance **원천징수율** Tax Rate (일반적으로 주정부가 별도 서신 발송) 확인 및 유급 **가족보건휴가법** Family and Medical Leave 지급율 확인

- **급여지급대행사** Payroll Service 의 W-2 and 1099 패키지 발송현황 확인
- **급여지급대행사** Payroll Service 시스템에서 W-2 and 1099 다운로드 받아서 직원 사전 확인 및 별도 요구사항 확인 (일반적으로 서류를 받은 개인은 각자 회계사를 사용하여 **세무신고** Return 를 제출하며, 한국 파견자의 경우 이중 거주자 신고 등의 복잡한 문제로 인해 한국회사 처럼 신고 서비스를 대행하여 줄 수도 있음)
- 최종 W-2 and 1099 개인 수령여부 확인 및 급여와 관련되지 않은 개인소득 및 부부 합산 소득 종합하여 개인이 **세무신고** Return 하도록 안내

급여관련 Q&A

- **회사가 지원한 렌트비, 체력단련비 등은 과세 대상 복리후생** Fringe Benefit **인가?**
  - ➡ 해당 금액은 회사에서 내 주는 만큼 소득으로 간주하여 원천징수 해야 함

- **회사에서 지원한 이자 (예, 무이자 대부) 는 소득인가?**
  - ➡ 정상이자율 (AFR: Applicable Federal Rate) 만큼의 이자금액이 소득

- **회사에서 지원한 교육비는 소득인가?**
  - ➡ $5,250 까지 비과세 (법률 변경 확인)이며 초과금액은 과세 대상 임

- **회사에서 지원한 이자 (예, 무이자 대부) 는 소득인가?**
  - ➡ 정상이자율 (AFR: Applicable Federal Rate) 만큼의 이자금액이 소득

- **소득으로 간주 없이 원천징수가 필요 없는 복리후생** Fringe Benefit **은 어떤 것이 있나?**
  - ➡ 상시 법률 변경 확인이 필요하나, **직원 할인** Employee Discounts, **스톡옵션** Stock Options, **그룹생명보험** Group-term Life Insurance (**$50,000 까지, Cafeteria Plan 이라 불림**), **유연지출 계좌** Flexible Spending Accounts (**Health or Dependent Care, $5,000 까지**), **연금 서비스** Retirement Planning Services (**예, 401k**), **교육비 지원** Job-related Tuition Assistance Reimbursements, **교통지원** Qualified Transportation Fringe Benefits 등은 비과세. 단, 직원에게 과세면 법인은 공제 Deductible 가능함을 인지.

- **급여지급대행사** Payroll Service **시스템에 급여 항목은 다 정확히 입력해야 하나?**

→ 급여지급대행사 Payroll Service 서비스는 고객 중심 서비스 이므로 모든 급여 항목을 고객이 원하는대로 수정할 수 있음. 만약, 한국 회사의 급여 시스템을 적용해야 하므로 시스템이 매칭되지 않는 경우라도 총액만 입력하여 급여 시스템 운영 가능함.

- **급여지급대행사 Payroll Service 의 정확한 역할은 무엇인가? 왜 급여를 용역사에 입금한 이후 다시 직원에게 재입금 하는가?**
  → 급여지급대행사 Payroll Service 는 미국의 중소기업 뿐만아니라 대기업도 사용하는 시스템으로 급여의 원천징수 (관련된 요율의 변경이 있을 시 반영하여 대응) 를 대행하여 연방 및 주정부 이슈를 대응해 줄 뿐만 아니라, 신규 직원 주정부 시스템 등록, W-4 및 W-2 등 세무 신고 서류 작성 및 등록, 급여 관련 상담 등을 지원하므로 급여 관련 업무를 투명하고 정확하게 이행하도록 도움

- **자녀 세금 신고를 위한 세무번호 ITIN (SSN 이 없는 가족 신청 필요) 신청 방법은?**
  → 해당 번호는 개인소득세 신고 시 **세금신고 Return** 의 제출과 함께 진행 됨. 만약 회계사의 도움을 받는 경우 함께 진행하면 됨.

- **직원의 유급휴가 Paid Time Off, PTO 나 유급병가 Paid Sick Leave 가 발생할 경우 시스템에 입력해야 급여가 지급되나?**
  → 관리 방식에 따라 다른데, **급여지급대행사 Payroll Service** 의 근태 및 연차 입력 시스템을 활용할 경우 휴가일에 대하여 급여에 포함하여 지급 가능. 별도 연차 관리 시스템을 사용할 경우, **급여지급대행사 Payroll Service** 의 시스템에는 최종 급여만 입력하면 됨. 다만, 어떤 경우든 잔여 휴가에 대해서 회계상 처리가 필요하므로 상시 회계 담당자와 커뮤니케이션 필요.

- **급여 지급에 문제가 생겨서 수정해야 하는데, 원천징수의 변경은 어떻게 처리해야 하나?**
  → 일반적으로 원천징수 보고는 분기별로 진행되기 때문에, 분기별 보고일 전이면 수정하여 금액을 맞추면 됨. 다만, 한참 지난 후 발생한 문제에 대해서는 신고 내용을 변경해야 하는데, 별도로 **급여지급대행사 Payroll Service** 에 용역비를 지급하고 세금 신고 변경 절차를 거쳐야 함.

- **고용주의 급여 및 원천징수 신고 UI-3/40 가 필요하다고 하는데, 어떻게 하나?**
  → 보통 원천징수 관련한 모든 신고는 **급여지급대행사 Payroll Service** 가 대행

3.12. 노무 | PTO 및 근태관리

Paid Time Off, PTO

근태 관리에 있어 **유급휴가** Paid Time Off, PTO 의 관리는 매우 중요하다. PTO 는 회사의 **복지** Benefit 에 해당할 뿐 아니라, 정기적으로 결산 시 회계상의 부채로 인식이 필요하기 때문이다. 또한, 그 결과로 해당 직원이 퇴직할 경우 미사용 PTO에 대해서 의무적으로 보상해 줘야 한다. 각 주마다 다르지만 PTO 는 일정기간 사용하지 않을 경우 폐기 (Use it or Lose it) 할 수도 있다. 단, 이러한 정책을 사용할 경우 합리적으로 해당 직원이 PTO 를 사용할 수 있는 기회를 제공했어야 한다. 그러나 일반적으로는 이연하여 사용하거나 금전적으로 보상해주는 정책을 사용한다.

일반적으로 PTO 는 **적립** Accrual 형태로 부여하는데, 각 회사가 복지의 차원에서 자율적으로 부여 방법을 정할 수 있다. 한국의 경우와 달리 미국은 연차 휴가에 대해 정해진 법률이 있는 것은 아니고, PTO 의 부여도 법률적 의무는 아니다. 회사들은 최초 고용 시 계약을 통해 PTO 부여 방식을 정하고 이에 따라 근태 상황을 정확히 기록해야 한다. 일반적인 부여 방식은 1달 근무 당 몇일을 부여할지 정해서 정기적으로 기록 및 관리하는 것인데 부여하는 복지 수준은 직원별로 다르게 정할 수도 있다. 물론 한국에서 처럼 연간으로 휴가를 적립하고 다음 해에 쌓인 휴가를 쓰도록 정할 수도 있으나, 직원의 이동이 잦은 미국 회사의 특성 상 대부분의 직원들은 매달 일정 기간의 휴가를 적립하기 원한다. 회사의 사규에는 PTO 정책을 명확히 기록해야 하고, 각 직원이 이를 이해했는지 확인하고 PTO 사용시 필요한 절차를 교육하도록 해야 한다.

Per Diem

한국과 같이 미국에도 출장 등 근무 중 사용된 **경비** Allowance 를 지급할 수 있는데, 이는 **숙식비** Lodging and Meals 와 **부대 비용** Incidental Expenses 을 포함한다. 경비 보상에 대한 명확한 법률은 없으나, 연방 정부가 직원에 대해 매년 **경비 지급액** Per Diem Rate 을 정하기 때문에 참고할 수 있다. 다만, 이 금액은 실제 물가에 비해 매우 적은 편이어서 사기업으로서는 법적인 문제를 없애기 위해서라도 지역별 물가를 반영한 금액을 책정하는 것이 좋다. 경비는 고정비와 실비 정산 대상을 별도로 정할 수 있다. 일반적인 경비 지급 방식은 식비 (고정비), 숙박비 (고정비), 부대 비용 (일비 등으로 고정), 교통비 (실비) 로 볼 수 있다.

Time Keeping

근무시간을 비롯하여 휴가 등 근태를 기록하는 일은 중요한데, 이는 회계 및 노무와 관련한 다양한 이슈가 연결되어 있기 때문이다. 이미 언급했듯이 매 분기별로 결산 시 점에 각 직원의 잔여 PTO 현황을 회계 직원과 확인하는 것이 필요하다. 또한, 직원이 **비면제 Non-exemption** 직원일 경우 초과근무수당을 계산해야 (이는 대부분 주에서 연방법 및 주법 동일) 하는 문제도 있다. 또한, 직원의 휴가가 유급인지 무급인지에 따라서 급여 계산을 달리해야 한다. 일반적인 경우, PTO 외의 무급 휴가는 연방 및 주정부 법률에 의한 의무 휴가일 경우가 많다. 해당 내용은 이미 1.7장과 2.6장에서 다룬바 있다. 다만 해당 장에서 다룬 내용과 별도로 각 주에서 의무로 규정하는 휴가가 있을 수 있으므로 아래에 대략적인 내용을 다룬다.

병가

사기업들은 기본적으로 한 주에서만 사업을 영위할 경우, 그리고 연방과 계약을 맺거나 연방과 관계가 있지 않다면, 연방법이 전부 적용되지는 않는다. 그러나 최근에는 주정부가 연방법의 취지를 받아들이는 경우가 많기 때문에 주정부 법을 잘 봐야 한다. 병가의 경우도 마찬가지인데 많은 주들이 유급 병가를 의무화 하고 있다. 만약, 어떤 직원이 다른 주에서 거주하면서 재택근무를 하고 있다면, 해당 직원도 해당 주의 유급 병가 조항에 적용을 받음에 유의해야 한다.

배심원 휴가

고용주는 배심원 소환에 응답하거나 배심원으로 봉사하는 직원에게 배심원단으로 일할 수 있는 휴가를 부여해야 한다. 고용주는 직원이 낮에 배심원 업무를 수행하는 동안 야간 근무를 요구할 수 없다. 다만, 이 직원들에게 급여를 지급할 의무는 각 주마다 다른 법률이 적용된다.

투표휴가

각 주법은 직원 개인당 일정 시간 동안 유급 투표 휴가를 허용하도록 요구한다. 고용주는 직원이 투표를 위해 사용할 수 있는 시간을 지정할 수 있지만 합법적으로 투표 휴가를 선택한 직원에게 불이익을 줄 수는 없다.

군 가족 휴가

각 주는 고용주에게 가족 중 군배치 명령을 받은 자녀 또는 배우자와 시간을 보낼 수 있는 휴가를 제공하도록 하고 있다. 일반적으로 직원이 받는 휴가의 기간은 고용주의 직원 수에 따라 다르다.

가정 폭력 휴가

주별로 고용주는 성폭력 또는 가정 학대의 피해자이거나 그러한 가족 구성원이 있는 직원에게 휴가를 제공해야 할 수 있다. 직원은 해당 사안에 대한 다양한 안전상의 조치를 취하기 위해 휴가를 낼 수 있다.

학교 방문 휴가

주별로 고용주는 자격을 갖춘 직원에게 학년에 관계없이 정해진 시간의 무급 휴가를 부여해야 한다. 이는 자녀와 관련된 교실 활동에 참석하고 학교 회의, 특히 정규 근무 시간 외에는 할 수 없는 활동에 참석하기 위한 것이다.

가족 및 의료 휴가

연방법인 **가족보건휴가법** Family and Medical Leave Act, FMLA 에 따라 모든 고용주는 조건에 맞는 직원에게 직원에게 연간 최대 12 주의 무급휴가를 부여하는 연방 법률을 따라야 한다. 휴가 목적은 다양한데, 새로운 아이와 유대감 형성, 심각한 건강 상태를 가진 가족을 돌보는 일, 자신의 심각한 건강 상태에서 회복, 현역 군 복무 중 심각한 부상을 입은 가족을 돌봄 등이 있다. 이 외 각 주에서 별도로 제정한 법률이 있다면 이에 따라야 한다.

3.13. 보험 | 의료보험의 이해

미국 법인 설립의 가장 중요한 업무 중 하나는 의료보험이라고 할 수 있다. 한국과 달리 미국은 국가 의료보험 제도가 아니기 때문에, 한국 수준의 보장을 받으려면 비싼 사보험에 가입해야 한다. 특히 한국 주재원의 경우 회사의 의료보험 복지가 중요하기 때문에, 회사가 제공하는 **그룹보험** Group Insurance 을 최적의 조건으로 가입하는 것이 필수인 경우가 많다. 이 경우 미국 사보험에서는 법인의 설립 관련 서류를 요청하는 경우가 많은데, 인원 파견과 법인 설립 그리고 보험 가입이 동시에 진행되는 경우가 많기 때문에 설립 문서가 보험 가입 개시일에 준비되지 않는 경우가 많다. 이 경우도 법인 설립 서류가 완성되면 개시일을 소급 적용할수도 있으나, 법인 설립일 이전으로 소급하는 것은 불가하기에 사전에 모든 일정을 조정하여 보험이 없는 상태에서 파견이 되지 않도록 하는 것이 좋다.

건강보험 Health Insurance 의 개념

미국 의료보험은 치과보험 건강보험이 별개로 구성된다. 우선 건강보험을 이해하기 위해서는 아래 5개의 개념을 이해해야 한다. 이를 차례대로 설명해 보겠다.

① 유형	② 네트워크	③ Deductible	④ Coinsurance	⑤ Out-of-Pocket Max.
PPO preferred provider organization	**In-network** 보험사와 보험수가가 계약된 병원	**자기부담금** 보험 적용 전, 부담해야 하는 비용	**공동부담금** 보험 적용 후, 보험사와 공동으로 부담하는 금액	**자기부담최고액** 자기부담금 + 공동부담금 최고액 → 초과금액 보험사 부담
HMO health maintenance organization				
POS Point of Service	**Out-network** 보험사와 보험수가가 계약 안된 병원			
HDHP High Deductible Health Plan				
EPO exclusive provider network				

① 유형별 정리

유형	가격	평균 자기부담금	평균 최고부담액	주치의	병원 수	Out 네트워크
PPO (44%)	상	$ 1,206	$ 8,200	없음	다수	적용가능
HMO (19%)	하	$ 1,200	-	필수	제한	없음
POS (7%)	중	-	-	필요 (생략가능)	많음	적용가능(고가)
HDHP(30%)	중	$ 2,486	$6,900	선택가능		
EPO (소수)	중	PPO 동일		없음	제한	적용가능

② In-network v. Out-network

1. 진료 전, 병원은 보험증서를 보고 해당 병원이 네트워크 안 (In, 보험사와 수가가 사전 합의된 병원) 또는 밖 (Out, 보험사와 수가가 합의되지 않은 병원) 인지 확인해 줘야 한다.
2. **In 네트워크의 경우**: 진료 후, 병원은 청구금액을 보험사 송부 보험사는 수가를 결정 통보 병원이 동의하지 못하면 보험사와 협상 최종금액 환자에 통보
3. **Out 네트워크**: 진료 후, 병원은 청구금액을 보험사 송부. 보험사는 수가 통보. 병원은 상관없이 환자에 청구 (수가는 참고사항). 환자와 금액 협상 (단, 보험에 out-network 적용 되는 경우 deductible, Out of Pocket Max 등 적용가능).
4. In 네트워크 (모든보험) 및 Out 네트워크 (PPO의 경우) 모두, 비싼 진료 개시 전에 **보험사 승인**을 받게 된다.

③ 자기부담금(Deductible)

1. **보험 적용 전 자기부담금**: 한도에 다다를 때까지 병원비 개인부담
2. 개인 최고액/가족 합산 최고액: 가족 1인이 최고액을 넘어도, 다른 가족은 개인 최고액 또는 가족 합산 최고액에 다다를 때 까지 계속 자기부담금을 지급해야 한다.

④ 공동부담금 (Coinsurance)

1. 자기부담금을 넘어선 치료비 중 보험사와 비용 분담액으로 보험사와 개인의 부담 비율을 퍼센트 (%) 로 나눈다.

⑤ 자기부담최고액 (Out of Pocket Max.)

1. 자기부담금 및 공동부담금을 합산하여 개인이 내는 최고액의 한도
2. **개인 최고액/가족 합산 최고액:** 자기부담금과 같은 논리로 각 가족별로 최고액이 적용되고, 모든 가족 합산 최고액에 다다를 때까지 각 개인의 최고액은 각각 적용된다.

⑥ 무조건개인부담 (Copay)

1. 일반 문진 또는 응급실 사용 시 개인부담금 (보통 $20~$200)

⑦ 비용부담 예시 (호동이네)

1. 호동이네 보험 가입 내역

> Copay 금액 (일반문진 $20), Deductible 한도 (개인$1,300, 가족: $3,000)
> Coinsurance 비율 (20%:80%), Out of Pocket MAX (개인: $5,500, 가족:$8,000)

2. 호동이네 연간 진료 내역
- **(호동이네 엄마) 산부인과 개별진료 생략**
  - ★ 연 1회 출산 (제왕절개) 치료비 5만불 중 총 부담액 $5,500 (아래 그림참고, Deductible + Coinsurance 20% 에 개인 최고 금액 $5,500 불 적용)

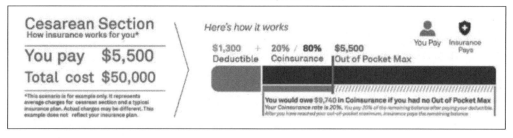

그림 38. 보험 적용 방식 (출처: https://www.parasail.com)

- **(호동이네 나머지 가족) 치료 순서대로**
  - ★ 호동이: 배탈 (3회: $400), 발목염좌 (6회: $3,400), 감기 (1회: $120)
  - ★ 개인부담액: 총 $1,968
    1. 배탈 : 문진 [$20 x 3] + 자기부담금 [$340]
    2. 발목염좌 : 문진 [$20 x 6] + 자기부담금 [$940] + Coinsurance [$468 = ($3,400 − $1060) x 20%]
    3. 감기 : 문진 $20 + Coinsurance $20
  - ★ 호동이 아들: 현기증 (3회: $800), 배탈 (3회: $360), 감기 (1회: $120)
  - ★ 개인부담액: 총 $592
    1. 현기증: 문진 [$20 x 3] + 자기부담금 [$532, **가족 OP Max 적용**]
- **(결론) 호동이네 가족 1년 의료비 $8,000 (가족 Out of Pocket Max. 적용)**

치과보험 (Dental Insurance) 의 개념

치과보험은 건강보험의 항목들이 반대로 적용되고 개념도 약간 다르기 때문에 유의해야 한다.

① 유형	② 네트워크	③ Deductible	④ Benefit	⑤ Annual Max.
보험 회사별/ 상품별 분석 필요	In-network 보험사와 보험수가 계약 된 병원 Out-network 보험사와 보험 수가 계약안 된 병원	자기부담금 보험 적용 전, 부담해야 하는 비용	보험부담범위 치료별 보험사가 정한 부담 범위 (보통 60%~100%)	보험부담최고액 보험부담범위 → 초과금액 환자 부담

1. 치과 보험의 경우 Deductible 이 적고, 우선적으로 보험이 부담 비율에 따라 치료비를 부담한다는 점이 건강보험과 다르다.

2. 치료비 예시
   · 보험 가입 내역

Deductible $50, Benefit (치료별 부담비율 다름), Annual Max ($1,000)

   · 호동이 치료: 충치치료 1회 ($100), 신경치료 1회 ($500), 크라운 1회 ($700)

	1월 ($100)	3월 ($500)	10월 ($700)	합계
Deductible	$50	$50	$50	
Benefit	80%	80%	50%	
보험커버	$100 – $50 – $10 ($50x20%) ($40 지급)	$500 – $50 – $90 ($450x20%) ($360 지급)	$700 – $50 – $325 (650x50%) ($325 지급)	$725 (연간 $1000 까지 지급)

3.14. 보험 | Title Insurance 가 필요한 이유

미국에서 부동산의 매매에 있어, 가장 중요한 부분은 내가 소유권을 이전 받았을 때 온전한 소유권을 가지게 될지에 대한 문제이다. 즉, 누군가가 갑자기 나타나서 그 땅은 내 땅이라 주장하면, 결국 사업을 시작하기도 전에 엄청난 에너지를 쏟아야 하고, 심지어 시작할 수도 없기 때문이다.

부동산의 소유권 문제에 있어, 미국과 세계의 여타 국가는 다른 제도를 가지고 있다. 한국과 다르게 미국은 국가 등기제도를 운영하고 있지 않다. 이유는 국가가 비용과 리스크를 지지 않고, 국민들에게 부동산 분쟁에 대한 자치를 허락하기 위해서이다. 대신, 미국은 **양도증서** Deed 를 각 지역 정부에 **등록** Recording 하는 제도를 유지하고 있다. 소유권에 대한 분쟁이 발생하면 이 기록을 가지고 정부의 개입 없이 사적인 분쟁을 하게 된다. 미국의 특성이지만, 이렇게 정부의 개입이 줄면서 다양한 전문가가 다양한 분야에서 개입하게된다. 그런 전문가 중의 하나가 **타이틀 보험** Title Insurance 회사이다.

미국에서 부지 구매의 과정을 간단히 정리하면 다음과 같다.
① 구매 계약서 작성 및 타이틀 보험 가입
② **양도증서** Deed 작성 및 정부 (카운티, 시) 등록

그런데, 여기에서 **타이틀 보험** Title Insurance 회사는 어떤 역할을 할까? **타이틀 보험** Title Insurance 을 가입하고 나면, 해당 회사는 다음과 같은 역할을 한다.

① 부지 **소유권** Title 및 경계 확인 후, **소유권 확인서** Title Commitment 작성
② 소유권 **양도증서 등록** Deed Recording 작업 시행
  → 등록에 필요한 다양한 **확인서** Affidavit 및 **진술서** Statement 작성을 도와줌

이 과정에서 **매수자** Buyer 는 다양한 문서를 작성해야 하고, 특히 **매도자** Seller 의 소유권 확인 문서, 개별적인 **권리 분석** Title Research 결과에 대한 **확인서** Commitment 등의 다양한 작업을 해 준다. 그렇다면, 이미 답이 나왔지만 **타이틀 보험** Title Insurance 은 누가 들까? 부지의 **매수자** Buyer 이다. 물론 비용을 대는 측은 협상에 의해 정할 수 있지만 결과적으로 **타이틀 보험** Title Insurance 회사는 **매수자** Buyer 를 위해서 일한다. 그리고, 사실 **매수자** Buyer 보다 더 중요한 **타이틀 보험** Title Insurance 회사의 고객이 있는데, 바로 **은행 또는 대주**

Lender 이다. 회사는 이들을 위해 **부동산** Real Property 및 **동산** Personal Property 의 **소유권** Titles 에 대한 보험을 제공한다.

이 부분은 **타이틀 보험** Title Insurance 회사가 어떤 상품을 제공하는지 보면 잘 알 수 있다. 일반적으로 **타이틀 보험** Title Insurance 회사가 커버하는 위험의 종류는 다음과 같다.

- 문서오류 Improper execution of documents
- 등록 오류 Mistakes in recording or indexing legal documents
- 위조 Forgeries and fraud
- 추가 권리소유자 발견 Undisclosed or missing heirs
- 미지급 세금 Unpaid taxes and assessments
- 미지급 법정채권 Unpaid judgments and liens
- 미해지 담보 Unreleased mortgages
- 권리 무효 관계 Mental incompetence of grantors on the deed
- 소유권 사기 Impersonation of the true owner by fraudulent persons
- 소유권 매도 불가 Refusal of a potential purchaser to accept title

이쯤되면, 왜 **타이틀 보험** Title Insurance 회사가 담보 설정에 중요한지 이해하실 것 같다. 보통 땅을 구매하는 경우 **타이틀 보험** Title Insurance 회사는 **매수자** Buyer 에게 개인 간 부지의 **온전한 소유권** Free and Clear of Encumbrances 을 확인해 주는 역할을 한다. 그러나 더 중요한 것은, 동산 및 부동산을 담보로 잡는 **대주** Lender 의 경우 이 담보의 소유권을 확인하는 작업이 매우 중요한 상황인 것이다. 특히, 부지를 담보로 잡는 경우, 담보의 소유권을 확인하는 작업이 매우 중요한 상황인 것이다. 따라서, 일반적으로 대주들은 금융 종결 시 주요 조건 중 하나로 **타이틀 보험** Title Insurance 회사의 **확인서** Commitment 를 넣는다. 그리고 심지어 매 인출 시 마다 **타이틀 보험** Title Insurance 회사의 **인출 승인서** Endorsement 를 넣도록 한다.

3.15. 회계 | 외부 감사 준비

회계감사 중 외부 감사란 기업에 관련된 사람이 아닌 독립된 제 3자가 기업의 재무제표를 검토하여 회계기준에 맞게 작성되었는지 외부 감사인이 평가하는 것으로 재무제표의 신뢰성을 높이고 이해관계자들에 올바른 정보를 전달 가능하게 한다. 감사는 기업의 재무제표에 신뢰를 더해 준다. 기업은 감사를 하지 않으면 분식회계를 가능하게 하며 실제보다 이익을 높게 나타내거나 혹은 세금을 회피하기 위해 손실을 매우 낮게 나타낼 수 도 있다. **재무제표** Financial Statements 는 회계기준에 따라 작성되며 투자자, 채권자 및 기타 이해관계자와 같은 의사결정자에게 정보를 제공한다. 올바른 정보가 담기지 않은 재무제표는 기업을 신뢰할 수 없게 되고 이는 이해 당사자들의 기업에 대한 참여 의지를 저해한다.

감사 준비 절차

매년 업데이트되는 회계기준 및 법률, 규제 등을 확인하여 장부에 반영되었는지 확인하고 반영되지 않은 부분은 업데이트 해야 한다. 이전에 감사를 받은 적이 있다면 지난 감사에서 나온 지적 사항들을 다시 한번 검토하고 재무 상황이 변화했다면 해당 부분을 고려해야한다. **내부통제시스템** Internal Control 과 **경영회계기준** Accounting Standards 이 변경되었다면 이러한 비재무적 변화도 고려해야 한다. 이러한 부분이 모두 검토된 후 기록된 거래들의 복잡성에 따라 감사까지의 걸리는 계획을 최소 몇주에서 몇달까지 세울 수 있다. 감사인의 감사에 필요한 자료들의 목록을 검토하고 기한 내에 각 자료들을 전달 하며 감사인과 구체적 일정 완료를 계획한다.

1. 계획 수립 및 준비 과정

감사가 왔을때 제대로 준비하려면 감사를 위한 준비 및 준비 계획을 미리 세워야 한다. 이를 위한 준비로는 연중 발생하는 감사 이슈들에 대한 문서화를 항상 해 놓으면 연말에 감사 준비 시 많은 시간 절약을 할 수 있다. **자산 이전** Asset Transfer 등을 기록하면 재고 자산 추적에 용이하며, 처분 및 취득시에도 바로 **고정자산대장** Asset Ledger 을 업데이트 하면 연말에 시간과 노력을 줄일 수 있다. 월 마감을 수행하지 않는 회사는 감사 시점에 준비하는데 많은 준비가 필요할 수 있다. 따라서 모든 월 마감 프로세스를 체크리스트로 문서화하여 효율적으로 시간을 활용해야 한다. **부채 계약, 임대 계약, 소송, 복잡한 거래, 기술 수정 및 주요 고객 및 공급업체와의 계약과 관련된 서류는 모두 문서화 하여 보관하여야 한다.** 강력한 내부 통제가 확립되고 작동하며 효과적인지 확인하는 작업도 빼놓지 말아야한다. 실제 재고조사가 이뤄지기 전 연중 랜덤으로 샘플링하여 재고조사를 실시한다면 연말 재고조사 시 차이를 줄일 수 있다. 자동화된 소프트웨어나 프로그램등의 적절한 사용을 통해 데이터를 저장 및 사용한다면 보다 신뢰할 수 있는 재무제표를 작성할 수 있으며 감사인에게도 더 정확한 자료를 전달 가능하다. 이러한 사전 작업들이 얼마나 확립 되었고 체계화 되었느냐에 따라 감사 준비 기간이 결정된다.

2. 회계기준 및 법률, 법령의 업데이트 확인

회계 기준은 거의 지속적으로 변경되고 있으며 이는 연말 회계 감사에 영향을 미칠 수 있으므로 업데이트 된 내용은 바로 반영해야 한다. 이러한 변경들을 적용하는 건 예상보다 많은 작업이 필요할 수도 있고 복잡한 작업이 될 수도 있으므로 일찍 시작해야 한다.

3. 모든 계정 검토

감사에 앞서 재무제표의 모든 계정은 검토되어야 한다. **부동산의 매각 및 취득, 리스계약, 경영진에 대한 새로운 인센티브 제도, 기존과 다른 수익 흐름을 가진 새로운 사업, 부채의 변동 등 반복적이지 않은 거래들을 검토해야하며** 기록에 어려움이 있을 시는 미리 감사인과 연락하여 정확히 장부에 기록될 수 있도록 해야한다. **은행 계정 조정** Bank Reconciliation 을 통해 오래된 미결제 Check 등을 확인 후 정리해야 하며, 잔액도 **은행 명세서** Bank Statement 상 **기말잔고** Ending Balance 와 **대차대조표** Balance Sheet 상 **은행 잔고** Bank Balance 를 동일하게 유지해야 한다. **외상매입금** Accounts Payable 및 **외상매출금** Accounts Receivable 의 잔액관리와 **대손충당** Allowance of Doubtful Account 을 설정한다. 연말로 컷오프하여 매출과 그 마진이 적절한지도 검토해야 하며 연말에 모든 비용이 적절하게 들어갔는가 검토가 필요하다. 급여 관련 비용 (연말 이후 지급되는 급여, 상여금, 남은 연차수당 등) 도 잊지 말아야 한다. 또한 **수리 및 유지관리 비용 계정** Repair & Maintenance Account 을 검토하여 고정 자산으로 **자본화** Capitalization 되어야 하는 항목들이 있는지 살펴보아야 한다. 연말에 물리적인 **재고자산** Inventories 조사가 적절히 이루어져야 하며, 영업에 지장이 크게 가지 않도록 세심한 재고조사 계획 수립이 필요하다. 미수금이 모두 회수가능한지, 오래된 재고가 있는지, 파손되거나 분실된 고정자산들이 있는지 등 연말에 평가가 필요하지만 연중 정기적으로 진행한다면 연말 작업이 수월해 질 것이다.

4. 이전 감사보고서 검토

이전에 감사를 진행한 기업은 지난 **감사보고서** Audit Report 를 검토하여 이전에 발생한 오류를 해결하고 올해 감사의 정확도를 향상시킬 수 있는 방법을 확인한다.

5. 회사에 중대한 변동사항 확인

새로운 프로젝트를 시작하거나 수익구조의 변동, 급격한 매출증대 뿐만 아니라 정부지원, 보조금, 비재무적 변화 등이 해당연도 감사에 중대한 영향을 끼칠 수 있으므로 미리 파악이 필요하다.

6. 책임 분담

규모가 어느정도 있는 기업이라면 이 모든 일을 한 사람 혹은 한 부서에서 독립적으로 맡는 것은 불가능하다 볼 수 있다. 따라서 적절한 책임을 분담할 수 있도록 달성해야 하는 작은 작업을 세분화하여 직원들과 의사 결정자 모두에게 전체 프로세스를 훨씬 더 관리 가능하고 정량화할 수 있도록 돕는다. 최종 담당자는 적절한 마감시간을 각각 분배하여 관리할 수 있도록 해야하며 감사인이 제시한 마감일을 지킬 수 있도록 가능한 한 가장 어렵거나 시간이 많이 걸리는 분야를 먼저 다루어야 한다.

7. 감사 관련 문서 준비

기업은 감사 시작일 전에 감사관의 감사 준비 체크리스트에 있는 모든 항목을 가지고 있는지 확인하고 빠진 부분은 보충하여 감사에 지연이 되지 않도록 해야 한다. 일반적으로 다음을 포함한다.

· 내부 재무제표	· 급여내역
· 회계 정책 및 내부 통제에 관한 지침 등	· 관계사(자회사,모회사 등)간 거래내역
· 기중 이사회가 열렸다면 이사회 회의록	· 고정자산대장
· 지불된 청구서, 영수증 등 적격증빙	· 자본변동내역 (주식등 거래내역 있을시)
· Bank Confirmation (은행잔액확인)	· 기중 업데이트되거나 새로 계약된 계약서
· 연말재고자산현황	

3.16. 회계 | 지분법 처리

한 기업이 다른 기업에 투자할때 회계처리방법은 그 기업에 대한 **지배력** Control 이나 **영향력** Influence 에 따라 결정된다. 일반적으로 지배력이나 영향력이 크지 않을때 **원가법** Cost Method 을 사용하며 영향력이 큰 경우 지분법 혹은 종속기업으로 연결회계 처리한다. **지분법 회계처리를 하는 관계기업은 보통 지분의 20~50%를 투자회사가 가지고 있으며 실질 영향력** Evidence of Influence **이 있는가에 따라 20~50%의 범위를 벗어나도 관계기업이라 볼 수 있다.** 피투자회사의 이사회 또는 이에 준하는 의사결정기구에서 의결권을 행사할수 있거나, 재무 혹은 영업 정책에 관한 의사결정에 참여 가능, 중요한 거래가 주로 투자회사와 이뤄지거나 임원을 선임하는데 있어 **상당한 영향력** Significant Influence 을 행사할 수 있는 경우 관계기업으로 볼 수 있으며 지분법으로 회계처리하게 된다.

지분법 회계처리란 자회사의 자산과 부채를 **연결** Consolidate 하지 않고 **피투자 회사** Investee 에 투자한 지분율에 해당하는 만큼을 투자자산으로 인식한다. 추후 소득이 발생하는 등 경영 실적도 지분만큼 **손익계산서** Income Statement 에 반영되며 배당 시 **수익** Income 이 아닌 자산에 대한 배분으로 간주되어 해당 금액을 재무제표에서 차감한다. 피투자회사에서 당기순이익 발생시 원가법으로 기록되는 거래가 없다. **지분법은 해당 이익에서 지분율에 해당하는 만큼 투자자산이 증가하고 손익계산서에 영업외수익** Non-operating Income **으로 기록될 것이다.** 현금 배당 시 위 설명처럼 재무제표 상 투자자산이 차감되지만 주식배당, 주식분할, 주식병합의 경우 회계처리되지 않는다. **원가법** Cost Method 으로 현금 배당 시는 현금이 증가한 만큼 배당소득으로 손익계산서에 기록된다. 피투자회사의 **공정가치** Fair Market Value 가 **장부가치** Book Value 와 차이가 있을 시 원가법은 역시 기록되지 않으며, 지분법 회계 처리는 증가 혹은 감소분 만큼 **투자자산** Investment Assets 과 **영업외수익** Non-operating Income 인 투자소득을 통해 재무제표에 기록된다. 지분법 회계처리 시 피투자회사의 투자주식의 공정가치는 평가하지 않으며 **영업권** Goodwill 에 **손상차손** Impairment Loss 이 발생하지 않는 한 상각하지 않는다.

투자하는 피투자법인에 대한 투자법인의 영향력에 따라 어떤 회계처리를 행할지 결정할 수 있으므로 의사결정자들과 충분한 논의를 통해 어떤 회계방법으로 처리할지 결정을 해야 할 것이며, 결정된 회계처리방법으로 올바르게 장부에 기록될 수 있도록 지속적으로 회계 자문과 검토가 필요하다.

3.17. 세무 | 재산세 (Property Tax)

재산세는 각 재산이 속한 카운티 또는 시 (카운티는 시보다 큰 단위) 에서 부과한다. 재산세는 크게 **부동산** Real Property 과 **동산** Personal Property 에 부과된다. 이 중 **재산세** Personal Property Tax 의 대상이 되는 것이 동산이고, **부동산세** Real Estate and Property Tax 의 대상이 되는 것이 부동산이다. 그러나 일반적으로 재산세로 부를 수 있다. 그리고 부동산은 **땅** Land 과 그 위의 **고정물** Fixture 로 구분이 된다. 이를 표현해 보면 아래 표와 같다. 이것이 중요한 이유는, 각 주별 그리고 카운티 별 법률과 실무에 의해 이 구분이 다르고 결국 **동산** Personal Property 에 **고정물** Fixture 이 얼마나 들어가는지의 조정 폭에 따라 세액에 영향을 미치기 때문이다.

동산	Movable Property (예, 자동차)
부동산	Land
	Fixture

예를들어 미시간 주에서 재산세를 낼 경우 미시간 주 각 로컬정부는 매년 재산세 확정액을 두 번 통보 (7월, 12월) 하게 되어 있다. 그리고 재산세 부과는 1년 단위 이므로 7월과 12월 부과항목은 서로 다르다.

주별 예시	시기	납부방법
일리노이 주	3월, 8월	로컬정부 (County) 통지 → 기한 내 납부
미시건 주	7월, 12월	

	1차 재산세		3차 재산세	
Summer Tax	7.1	12.1	7.1	12.1
	Winter Tax	2차 재산세 (항목다름)		4차 재산세

미국 각 주별 재산세를 일원화 하기는 힘드나 (각 지역별 물가 및 세율이 다름) 각 카운티 별로 **중위 재산세**를 비교한 지도는 아래와 같다.

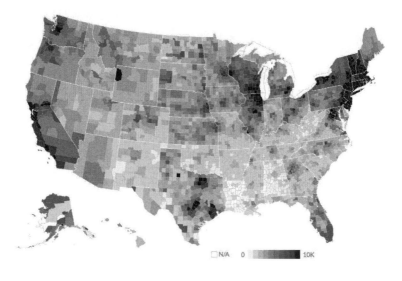

그림 39. 지역별 재산세율

재산세는 재산의 성격에 따라 카운티 별로 정한 세율이 다르며, 가치 평가 기준도 다르다. 미국에서 세금은 시민 (또는 거주자) 의 의무이자 특권으로 생각하는 경향이 있다. 반면, 비즈니스를 하는데 있어서 세금은 무조건 내기 전에 한 번 더 생각이 필요한 분야로 선대응 (각종 면세 및 정책 상 지원 등) 및 후대응 (가속 상각, 공제, 면세 등) 을 통한 적극적 절세가 필수적인 분야이다. 비즈니스 증진을 위한 너무나도 다양한 세금 정책이 있기 때문에 이를 적극적으로 사용하는 것이 사업 수익에 도움이 된다.

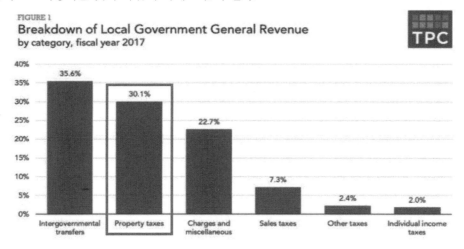

그림 40. 지역 정부 세원 (출처: https://www.taxpolicycenter.org)

위 사진에 보듯이 미국의 일반적인 카운티에서 가장 큰 수입 중 하나가 재산세이다. 그리고 각 주 및 카운티는 낙후된 지역에 사업을 할 경우, 카운티에 급증하게 될 재산세의 일부를 면세 받을 수 있는 제도도 있으니 적극 활용해야 한다.

3.18. 세무 | Tax Allocation (법인/개인)

아마도 법인 설립을 회계 자문사와 해야하는 가장 중요한 이유를 찾는다면 바로 **세무 계획** Tax Planning 때문이 아닐까 싶다. 사업체가 커지면 복수의 주에 사업활동이 이뤄지게 되는데 그 때 **복수 주 소득세법** Multistate Taxation 에 대해서 처음 경험을 하게 될것이다. 미국은 주마다 세법이 다 다르고, 미국회계사 시험에서 주법을 다루지 않기 때문에 (50여 개 주의 세법을 다 테스트 할 수 없기 때문에 실무에서 배울 것을 권고하고 있다) 일부 회계사들에게 조차 생소 할 수 있다.

1. Nexus 넥서스

1.3장에서 다뤘던 Nexus 는 해당 주에서 세법을 준수해야 할 의무라고 보면 된다. 다시 말해, 이는 세금신고를 하고 납부등을 해야 할 의무이며 Nexus 가 **발생** Trigger 되었다 혹은 Nexus 가 **성립** Establish 되었다고 표현하는것이 일반적이다. 각 주별로 Nexus 의 성립요건이 다 다르지만, 전통적으로는 창고, 사무실, 고용된 인력 등의 **물리적 존재** Physical Presence 가 있는지 없는지를 본다. **그러나 최근 온라인 비지니스 시장이 커지면서 일정 수준 이상의 판매가 해당 주에서 인식이 되면 바로 Nexus 가 발생되는 경제적 넥서스** Economic Nexus **가 각 주별로 채택되는 추세이다.** 예를 들면 법인 설립 7년 후에 갑자기 생각지도 못한 주에서 주 소득세 누락에 대해 벌금과 이자를 내는 경우도 있기 때문에 각별히 주의해야 한다. 즉, **경제적 넥서스** Economic Nexus 가 발생했는지 여부를 늘 신경써야 한다.

2. Apportionment / Allocation 세금배분

세금배분 Apportionment 이란, 각 주 세법에 명시하는 분배 공식을 사용하여 기업의 이익 중 특정 주에 법인세 또는 기타 사업세를 부과할 비율을 결정하는 것이다. 분배 공식은 주마다 다르지만 대부분의 주에서는 다음 공식 중 하나를 사용한다.

- **3요소공식** Three-factor Formula: 급여, 자산, 매출의 3가지 요소를 동일 척도로 고려
- **단일요소공식** Single Sales-factor Formula: 주 내 회사의 매출에만 세금을 부과

3요소공식 Three-factor Formul 은, 해당 회사의 **전체 급여, 자산, 매출액** 중 (이상 분모) 해당 주에 기반을 둔 **회사의 급여, 자산 및 매출 금액 비율**을 산정 (이상 분자) 하여, 연방과세소득에 곱하여 해당 주의 세금액을 계산하는 방법이고, **단일요소공식** Single Sales-factor Formula 은 계산방법은 동일하나 오직 매출액 만을 고려한다. 최근에는 많은 주들이 **단일요소공식** Single Sales-factor Formula 을 따라가는 추세이다.

하기는 주별 **세금배분요소** Apportionment Factor 채택 현황이다.

STATE APPORTIONMENT OF CORPORATE INCOME
(Formulas for tax year 2022 -- as of January 1, 2022)

State	Formula	State	Formula
ALABAMA *	Sales	MONTANA *	Double wtd Sales
ALASKA*	3 Factor	NEBRASKA	Sales
ARIZONA *	Sales/Double wtd Sales	NEVADA	No State Income Tax
ARKANSAS *	Sales	NEW HAMPSHIRE (3)	Double wtd Sales
CALIFORNIA *	Sales	NEW JERSEY	Sales
COLORADO *	Sales	NEW MEXICO *	3 Factor/Sales
CONNECTICUT	Sales	NEW YORK	Sales
DELAWARE	Sales	NORTH CAROLINA *	Sales
FLORIDA	Double wtd Sales	NORTH DAKOTA *	3 Factor/Sales
GEORGIA	Sales	OHIO	N/A (2)
HAWAII *	3 Factor	OKLAHOMA	3 Factor
IDAHO *	Double wtd Sales	OREGON	Sales
ILLINOIS *	Sales	PENNSYLVANIA	Sales
INDIANA	Sales	RHODE ISLAND	Sales
IOWA	Sales	SOUTH CAROLINA	Sales
KANSAS *	3 Factor	SOUTH DAKOTA	No State Income Tax
KENTUCKY *	Sales	TENNESSEE	Triple wtd Sales
LOUISIANA	Sales	TEXAS	Sales
MAINE *	Sales	UTAH	Sales
MARYLAND	Sales	VERMONT	Double wtd Sales
MASSACHUSETTS	Sales/Double wtd Sales	VIRGINIA	Double wtd Sales/Sales
MICHIGAN	Sales	WASHINGTON	No State Income Tax
MINNESOTA	Sales	WEST VIRGINIA *	Sales
MISSISSIPPI	Sales/Other (1)	WISCONSIN *	Sales
MISSOURI *	Sales	WYOMING	No State Income Tax
		DIST. OF COLUMBIA	Sales

Source: compiled by FTA from state sources

3. Sourcing Rule 귀속기준

귀속기준 Sourcing Rule 은 상기 2번에서 언급된 공식에서 분자를 구하는 개념이라고 볼 수 있다. 온라인 판매가 늘어남에 따라 판매처의 위치나 급여의 발생지가 불분명해졌고 상품 판매에서 서비스와 무형 자산 판매로 변화하는 추세에 맞게 주정부별로 판매 요인을 결정하기 위해 다른 방식을 도입하였다. 전통적으로 사용되던 **소득생산활동원칙** Cost of Performance Rule 은 법인이 2개 이상의 주에서 소득생산활동을 하는 경우 다른 주보다 소득생산활동의 비중이 큰 주, 다시 말해 **좀 더 수익 및 매출을 위해 발생되는 비용이 귀속되는 주에서 과세소득의 원천이 결정되야 된다는 법칙이다. 따라서 이때 소득생산활동의 비중이 높은 한 주에서만 모든 수익이 발생한다고 간주됨에 따라 단일요소공식** Single Sales-factor Formula **을 적용하는 주에서 서비스를 제공/판매하는 기업은 세금을 납부하지 않는 함정이 발생한다.** 이를 막기 위해 도입된 **시장기반원칙** Market-based Rule 은 **소득생산활동원칙** Cost of Performance Rule 과는 대조적으로 **서비스를 제공받는 주 다시 말해, 서비스 수요자** Beneficiary **가 어디에 위치해 있느냐에 따라 과세소득의 원천이 결정되야 된다는 법칙이다.** 예를 들어, 실제 배송 위치, 고객의 주문 또는 청구 주소로 판단된다. 따라서, 서비스를 제공받는 각 주의 비중대로 수익의 비율이 나누어지며 주 세액이 결정된다. 이러한 이유로 **소득생산활동원칙** Cost of Performance Rule 보다 **시장기반원칙** Market-based Rule 이 최근 들어 대다수의 주에서 채택되고 있다.

3.19. 세무 | Sales & Use Tax 와 부가가치세 차이점

부가가치세 Value Added Tax, VAT 는 미국을 제외한 모든 선진국과 개발도상국에서 널리 사용되는 세금 모델이다. **판매세 및 사용세** Sales & Use Tax 는 미국에서만 사용되며 다양한 소매 품목에 대해 각 지방 및 주정부에 의해 적용된다. 부가세나 판매세 모두 소비자에게 부과하는 간접세이다. 소득의 누진에 따라 차등 부과되는 **소득세** Income Tax 와는 달리 소득과 관계없이 일정 비율로 누구나 납부하게 되는 세금이다.

상품에 붙는 간접세는 다양하나 일반적으로 **부가가치세** VAT 는 모든 공급 및 유통과정에서 부과되며 국가 전체에 걸쳐 징수되기 때문에 국세 중 실제로 차지하는 비율도 가장 크다. **부가가치세** VAT 법은 일정 세율을 사용하여 상품 생산 및 유통 모든 단계에서 각각 부가세를 과세한다. 모든 거래에 대해 적격한 증빙서류를 요구하므로 국가는 기업에게 세수에 대한 책임을 묻기 쉬우며 이는 탈세 가능성을 줄일 수 있다. 우리나라는 부가가치세율이 10%로, 정부는 원자재 구매에서 최종 판매에 이르기까지 모든 거래의 10% 를 부가세로 징수할 수 있다. 즉, 매출에 대한 부가세를 납부하지만 반대로 매입에 대한 공제도 같은 세율로 받을 수 있으며 이 차액만 납부하게 된다. 부가가치세는 국가별로 세율이 다양하며 일부 국가는 VAT 라는 말 대신 Goods and Service Tax, GST 라고도 하며 부가세와 개념은 같다.

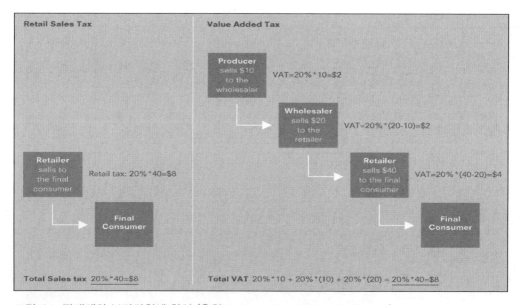

그림 41. 판매세와 부가가치세 차이 (출처: International Growth Center)

모든 거래 단계에서 세금이 발생하는 부가세와는 달리 **판매세** Sales Tax 는 이전에 발생한 거래들은 제외되고 최종 소비자로 구매하는 경우에만 부과된다. 따라서 중간 소비재일 경우 정부에 **면세** Exemption 신청을 통해 세금을 면제 받는다. 미국은 **판매세** Sales Tax 를 적용하며 국가 전반적으로 징수되는 부가세와는 달리 **판매세** Sales Tax 는 주단위로 징수된다. **판매세** Sales Tax 가 없는 주도 있으며 시, 도 단위인 City 나 County 중 일부는 **지역세** Local Tax 라 불리는 간접세도 징수한다. 즉, 연방정부는 징수 의무가 없으며 주 단위, 지방정부에서만 부과한다. 주마다 세율은 다르며 각 주 별 세율은 아래와 같다.

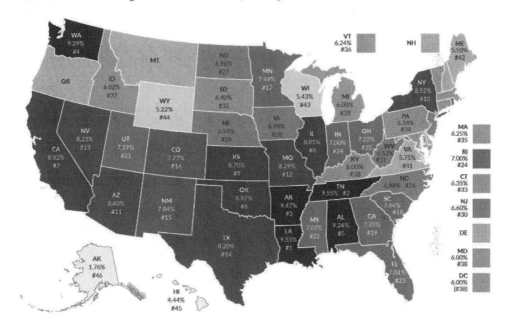

그림 42. 각 주별 판매세 율 (출처: Tax Foundation)

델라웨어, 뉴햄프셔, 오레곤, 몬타나 에서는 **판매세** Sales Tax 를 부과하지 않는다. 주별 **판매세** Sales Tax 는 높지 않을 지라도 **지역세** Local Tax 가 높다면 최종 간접세가 높게 나올 수 있음에 유의하여야 한다. 한국과 미국이 소비자에게 부과하는 간접세가 다르게 관리되므로 양국의 간접세 차이를 파악하여 정확히 적용할 수 있어야 한다.

[참고] 일리노이주에서 판매세 Sales Tax 를 징수해야 합니까? (출처: TaxJar)

일리노이에 넥서스가 있는 경우 일리노이에서 판매세를 징수해야 합니다. 판매자가 넥서스가 발생하는 두 가지 경우가 있습니다. 물리적 또는 경제적인 사유입니다. 물리적 연결은 해당 주에서 판매세를 납부할 가치가 있는 충분한 유형의 존재 또는 활동을 해당 주에서 하는 것을 의미합니다. 경제적 넥서스는 해당 주의 총 수입 또는 거래 수에 대한 주의 경제적 임계값을 넘는 것을 의미합니다.

일리노이에 물리적 연결고리가 있습니까?

일리노이주는 다음 중 하나라도 있는 경우 판매자가 물리적 연관성이 있는 것으로 간주합니다.

- 사무실, 창고 또는 사업장과 같은 물리적 존재
- 일리노이에 있는 직원, 계약자, 영업 사원, 대리인 또는 대리인
- 일리노이의 제3자 계열사

일리노이에 경제적 연계가 있습니까?

2018년 10월 1일부로 일리노이주는 지난 4분기 동안 주에서 100,000달러 이상의 매출을 올렸거나, 200건 이상의 거래를 기록한 공급업체를 경제적 연관성이 있는 것으로 간주합니다. 이는 주에서 이러한 공급업체가 주의 구매자로부터 판매세를 징수할 의무가 있다고 간주한다는 것을 의미합니다.

서비스를 판매하는 것이 과세 대상입니까?

서비스는 일반적으로 과세 대상이 아닙니다. 그러나 귀하가 제공하는 서비스에 제품을 만들거나 제조하는 것이 포함되는 경우 제품에 대한 판매세를 처리해야 할 수 있습니다. 제품은 특정 프로젝트에 사용될 일부 기계, 장비 및 건축 자재와 같은 몇 가지 예외를 제외하고 일리노이 주에서 과세됩니다.

일리노이에서 판매세 허가를 받는 방법

판매자는 MyTaxIllinois 를 통해 온라인으로 등록하거나 양식에 지정된 주소로 REG-1 양식을 우편으로 보낼 수 있습니다. 다음은 일리노이주에서 판매세 허가증을 등록하는 데 필요한 정보입니다: 비즈니스에 대한 정보 식별, 사업의 종류, 소유자 및 임원, 사업 활동에 대한 설명, 제품을 배송할 계획인 모든 일리노이 지역의 주소

일리노이주는 등록할 때 제품이 고객에게 배송될 수 있는 모든 위치를 등록해야 한다는 점에서 다른 주와 다릅니다. 이는 일리노이주가 타주 판매자를 정의하는 방식 때문입니다. 간단히 말해서, 일리노이의 둘 이상의 위치에서 제품을 배송하는 경우 일리노이 판매세 허가증을 등록할 때 이 주소를 포함해야 합니다. 일리노이주에서 판매세 허가증을 신청하는 것은 무료입니다. 기타 사업자 등록 수수료가 적용될 수 있습니다.

판매세 징수

일리노이에서 징수하는 판매세율은 일리노이에 거주하는지 아니면 다른 주에 거주하는지에 따라 다릅니다. 일리노이주는 원산지 기반 판매세 주 입니다. 따라서 일리노이에 거주하는 경우 판매세를 징수하는 것은 상당히 쉽습니다. 사업 소재지 세율로 판매세를 징수하십시오. 일리노이에 두 개 이상의 위치가 있는 경우 부과하는 판매세율은 판매 원산지를 기준으로 합니다.

일리노이에 거주하지 않는 경우 일리노이에서 판매세를 징수하는 방법

일리노이에서는 "일리노이 소매업을 위한 공정한 경쟁법"이 2021년 1월 1일에 발효되었습니다. 이 법은 **원격 판매자 Remote Sellers 및 시장 촉진자 Marketplace Facilitator** 를 위한 판매세 징수에 변경 사항을 도입합니다. 변경 사항으로 인해 이들은 주 사용세만 징수 및 납부하지 않고 제품이 배송되는 관할 구역 (대상 소싱) 에 대해 **주 및 현지에서 부과하는 소매업자 점유세 (ROT)** 를 징수 및 납부해야 합니다. 판매자가 판매를 일리노이 세율인 6.25% 로 보고할 수 있는 유일한 방법은 판매자가 일리노이에 물리적 위치가 있고 다른 주에서 판매를 배송하는 경우입니다. 이러한 판매에는 일리노이 **사용세 Use Tax** 만 적용됩니다.

일리노이에서 배송료에 대해 판매세를 징수해야 합니까?

배송료는 일반적으로 일리노이 주에서 과세됩니다.

세금 신고 마감일은 언제인가요?

일리노이 판매세를 신고하고 납부하는 시기는 할당된 신고 빈도와 주정부 신고기한 이라는 두 가지 사항에 따라 달라집니다.

일리노이에서 판매세 신고를 얼마나 자주 하시겠습니까?

주에서는 판매세 허가증을 등록할 때 제출 빈도를 지정합니다. 대부분의 주에서 판매세 신고 빈도는 해당 주의 구매자로부터 징수하는 판매세 금액을 기준으로 합니다. 일리노이 주에서는 판매세를 월별, 분기별 또는 매년 신고 및 납부해야 합니다. 일리노이주 판매세 신고 마감일은 항상 보고 기간 다음 달 20일입니다. 신고 기한이 주말이나 공휴일인 경우 일반적으로 다음 영업일에 판매세를 납부해야 합니다.

일리노이에서 판매세 신고 및 납부 방법

일리노이 판매세 신고 및 납부에는 세 가지 옵션이 있습니다.

- 온라인 제출 – MyTax Illinois 에서 온라인으로 제출
- 우편 접수 – 양식 ST-1 을 사용 하여 우편으로 접수 및 납부할 수 있습니다.
- 사설 서비스 – 사설 업체에서 자동 신고

3.20. 세무 | Return & 연말 정산 & 이중 거주자

납세자가 **거주자** Resident 인지 **비거주자** Non-resident 인지 판단하는 기준은 매우 중요하다. 이는 어떤 소득에 대해 어떤 세금을 납세하고, 어떤 국가에 어떻게 내는지가 이에 따라 달라지기 때문이다. **대한민국 거주자** Resident **라면 전세계 모든 소득에 대해 한국에 신고/납부할 의무가 있지만 한국 거주자** Resident **가 아니면 한국에서 발생한 소득에 대해서만 한국에 신고/납부 의무가 있다.**

임·직원이 내국법인의 해외영업소에 파견되는 경우 국내 세법상 거주자이며 해당 해외 체류국의 거주자 여부는 해외 세법을 따져보아야 한다. 내국법인이 발행주식의 총 수 혹은 출자 지분 중 100/100을 직간접적으로 출자한 경우 현지에 있는 해외법인 등에 파견된 임직원들은 소득세법 시행령 제3조에 따라 국내거주자로 분류된다.

한국은 세법에 따라 거주자를 아래와 같이 구분한다. **소득세법상 거주자는 국내에 주소를 두거나 183일 이상의 거소를 둔 개인이며, 이는 주민등록이나 국적,영주권등과는 무관하다.** 다음으로 주소거소를 판단해야 하는데 주소는 '**국내에서 생계를 같이하는 가족 및 국내에 소재하는 자산의 유무 등 생활관계의 객관적 사실에 따라 판정한다**' 라 세법상 명시되 있다. 거소는 '**주소지 외의 장소 중 상당기간에 걸쳐 거주하는 장소로서 주소와 같이 밀접한 일반적 생활 관계가 형성되지 아니한 장소**'로 한국에 주소가 있거나 한국에 거소해서 183일 이상 있게 되면 소득세법상 거주자로 분류된다. 소득세법상 주소는 주민등록상 주소랑 다를 수 있다. 이는 한국에 주민등록상 주소가 있다고 해서 무조건 거주자가 되는 것은 아니고 소득세법에 나온 요건들로 거주자 여부를 판단한다. 이렇게 명확히 설명되어 있지 않은 탓에 다양한 사실 관계를 종합하여 판단하여야 하며 대법원등의 판례를 참고하면 좋다.

미국의 세법상 거주자는 미국 시민권자, 영주권자는 물론이며 그외 **실질 거주자 테스트** Substantial Presence Test 를 통과하는 **세법상 거주자** Resident Alien 가 있으며 두 가지 조건을 동시에 만족해야 한다.

- 과세연도에 미국에 31일 이상 체류
- 과세연도 포함 최근 3개년도 미국 체류일수 183일 초과

183일 계산법
과세연도 거주일 + 직전년도 거주일의 1/3 + 전전년도 거주일의 1/6의 계산값이 183일을 초과해야 함

실질 거주자 테스트 Substantial Presence Test 에 부합하더라도 아래 비자를 소유하고 있다면 일정기간 (2년 or 5년) 동안 세법상 비거주자로 분류된다.

- A,G 비자로 임시 거주 중인 외교 공관 (A-3, G-5 제외)
- J,Q 비자로 임시 거주 중인 교사 혹은 교육생
- F, J, M, Q 비자로 임시 거주 중인 유학생
- 스포츠 행사에 참가하기 위한 프로 운동선수

시민권, 영주권 소유자 및 세법상 미국 거주자는 전 세계 발생 소득에 대해 세금 보고 의무가 있으며 보유중인 해외금융계좌가 일정 금액 이상 ($10,000) 일 시 보고의무도 있다.

1. Return 세무보고

해외영업소 및 자회사에 파견된 국내법인 임직원 같은 경우는 한국, 미국 양국의 세법상 거주자에 해당한다. (소득세법 시행령 3조에 국외사업장 또는 100% 출자법인인지, 또는 소득세법 기본통칙에서 생활의 근거가 한국에있고 돌아올 것으로 예정되어 있는지에 따라 거주자 판정) 혹은 영주권자가 한국에서 183일 이상 거주하는 경우도 양국 세법상 거주자에 해당할 수 있다. 이 때, 한국, 미국 소득을 모두 합산하여 한 국가에 보고하는 경우 조세협약에 따라 타국에서 외국납부세액공제를 받을 수 있으니 이중 과세에 대한 부담과 걱정은 덜 수 있다. 미국에 파견된 한국법인의 해외 영업소 주재원의 경우를 자세히 살펴보자.

먼저 첫해와 마지막 해의 경우 거주일 수를 따져보아야 하는데, 위 거주자/비거주자 분류 기준에 따라 거주일수를 계산한다. 이때 비거주자, 이중거주자 혹은 **연간거주자** Full-year Resident 가 되는지 잘 따져봐야하며 가장 큰 혜택을 받을 수 있는 방안을 선택하여 세금보고 할 수 있도록 하여야 한다. 거주자는 전세계 모든 소득에 대해 세금 신고를 하고 비거주자는 미국에서만의 소득을 미국에 보고하게 되어있지만 거주자라고 해서 모두 세금 신고에 불리한 것은 아니다. 비거주자에 비해 부부가 함께 신고 시 낮은 세율을 적용받을 수 있고 자녀들에 대한 부양가족공제, 표준공제, 인적공제 등을 받을 수 있어 거주자는 과세 소득 범위가 큼에도 그 외 다른 공제나 적용세율 측면에서 더 유리한 점이 있다는 점을 따져보아야 한다.

영주권, 시민권자 등의 세법상 거주자가 해외 거주자로 판단되어 해당국 거주자로 신고하고, 미국에는 비거주자로 세금신고시 납세자는 Form 8833 제출 의무가 있다. 해당 Form 을 제출하게 될 경우 '세법상' 으로는 영주권을 포기한 것으로 간주될 수 있으며 국적포기세가 과세될 수 있으므로 주의해야한다. 이민법과는 다르므로 무조건적인 영주권포기는 아니지만 비거주자로 신고하며 해당 Form 제출과 동시에 이민국에서도 이를 문제 삼을 수 있으므로 추천하지는 않는 방법이다.

2. 연말 정산

근로소득이 있는 직장인의 경우 한국은 1월말~2월경 회사에서 일괄적으로 연말정산을 진행한다. 개인은 회사에 자료제출 외에 따로 세금신고나 추가 작업을 할 필요가 없으며 정산된 세금도 당월, 혹은 차월에 바로 반영 된다.

반면, 미국은 회사가 해주는 연말정산은 따로 없으며 개인은 회사에서 원천징수영수증인 W-2를 받아 직접 세금신고를 진행해야 한다. 기업은 모든 직원들의 W-2를 과세연도 다음해 1월 31일까지 발급해야 할 의무가 있으며 미발급 시 첫 30일은 직원당 $50의 벌금이, 30일이 지나면 직원당 $110, 8/1까지도 미발급 시 직원당 $270로 벌금을 내게 된다. 기업은 IRS 에 W-2를 보고해야 하며 이때 IRS용, 직원용, 기업보관용 세 부를 작성하게 되고 직원용은 직원의 주소로 발송되게 된다. (보통 **급여지급대행사** Payroll Service 에서 발급을 대행하나 직원 주소로 발송은 상황에 따라 다름) 이렇게 발송된 W-2 를 받은 직원 개인들은 이를 가지고 4월 15일까지 세금보고의 의무가 있으며 연장신고 시 10월 15일까지 보고 가능하다. 이때, 납부할 세금이 있다면 연장을 하더라도 4월15일까지 예상액을 사전 납부 해야 하며 미 납부시 연장하더라도 벌금이 발생한다.

3. 이중거주자

위에서 설명한 해외영업소 및 자회사 등에 파견된 국내법인 임직원 혹은 영주권자가 한국에서 183일 이상 거주하는 경우도 양국 세법상 거주자에 해당한다고 설명하였다. 이때 한 납세자가 동시에 여러 국가의 세법상 거주자로 판단되어 **이중 거주자** Dual Resident 에 해당하는 경우 각 국가의 조세조약을 따라야 하며 한미조세조약은 아래의 기준을 순차적으로 적용하여 한 쪽의 세법상 거주자로 판단하여 세금 보고하게 된다. 이를 **타이브레이커룰** Tie Breaker Rule 이라 한다.

- **항구적주거(Permanent Home)** : 일반적으로 주로 거주하는 곳, 가족관계등 가족의 영구적 거주지
- **중대한 이해관계의 중심지(Center of Vital Interest)** : 직업 등 인적, 경제적으로 관계가 밀접한 거주지
- **일상적 거소(Habitual Abode)** : 일반적인 체류지로 상당기간을 체류하는 거주지
- **국민** : 국적을 기준으로 함
- **상호합의(Mutual Agreement)** : 권한있는 당국(국세청 등) 간의 합의

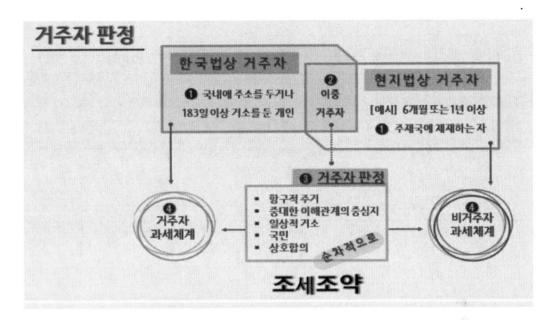

그림 43. 거주자 판정 기준 (출처:국세청)

　단, 미국 시민권자의 경우 한미조세조약의 거주자 판정 기준에 따라 한국 거주자로 판단
되더라도 전세계에서 얻은 소득을 IRS 에 보고해야할 의무를 가지고 있음을 반드시 기억해
야한다. 다만 이중과세방지를 위하여 **외국납부세액공제** Foreign Tax Credit 이 적용 가능하니
납세의 부담이 크지는 않으나 세금 보고를 놓치지 않도록 유의해야 한다. 또한, 어차피 미국
에서 급여를 받으므로 미국에 신고를 한다면, 한국에 돌아갈 것을 대비해서 과도할지라도 양
국에 세무 신고를 하는 방법도 있다.

[참고] 전출 및 파견 양국 모두 세무 신고할 경우의 예 (매년 법률 변경 되므로 회계사 조언 필요)

1. 국가별 신고 내역

국가	소득구분	일반 납부방법		기한	미국법인 대응	신고대상 소득
한국	근로소득	원천징수 → 연말정산 (한국회사)		3.10	무대응	–
	그 외 소득 (배당, 연금, 이자 사업 등)	종합소득세 신고 시 납부		5.31	미국 신고 후 한국 신고	한국+미국
미국	근로소득	연방	원천징수 → 연말정산	4.15	기한 내 신고	한국+미국
		주	원천징수 → 연말정산			
	그 외 소득 (배당, 연금, 이자, 사업 등)	기한 내 신고 및 납부		4.15		

2. 신고 일정

일 정	내 용
2월 초	· 한국 소득공제 서류 pdf 준비 → 한국 국세청 다운로드 · (본사 급여) 본사 연말 정산 서류 수령 → 본사 노무팀
2월 중	· (급여용역회사) W2 (원천징수 보고서) 수령 · 미국 소득세 정산 신고 (return) 서류 준비 (이중거주자) → 미국회계사
3월 중순	· W-7 신고 (자녀 세금 번호 신청, 부임 초년도 1회) → 직접 · 소득세 국세청 정산 신고 (return, 연방/주) → 세금 환급 또는 추가 납부
3월 말	· 미국 소득세 신고 내역 한국 송부 → 한국 세무사 · 미국 급여 관련 자료 한국 송부 → 한국 세무사
4월 초	· 한국 종합 소득세 신고 (이중 거주자, 외국납부세액공제) → 세금 정산

3. 연초 미국 소득세 신고 방법

· **표준 (Stardard) 공제 v. 항목별 (Itemized) 공제 중 선택**
  - 공제항목 (기부 , 병원비 등) 이 표준공제 금액을 넘을 경우 (한국식) 항목별 공제 적용 가능
  - 대부분 금액을 넘지 않을 것 이므로 표준 공제 적용 → 한국식으로 공제액 별도 계산없음

Filing status	2022 tax year	2023 tax year
Single.	$12,950.	$13,850.
Married, filing jointly.	$25,900.	$27,700.
Married, filing separately.	$12,950.	$13,850.
Head of household.	$19,400.	$20,800.

표준 공제액 예시

- **항목별 (Itemized) 공제할 경우 적용 내용**
  - 집 모기지 이자, (투자) 이자비용, 의료비, 기부, 교육비
  - 위 공제 적용 시 총합이 위 표준 공제액 이하일 경우 표준공제 적용 유리
  - 병원비 적용 가능 범위 → 작년도 의료 자기부담금에서 과세표준의 7.5% 차감 금액
  - 교육비 적용 가능 범위 → $5,250 까지 교육비 비과세 가능, 자녀 양육비 (Child Care Credit)를 받을 경우 배우자가 근로자여야 함, 미국 대학에 다닐 경우 별도공제 있음

- **연초 한국 소득세 신고 방법**
  - 한국은 기본적으로 항목별 공제를 적용하며, 국세청 자료를 쉽게 입력 가능
  - 미국 신고 후 한국 신고를 진행하므로, 별도의 미국에서 발생한 공제 추가 가능
  - 양국 모두 거주자신고 하므로, 한국에서 생각보다 많은 세금 납부 가능성 있음
  - 주요 공제 내역 → 인적공제, 보험료, 교육비, 소비액, 기부금, 해외근로소득, **외국납부세액**
  - 준비문서: 미국 세금신고서, 국세청 자료, 기타 공제 자료
  - 주요 공제 설명
    - 교육비: 미국 교육비 적용 가능 (유일한 예외, 미국 소비 등은 적용 불가)
    - 기부금: 국세청 연계 국내 기부금 및 별도 기부금 (영수증 필수) 적용
    - 해외근로소득: 비과세 적용으로 월 100만원 한도
    - 외국납부세액: 별도 계산식 적용 (해외 납세액 중 해외 소득 비율 적용)

- **주요 이슈 및 답변**
  - **본사 연말정산 작업 시 대응 방법?**
    - 본사 연말정산은 본사에서 발생한 소득에 대한 정산이며, 한국 종합소득세 정산 (5월말)에서 전체 납부세액 다시 → 계산 연말정산시 세액은 종합소득세 계산 시 기 지불 세액으로 계산
  - **한국 연말정산 자료를 출력해 두어야 하나?** 5월 종합소득세 신고 전에 pdf 로 출력 가능

- **미국에서 한국 소득을 포함해서 신고해야 하나?**
  - 이중거주자 신고는 필수적으로 한국 소득을 포함해서 전체 소득 계산
  - 방법 : 총소득(미국+한국) – 표준공제 = 과세표준 x 세율 – 세액공제 = 확정세액
- **미국의 소득공제 내역을 한국에서도 적용할 수 있나?**
  - 원칙적으로 불가능 함. 양국은 각자의 세법에 따른 소득공제 적용.
  - 한국 소득을 미국에서 신고하면, 미국방식 공제 적용 후 최종 세액 결정 → 이 미국 세액이 한국에서 외국납부세액 공제 계산에 사용됨
  - 방법: 총소득 (한국+미국) – 해외근로소득 (비과세) – 근로소득공제 (=근로소득) – 각종 공제 (=과세표준 x 세율) – 세액공제 결정세액

- **미국의 납부세액을 한국에서 세액공제 받으면 한국 세금은 없나?**
  - 한국 세금은 양국 총소득에 대해 한국식으로 계산
  - "외국 납부 세액 (A)"이 아무리 많아도 "총소득에서 미국소득 비율을 곱한 금액 (B)"을 적용하고, 양국 총소득으로 세액을 계산하므로 한국에 세금을 내게될 가능성 높음 (A와 B 둘 중 작은 액수 공제 미국에 납부한 세액이 많을수록 유리)

- **세액 계산 간략 예시**

가정: 미국 소득: $100,000, 한국 소득: $20,000
1. 미국 연말정산:
  연방: $120,000 – $24,000 → ($96,000 x 세율%) – 한국납세액 약간 약 $ 10,000
  주: $120,000 – $10,000 → ($110,000 x 세율%) 약 $ 5,000

2. 한국 연말정산:
  $120,000 – 각종공제 (예, $20,000) → $100,000 x 세율
  약 $ $20,000 – 미국납세 ($15,000 x 10/12) = 약 $7,500

3. 양국 총 납세액 = $10,000 (연방) + $5,000 (주) + $7,500 (한국) = $22,500

3.21. 세무 | ITIN 신청 방법

임금 지급 혹은 세금신고 시 필요한 게 **사회보장번호** Social Security Number, SSN 혹은 **개인납세자식별번호** Individual Taxpayer Identification Number, ITIN 이다. 한국의 주민등록번호와 비슷한 개념으로 개인이 세금신고시 꼭 필요하며 SSN 을 받지 못하는 경우에 ITIN 신청이 가능하다. 자녀가 있는경우 **자녀세액공제** Child Tax Credit 을 받으려면 자녀의 ITIN 이 꼭 필요하다. **보통 비자로 입국할 경우 자녀에게는 SSN 이 부여되지 않으므로 첫 해에 세금 신고 때 꼭 놓치지 않고 자녀의 ITIN 을 신청해야 한다.**

ITIN 을 신청하는 방법은 **직접 방문, 우편 접수, Agent나 세무사, 회계사 등 대리인을 통한 신청**이 있다. ITIN 신청은 꼭 해당 연도 세금신고서와 함께 제출되어야하며 일반적으로 함께 구비되는 서류는 ITIN 신청서인 **Form W-7 및 여권 등 미국에서 인정되는 신분증**을 함께 보내야한다. 신분 및 비자에 따라 추가로 필요한 자료가 있을 수 있으며, 자신의 비자에 따라 누락없이 구비서류를 준비할 수 있도록 해야한다.

Supporting Documentation	Can be used to establish:	
	Foreign status	Identity
Passport (the only stand-alone document*)	X	X
U.S. Citizenship and Immigration Services (USCIS) photo identification	X	X
Visa issued by the U.S. Department of State	X	X
U.S. driver's license		X
U.S. military identification card		X
Foreign driver's license		X
Foreign military identification card	X	X
National identification card (must contain name, photograph, address, date of birth, and expiration date)	X	X
U.S. state identification card		X
Foreign voter's registration card	X	X
Civil birth certificate	X**	X
Medical records (valid only for dependents under age 6)	X**	X
School records (valid only for a dependent under age 18, if a student)	X**	X
* Applicants claimed as dependents who need to prove U.S. residency must provide additional original documentation if the passport doesn't have a date of entry into the United States. See _Proof of U.S. residency for applicants who are dependents_ below. ** May be used to establish foreign status only if documents are foreign.		

그림 44. ITIN 신청 시 신분확인 가능 문서, IRS

ITIN 신청방법에 대해 자세히 알아보자. 아래에서는 **직접 방문과 우편 접수**만 다뤄보도록 하겠다.

1. 직접 방문

ITIN 을 직접 방문 가능하다면 가장 빠른 방법으로 가까운 **IRS 지방 사무소** IRS Taxpayer Assistance Center, TAC 에 전화로 예약을 잡고 방문하면 된다. 방문 시에는 해당 **세무년도** Tax Year 의 **세금신고** Return 서류를 함께 제출해야 한다. 또한 신청서인 W-7과 신분을 증명할 수 있는 ID 원본이 필요하다.

Tel : 844-545-5640

직접 방문하여 접수하는 경우 7 주 혹은 IRS가 세금 신고 기간 등 바쁠 땐 9~11주로 안내할 수 도 있으니 ITIN 신청 시 충분한 여유를 두고 해야 한다.

2. 우편 신고

우편신고 시에도 동일 한 서류를 동봉하여 IRS로 우편접수 하면 된다. 이때 여권 원본을 보내는 것이 불가능한 경우 여권사본증명서도 (한국 및 미국 내 총영사관에서 여권사본 증명서를 받아 미국에서 공증) 원본으로 인정된다.

Internal Revenue Service ITIN Operation PO Box 149342 Austin, TX 78714-9342

우편 접수 시 평균 14주 소요되지만, 해외에서 우편접수 하는 경우 3~6개월 이상 소요될 수 있다.

3.22. 비자 & 노무 | VISA Application

비자 준비

보통 한국에서 미국 회사에 파견 및 전출 되는 경우 E (투자) 비자 또는 L (주재원) 비자를 받고 오는 경우가 많다. 비자 신청은 불필요한 지연과 안정성을 위해 비자 전문 로펌을 사용하는 경우가 옳다. 일반적으로 신청에서 발급까지 1~2달이 걸리고, 중간에 대사관이 반려를 하는 경우도 있어 지연되면 3달 이상 걸리는 일이 있다. 따라서 법인 설립 준비를 시작하면서 동시에 비자 이슈도 준비를 하는 것이 여러모로 중요하다. 준비해야 하는 서류도 본사 서류, 파견 회사 서류, 개인 서류의 세 종류가 있으므로 로펌 및 노무 담당자와 파견자가 함께 꼼꼼히 준비해야 한다. 비자 준비 업무를 대략 이해하기 위해 E 비자를 준비할 때 필요한 자료를 표로 정리해 보겠다. **무엇보다 로펌마다 상황에 따른 준비 서류의 강조점들이 다르므로 로펌의 요청에 따라야 한다.**

표 20. E 비자 준비서류 리스트

	준비주체	준비 서류	비 고
1	한국 본사	주주명부 (가능하면 영문)	
2	한국 본사	법인 등기부등본	
3	한국 본사	영문 사업자등록증	세무서 민원창구 발급
4	한국 본사	영문 재무제표 최근 3년치	세무서 민원창구 발급
5	한국 본사	투자대상 회사의 계좌입출금내역, 송금전신문	최초 투자금이 송금된 시점부터 최근건까지 모든내역
6	한국 본사	영문 브로셔(불가피할 경우 한글로 대체)	변동사항이 있는 경우
7	한국 본사	출장명령서 또는 인사명령서	
8	한국 본사	이사회 회의록 사본 (주재원 파견이 이사회 회의록에서 다루어 진 경우)	
9	한국 본사	Verification of Employment	
미국지사 및 투자 자회사			
1	미국 지사	(매출에 해당하는 수출) 판매송장, 판매계약서, 선하증권 등	
2	미국 지사	임대계약서(기간, 임대시설주소, 소유물/사무실규모, 임대료, 임대주/임차인 이름 서명페이지)	

3	미국 지사	투자목록(현물), 수출송장(투자에 해당하는 수출)	
4	미국 지사	Business licenses, EIN	
5	미국 지사	Special permits (food, alcohol, health, etc.)	있는경우
6	미국 지사	회사사진(내관 5~10장, 외관 5~10장) Photos of enterprise	변동사항이 있는 경우
7	미국 지사	Utility bills (electrical, water, 임대료 등)	최근 6개월치
8	미국 지사	미국법인 계좌의 은행 입출금 내역	최근 6개월치
9	미국 지사	Articles of incorporation	
10	미국 지사	stockholder list **AND** stock ledger	변동사항이 있는 경우
11	미국 지사	stock certificates	변동사항이 있는 경우
12	미국 지사	State registration of ownership (For Private Companies)	변동사항이 있는 경우
13	미국 지사	(매출과 관련있는) 판매계약서/인보이스 등	
14	미국 지사	기타 가맹점 영업권 계약 등	
15	미국 지사	(원재료, 부동산 등) 구매계약서 : 계약일자, 금액, 구매계약 특약, 소유지분율 등	
16	미국 지사	신청자의 직위, 직속으로 관리하는 직원들, 대체되는 직원을 보여주는 조직도.	한국과 미국 조직도
17	미국 지사	미국지사에서 근무중인 모든 인원의 신분 및 국적 리스트 - Visa 소지자의 경우 Visa의 종류와 발급일 명시 필요 - 영주권자인 경우 A-Number 필요	
18	미국 지사	Business Plan (신생회사라서 Tax return을 하지 않은 경우)	필수서류아님
19	미국 지사	가장 최근 회계년도(4분기 모두)의 IRS 941양식의 1~2번째 장	
20	미국 지사	가장 최근 회계년도(4분기 모두)에 주정부 임금 지불 기록 (예: DE-9C)	
21	미국 지사	가장 최근 회계년도 3년치 세무보고 (IRS 1120양식의 1~2번째 장)	
비자 신청인			
1	비자 신청인	"유효한 여권"의 "사진과 개인정보가 포함된 면"의 사본	유효기간 8개월 이상 필요
2	비자 신청인	미국 비자용 사진 (반드시 사진규정을 확인)	File만 제출
3	비자 신청인	한국의 기존경력에 대한 설명	
4	비자 신청인	미국에서 맡을 직무에 대한 설명	
5	비자 신청인	영문이력서	
6	비자 신청인	영문 학위증명서	대학이상 모두 필요

7	비자 신청인	직무와 관련된 직업훈련증명서, 보유자격증 사본	직무관련해 있는 경우
8	비자 신청인	출입국사실증명서(최근 10년)	
9	비자 신청인	가족관계증명서(상세)	
10	비자 신청인	영문 주민등록등본	
11	비자 신청인	입양관계증명서(상세)	동반자녀 입양 경우
12	비자 신청인	혼인관계증명서(상세)	기혼인 경우
13	비자 신청인	기본증명서(상세)	
14	비자 신청인	영문 병적증명서	병역을 한경우
15	비자 신청인	영문재직증명서	
16	비자 신청인	과거에 발급받은 모든 미국 비자의 사본, Social Security 카드의 사본, 체류변경허가서 i-797	해당되는 경우
동반 신청인			
1	비자 동반신청인	"유효한 여권"의 "사진과 개인정보가 포함된 면"의 사본	
2	비자 동반신청인	미국 비자용 사진 (반드시 사진규정을 확인)	
3	비자 동반신청인	출입국사실증명서	
4	비자 동반신청인	가족관계증명서(상세)	
5	비자 동반신청인	혼인관계증명서(상세)	16세미만 불필요
6	비자 동반신청인	기본증명서(상세)	
7	비자 동반신청인	입양관계증명서(상세)	동반자녀 입양 경우
8	비자 동반신청인	과거에 발급받은 모든 미국 비자의 사본, Social Security 카드의 사본, 체류변경허가서 i-797	해당되는 경우
※ 자녀는 만 21세 생일이 지나기 전까지만 동반 가능			

I-129/I-539

미국에 입국하려면 적법한 비자가 있어야 한다. 주로 주재원들이 L 이나 E 비자로 입국한다면 약 5년 정도의 기한을 받게 될 것이다. 그러나 입국자들이 간과하는 것이 하나 있는데, 미국 비자가 자동으로 체류 자격을 부여하는 것은 아니라는 점이다.

미국 입국 시 모든 입국자는 위와 같은 스탬프를 받는다. 여기에는 입국일, 적법한 비자의 분류 (Class), 체류 허가기간이 위에서 아래로 기록된다. 문제는 3번이다. 이 기간이 지나면 적법한 비자가 있어도 미국에서의 체류가 불법이기 때문이다.

모든 입국자는 아래 링크로 들어가면 (https://i94.cbp.dhs.gov/I94/#/recent-search) 간단한 여권 정보 입력 후 오른쪽과 같은 체류 허가서 (I-94) 를 출력할 수 있다. I-94의 핵심은 해당 외국인이 언제까지 미국에 체류할 수 있는 지 이다. 여기에 써 있는 날짜가 지나면, 비자가 있어도 미국에 체류할 수 없다. 해당 날짜는 입국 시 스탬프 3번의 날짜와 같다.

대부분의 경우 2년 정도가 주어지고, 이 기간 동안 해외를 다녀올 경우 이 스탬프가 다시 찍히고 체류 기간이 연장되게 된다. (이 경우도 방문 국가에 따라 스탬프 기간이 다름) 문제는 코로나로 인해 2년간 해외 방문을 하지 못한 주재원들이 많다는 사실이다. 이 경우, 2년이 지나기 전에 체류를 연장해야 한다는 사실을 까맣게 잊는 경우가 많다. 그리고, 깨달은 시점에는 체류 기한까지 시간이 얼마 남지 않았거나 기한이 지난 경우가 있다. 체류 기한이 지난 경우는 전문가 자문이 필요할 수 있지만, 얼마 남지 않은 경우에 시간은 없는데 전문가에게 설명하고 자료를 준비하는게 더 복잡하고 시간이 걸리는 경우가 많다. **이 경우 방법은 I-129 (본인)/I-539(가족)을 직접 또는 회사에서 준비하는 것이다. 쉬운 작업이 아니기에 대안으로 급하게 주변국에 방문하고 다시 들어온다거나, 비자 로펌의 자문을 구하는 방법이 있다.**

INDEX

227

문서 형식